北京华象律师事务所刑辩团队出品

XINGFA YU XINGSHI SUSONGFA DE
GUANXI JI SHIYONG YANJIU

刑法与刑事诉讼法的关系及适用研究

陈妍茹——著

法律出版社 LAW PRESS · CHINA | 北京

图书在版编目（CIP）数据

刑法与刑事诉讼法的关系及适用研究 / 陈妍茹著.
北京：法律出版社, 2024. -- ISBN 978-7-5197-9378-4

Ⅰ. D924.04; D925.2.04

中国国家版本馆CIP数据核字第202475AE37号

刑法与刑事诉讼法的关系及适用研究
XINGFA YU XINGSHI SUSONGFA DE GUANXI JI SHIYONG YANJIU

陈妍茹 著

策划编辑 朱海波
责任编辑 朱海波 杨雨晴
装帧设计 贾丹丹

出版发行 法律出版社
编辑统筹 法律应用出版分社
责任校对 王语童
责任印制 刘晓伟
经　　销 新华书店

开本 A5
印张 11.5　**字数** 250千
版本 2024年11月第1版
印次 2024年11月第1次印刷
印刷 北京虎彩文化传播有限公司

地址：北京市丰台区莲花池西里7号（100073）
网址：www.lawpress.com.cn
投稿邮箱：info@lawpress.com.cn
举报盗版邮箱：jbwq@lawpress.com.cn

销售电话：010-83938349
客服电话：010-83938350
咨询电话：010-63939796

书号：ISBN 978-7-5197-9378-4　**定价**：58.00元

凡购买本社图书，如有印装错误，我社负责退换。电话：010-83938349

刑法与刑事诉讼法的交流与融合

——《刑法与刑事诉讼法的关系及适用研究》序

刘仁文*

日本学者冈田朝太郎在百年前的京师法律学堂演讲中，曾深刻指出："一国司法制度之良否，关系于实体法（刑法、民法）者半，关系于形式法（民、刑诉讼法）者亦半。"[1]这一观点穿越时空，至今仍对我们有重要的启示意义。它不仅强调了实体法与程序法在构建国家法治体系中的基础性作用，也揭示了两者之间相辅相成、相互支撑的密切关系。刑法与刑事诉讼法正是这样一组关系，它们如同天平的两端，既密切关联又相互制衡，共同筑成刑事法治的基石。

追溯至世界各国法律发展的早期，刑法与刑事诉讼法往往一体共生。例如，古巴比伦的《汉穆拉比法典》与古罗马的《十二铜表法》，均是实体法与程序法融为一体的法典。随着社会的日益复杂

---

* 中国社会科学院法学研究所研究员，中国社会科学院大学法学院教授，中国刑法学研究会副会长，中国犯罪学学会副会长，最高人民法院特邀咨询员，最高人民检察院专家咨询委员。

〔1〕［德］维尔纳·薄逸克、萨比娜·斯沃博达：《德国刑事诉讼法教科书（第15版）》，北京大学出版社2024年版，林钰雄荐序。

和法律体系的不断演进，刑法与刑事诉讼法从早期的合体形式中逐渐分离，发展成为彼此相对独立的法律体系。1808年，法国颁布了世界上第一部独立的《刑事诉讼法》，此后，德国等欧洲国家纷纷效仿法国制定独立的刑事诉讼法典，逐渐形成了实体法与程序法相分离的立法模式。

我国刑法与刑事诉讼法演进也体现出类似的进路。从周代的《吕刑》、战国的《法经》，直至《唐律》及其后封建社会的历朝刑律，都是刑事实体法与刑事程序法合二为一。1910年，晚清颁布的《大清刑事诉讼法草案》(未及颁行)，应是我国刑事程序法独立成典的最早尝试。此后，北洋政府时期的《刑事诉讼条例》以及国民党统治时期的《刑事诉讼法》，皆采用了刑事程序法从刑事实体法中分离的立法模式。

与法律体系的变迁相对应，刑事法学科亦大致经历了同样的发展轨迹。1764年，贝卡利亚《论犯罪与刑罚》一书的出版，标志着近代意义上刑事法学科的诞生。但该书不仅涉及犯罪定义、刑罚适用等刑法核心议题，也涉及逮捕、审判方式等刑事诉讼关键内容。此后，随着刑法与刑事诉讼法的分立，以及知识领域的不断分化，刑法学与刑事诉讼法学分别获得了独立的学科地位。尽管如此，由于实体与程序在实现刑事正义中的互相依赖，也注定了研究刑法的人必须研究刑事诉讼法，同样，研究刑事诉讼法的人也必须研究刑法。正因此，将刑法与刑事诉讼法进行融合研究在域外是一个普遍现象，许多学者既是著名的刑法学家，也是著名的刑事诉讼法学家。

我国自改革开放以来，法治建设和法学研究取得蓬勃发展，特别是1979年，刑法和刑事诉讼法在法治重建中率先出台，极大地推动了国内的刑法学和刑事诉讼法学研究。但由于种种原因，如中国刑法学研究会和中国刑事诉讼法学研究会的分别组建，以及各教学科研单位分别设立刑法学教研室（研究室）和刑事诉讼法学教研室（研究室），并分别培养刑法学和刑事诉讼法学专业的硕士研究生和博士研究生，导致两个专业间的隔阂愈来愈深。尽管近年来储槐植先生提出的“刑事一体化”思想在一定程度上促进了刑法学界与刑事诉讼法学界的沟通，也取了一些成果，但囿于我国法学教育和学科设置的传统框架，实质性的进展不明显。

当前，在刑法（学）与刑事诉讼法（学）的关系上，有以下两个问题尤其值得我们重视：

一是刑法与刑事诉讼法的修订不同步，带来两法间的龃龉。1979年，刑法和刑事诉讼法本是同时颁布的，但后来刑事诉讼法分别于1996年、2012年和2018年进行过三次修正，而刑法则是在1997年进行过一次大的修订后，又先后进行了13次修正（包括一个单行刑法和12个刑法修正案）。由于修订频率与修订时间不同步（并不是说修订频率要绝对同步，但能同步的要尽量同步），导致刑法与刑事诉讼法出现彼此不一致甚至互相冲突的现象。例如，1997年新刑法将“反革命罪”修改为“危害国家安全罪”，但由于刑事诉讼法在1996年刚刚修正过，因而其中的“反革命罪”表述直到2012年刑事诉讼法再次修订时才得以调整。又如，1997年新刑法增加了单位犯罪的规定，但刑事诉讼法至今仍未对单位犯罪设置专门的诉讼程序。究其原因，1997年新刑法规定单位犯罪时，刑事诉讼法已于1996年完成修订，错过了对单位犯罪诉讼程序的立法研究；到了2012年刑事诉讼法第二次修订时，由于当时修改的重点内容较多，加上电信诈骗、非法吸收公众存款、扫黑除恶等案件在当时并不像现在这样严重和受到关注，各方呼声并不高，因而2012年刑事诉讼法修改时也未对单位犯罪诉讼程序进行专门的规定；2018年刑事诉讼法第三次修正，这次修正“指向明确、内容特定、幅度有限，不涉及对刑事诉讼法基本原则的修改”，仅增加三项主要内容：确立监察与刑事诉讼的衔接机制，建立刑事缺席审判制度，将认罪认罚从宽制度、速裁程序上升为法律规定，故也未涉及单位犯罪的诉讼程序。德国曾有学者通过分析历年德国刑事程序法与刑事实体法的修正条文数量、具体内容及变化趋势，揭示出两者在修订过程中存在深刻的关联与相互影响。他指出，尽管刑事程序法与刑事实体法的修订步伐并不总是完全对称，但在多数情况下，两者之间的变革呈现出相互连接、彼此呼应的特点，特别是在修订较为频繁的时期，这种相互对应的关系表现得尤为显著。〔1〕

二是刑法学与刑事诉讼法学对域外理论各有青睐，带来对刑法和刑事诉讼法立法的不同影响。一个时期以来，刑法学研究更青睐于大陆法系，尤其是德日刑法理论，而刑事诉讼法学研究则更青睐于英美法系，特别注重对英美法系当事人主义诉讼理论的吸收。反映到立法上，刑法自然会有意无意地参考德日等大陆法系国家多一

---

〔1〕 参见葛祥林：《德国刑事诉讼法变迁及其在整体刑法之定位》，载《玄奘法律学报》2005 年第3期。

些，刑事诉讼法则参考英美等英美法系国家多一些。如此一来，会不会在理论和实务方面导致本来应当融于一体的刑事实体法（学）与刑事程序法（学）渐行渐远，甚至出现一些内在的紧张关系呢？例如，近年来有不少刑法学者力倡德日的三阶层犯罪论体系，其中一个理由就是认为我国传统的四要件犯罪论体系不具有证明责任分配的功能，而三阶层的犯罪论体系关于违法性和有责性的推定则具有证明责任分配的功能。但正如有学者所批评指出，英美法系国家采用的当事人主义诉讼模式，庭审过程中两造对立局面明显，刑事诉讼法对犯罪构成的程序性要求较高，这使得英美法系国家的犯罪构成几乎一开始就是按照其诉讼程序的要求构建的，天然具有证明责任分配的功能。相比之下，大陆法系国家的犯罪构成体系是按照由客观到主观、由形式到实质、由一般到特殊的阶层式构建，其程序性考量相对较弱，因而不能认为德日等大陆法系国家的犯罪构成理论同英美法系国家的犯罪构成理论一样也具有证明责任的分配功能。〔1〕储槐植教授曾将英美法系的犯罪构成理论归纳为“双层次犯罪构成理论”，即以犯罪行为和犯罪心态等为内容的“犯罪本体要件”和以排除正当防卫、紧急避险等合法辩护为内容的“责任充足要件”，对照三阶层的犯罪构成理论，应当说，前述批评意见是有道理的。这里无意围绕不同的犯罪论体系去展开讨论，只是想说明，如果刑法学者不熟悉或者无视英美法系的犯罪构成理论，只

〔1〕 参见李会彬：《犯罪论体系的证明责任分配功能辨析》，载《政治与法律》2018年第9期。

在四要件和三阶层理论中进行非此即彼的选择，其解释力终究是有限的。刑法和刑事诉讼法、刑法学理论和刑事诉讼法学理论要内化为一体，可能在对域外知识的借鉴和思维方面也要大体保持方向一致。

陈妍茹博士所著《刑法与刑事诉讼法的关系及适用研究》一书，是在刑法与刑事诉讼法交叉研究领域的又一有益尝试。作者多年前在中国社会科学院法学研究所攻读博士学位时，我曾忝列其导师。读博期间，妍茹参与过我主持的《立体刑法学》课题，后来又以《刑法与刑事诉讼法的关系研究——以定罪量刑中的交错适用为视角》为题，顺利通过了博士学位论文的答辩。一转眼，妍茹已博士毕业多年，难得她在繁忙的工作之余，还保持着对学术的热爱和坚守。现在，她终于完成了对博士论文的修订和扩充，即将在法律出版社付梓出版。我很高兴应邀为其作序，并借此机会对刑法（学）与刑事诉讼法（学）的关系做些梳理和思考。

粗读妍茹的著作，我认为该书有以下几个特点：首先，兼顾宏观与微观。作者在阐明刑法与刑事诉讼法相互作用的基础上，聚焦于刑事审判的核心环节——定罪与量刑，研究了刑法与刑事诉讼法在事实认定、证据运用以及法律适用等方面的交错适用关系，并以非法持有枪支罪等为例，较为深入地讨论了刑法各罪与刑事诉讼的关系。其次，区分应然与实然。作者强调了刑法与刑事诉讼法在应然上的协同关系，也列举了两者在实然上出现的种种冲突和矛盾。以《刑法修正案（九）》对收买被拐卖的妇女、儿童罪的修正为例，修正该罪的立法意图是严厉打击拐卖妇女、儿童犯罪，保护妇女儿童的合法权益，但作者担心，这一修正会不会因为刑法加大了对收买人的追责力度，反而造成其为了逃避刑事责任做出阻碍解救、伤害被害人或隐瞒情况等不利于刑事诉讼侦查程序推进的行为？作者并非要反对这一修正，而是认为，对于拐卖妇女、儿童犯罪的惩治，不能简单依靠刑法的修正，还需要刑事诉讼法的适时跟进与保障。最后，注重定性与定量。作者收集了大量人民法院的刑事裁判文书作为研究样本，以此为切入点来探讨定罪与量刑中刑法与刑事诉讼法的关系。例如，通过对样本案例的分析，书中指出司法实践中量刑证据存在种类和范围较窄、量刑要素数量有限且趋于雷同等问题，针对这些问题，提出了拓宽法定证据的种类和范围、关注量刑证据的相关性等对完善量刑证据制度有价值的建议。

当然，该书仍有进一步丰富和提升的空间，例如，近年来司法实践中出现了一些兼具实体法与程序法双重性质的新课题，如认罪认罚从宽制度和退赔退赃从宽制度等，作者对此关注和研究不够；又如，书中通过典型案例来展示刑法各罪与刑事诉讼法的关系，这一研究路径值得肯定，但还需要更加类型化和进一步学理化。

当前，我国的刑事立法和刑事司法正处在一个活性化的时代，刑法学和刑事诉讼法学的研究也空前活跃。时代呼唤刑法与刑事诉讼法的深度融通，呼唤刑法学与刑事诉讼法学的通力合作。期待妍茹的这一著作，进一步激发学界对这一问题的思考，为更好地实现刑事正义这一崇高志业不断添砖加瓦。

2024年10月21日 于北京

目 录

图表目录

绪论

一、研究背景与意义

（一）研究背景

刑法与刑事诉讼法之间具有非常密切的关系，对两者关系的理论研究是法理学上实体法与程序法关系的研究范畴，也是刑法学与刑事诉讼法学领域常论常新的重要论题。传统理论认为，刑法与刑事诉讼法之间是内容与形式的关系，刑法是内容，刑事诉讼法则是体现内容的形式和手段。然而，刑法与刑事诉讼法之间的关系并非内容与形式即能简单概括，事实上，其联系之密切、相互影响并相互作用之程度均远甚于其他实体法与程序法。刑法虽然是规定犯罪要件及其法律后果的规范，然而这些实体规范的适用必须以刑事诉讼法所规定的规则及程序的运行为前提条件，否则，刑法就只是一种停留在纸面上的、文本上的静态的法律规范，无法在现实的时空条件下作用于特定的人或事。刑事诉讼法则规定了如何揭露、证实、惩罚特定犯罪嫌疑人或被告人犯罪的具体程序，因此，只有开启刑事诉讼，才能逐步确定特定行为人的某项行为是否属于犯罪、是否需要承担相应的刑事责任。刑法为刑事诉讼法提供了具体的适用对象，而刑事诉讼法则推动刑法从文本走向现实。正因如此，刑法与刑事诉讼法就变得难解难分。克劳思·罗科信曾深刻地指出："刑法条文之规定，只有当其能在程序中得以贯彻施行时，才能在实务上显现其功效。反之，如果没有设计良好的实体刑法与之搭配，也无法成就一种令人满意的诉讼规则（此所说之设计良好的实体刑法乃特别是指其所规范之法律效果）。例如，如果要从特别预防的观点来定刑罚，那么刑事诉讼法就需要有一个针对行为人之人格而设置的诉讼措施。这种情形在有关审判程序的新规定的修正计划中，也已经被设想到了。由此可见，刑法与刑事诉讼法在理论学说及研究方面均有密切关系。这种现象在实务上也均如此。"〔1〕这表明，刑法的适用有赖刑事诉讼法为其搭建特定的时空环境，不同的刑法规范正是在一个个微观的刑事诉讼程序中，才得以从文本走向现实、从静态层面走向动态层面。同样，刑事诉讼程序也是在各种职权机关和诉讼参与人以追求刑罚权的实现为共同目标、适用相关刑法规范的共同作用下不断推进并走向终结。刑法与刑事诉讼法具有共同进退的联结，其相互影响和相互作用的状况与一国的刑事法治状况休戚相关，而刑事法治状况或具体刑事案件对刑法规范效力的回应又反过来可能促成刑法或刑事诉讼法文本规范的变动和修改。

刑法和刑事诉讼法之间的关联除了宏观层面实体法与程序法、内容与形式的普遍认知外，更多的其实是贯穿于司法实践中微观层

---

〔1〕［德］克劳思·罗科信：《刑事诉讼法》，吴丽琪译，法律出版社2003年版，第9页。

面上的交叉与互动，这既是决定两者关系的重要因素，也是凸显论题研究价值的重要方面。其实，对于司法实务人员而言，刑法与刑事诉讼法的交叉适用是不言自明的。刑事案件的办理，既需要寻求刑法规范的支持，更需要遵循刑事诉讼程序的要求。对于刑事司法办案人员来说，刑法与刑事诉讼法是其案头缺一不可的法律文件。然而，“随着学科分工越来越细，学科间日渐形成壁垒，学术研究‘碎片化’现象越来越严重。我国法学亦不例外，各种专业化的学会、教研室纷纷筑起自己的围墙，对外来入侵者有意无意地加以排斥，而围城里的同行业习惯了自己圈内的思维方式和视野，不轻易地对外张望”。〔1〕受此影响，刑法与刑事诉讼法之间的楚河汉界也颇为清晰，从立法到理论研究都普遍体现这一特点。这种学科界限的划分容易限定立法者、研究者以及教育者的视野范围和思维模式，使其只埋头思索或耕耘于各自的领域，习惯于只从学科内部看问题，缺乏从学科外部找思路、找对策解决问题的思维。而当刑法与刑事诉讼法的发展与研究不能站在刑事法治发展的立场，以全局性、整体性的眼光审视问题，就会导致“头痛医头、脚痛医脚”，看似给很多问题提出了解决方法和应对之道，而一旦付诸实施却无法得到预期的效果。

近年来，已经有一些学者意识到了学科壁垒的掣肘，致力于刑法与相关部门法融合的研究，其中影响最为深远的是围绕储槐植教授所倡导的“刑事一体化”思想所展开的相关研究，这些研究促进

〔1〕 刘仁文：《刑法的结构与视野》，北京大学出版社2010年版，第1页。

了刑法学与其他刑事学科内部的融合与横向联系，为刑法学的研究提供了新思路和新方向。此后，刘仁文教授提出与“刑事一体化”一脉相承的“立体刑法学”思想。“立体刑法学”强调要进一步开拓刑法研究的视野，以刑法为主体，加强与其他相关学科的纵向沟通与互动，从其他学科内部汲取有益的养分，进而推动刑法学自身的发展，即“刑法学研究要瞻前望后（前瞻犯罪学，后望行刑学）；左看右盼（左看刑事诉讼法，右盼民法、行政法等部门法）；上下兼顾（上对宪法和国际公约，下对治安处罚和劳动教养）；内外结合（对内加强对刑法的解释，对外给刑法的解释设立必要的边界）”。[1]此后，立体刑法学的体系和内涵在这个框架内逐渐丰满，日趋成熟。[2]本书受“立体刑法学”理念的影响，在这一体系的框架内尝试采用“立体刑法学”的研究视角和研究思路，探讨刑法与刑事诉讼法之间相互关联、相互作用的基本原理及其在定罪量刑中交叉适用的情况，为促进刑法与刑事诉讼法两个部门法的交叉研究进行一些尝试。

（二）研究意义

刑法与刑事诉讼法关系的研究主要涉及刑法、刑事诉讼法两个部门法，既包含刑法实体规范问题，也牵涉刑事诉讼程序问题。本书主要着眼于刑法与刑事诉讼法的相互作用及其交叉适用，分析刑

---

〔1〕 刘仁文：《提倡“立体刑法学”》，载《法商研究》2003年第3期。

〔2〕 “立体刑法学”思想经刘仁文教授提出并持续完善，该思想获得了众多学者的赞同和认可。具体内容可参见刘仁文：《构建我国立体刑法学的思考》，载《东方法学》2009年第5期；刘仁文：《立体刑法学：回顾与展望》，载《北京工业大学学报（社会科学版）》2017年第5期；刘仁文等：《立体刑法学》，中国社会科学出版社2018年版。

法的文本规范在刑事诉讼实践中的适用情况，这对于完善我国刑事法治体系、实现刑事法治目的、促进实践问题的解决以及加强两法从立法到司法层面的沟通都具有重要的理论和实践意义。

第一，具有推动法学基础理论和部门法交叉研究发展的意义。刑法与刑事诉讼法关系的研究属于学科交叉研究，重点关注的是两法互有交叉的领域以及两者之间相互交织、相互影响的具体状态，这对于深入理解刑法与刑事诉讼法的内在运行原理、外在作用机制具有一定的积极意义。本书探讨在定罪与量刑过程中，刑法与刑事诉讼法的相互作用关系及交叉适用情况，深入了解司法实务中两法的运行机制以及互动状态，对于完善刑法与刑事诉讼法的相关制度与规范，更好地解决刑事案件提供理论方面的有益指导。同时，刑法与刑事诉讼法在法理学中属于实体法与程序法的划分范畴，两法关系的研究有助于法理学方面进一步深化有关实体法与程序法理论问题的研究，丰富并充实法理学有关实体法与程序法分类方面的理论研究素材，启发并促进深入理解实体法与程序法划分的意义、标准和价值等理论研究。

第二，刑法与刑事诉讼法关系的研究具有促进刑事立法发展和完善的意义。"刑法侧重功利兼顾公正、刑事诉讼法侧重公正兼顾功利，二者共同构筑刑事法治。"[1]刑事法治的实现需要刑法与刑事诉讼法的共同努力与协作，仅靠刑法的力量是远远不够的。刑法与刑事诉讼法关系的研究有利于发现法律规范中存在的问题和不足，

---

〔1〕 汪建成、余诤：《对刑法和刑事诉讼法关系的再认识——从刑事一体化角度观察》，载《法学》2000年第7期。

而问题和不足的解决途径则离不开刑事立法的修改和完善。因此，刑法与刑事诉讼法关系的研究有利于促进刑事法律体系的构建和完善，也能够促进刑法与刑事诉讼法在立法过程中的相互沟通和交流，这对于增强刑事立法的科学、民主具有积极的意义。“刑事立法是刑事法治的前提和基础，刑事立法质量的高低制约着刑事法治水平的高下”。〔1〕刑事立法质量的提升能够促进刑事法律制度体系内部的协调和衔接，减少不同法律规范之间的矛盾和冲突。刑法想立得住、行得通，切实有效地发挥精准打击犯罪的作用，不仅在立意上要超前布局，也要在内容上兼具实用性和可操作性，更多关注刑事诉讼程序的现实需要。从世界范围内不同法系的融合趋势来看，刑法由于与国家政治、刑事政策等关系密切，往往会保持国内法的一些固有特征，相互融合与趋同的程度远远低于刑事诉讼法相关领域的融合程度。与之相反，世界各国刑事诉讼法在诉讼理念、基本原则、基本制度等方面却日益呈现高度融合和趋同的态势，很多国际刑事司法准则早已超越国界，成为很多国家刑事诉讼法的共同内容。因此，刑事立法在满足国情需求、坚持刑法作为国内法的基础上，有必要更多地借鉴国际及其他国家先进的立法技术和经验，突破部门法的樊篱，汲取刑事诉讼立法中的有益经验，让更广泛的声音、意见和建议有序、有效地参与到刑事立法中，从而促进刑事立法更加地科学化、民主化发展。尽管本书的研究视角主要面向的是刑事司法领域，但司法实践中遇到的疑问正是刑事立法亟待关注和

〔1〕 赵秉志：《努力开创中国刑事法治发展新局面》，载《中国高校社会科学》2014年第6期。

完善的方向，以刑事司法推动立法的发展是一种着眼实践、有的放矢的立法，对于贯彻刑事立法原意和实施效果是大有裨益的。

第三，刑法与刑事诉讼法关系的研究具有促进刑事司法公正的意义。实现公正司法是当前我国法治社会依法治国的重要内容之一，刑事司法公正是公正司法中的重要组成部分，既是实体与程序的双重公正，又是结果公正和过程公正的同步实现，因此不仅要注重结果，更要叩问过程。因此，这就要求办理刑事案件时，既要关注公、检、法办案机关是否依法作出了公平、公正、符合法理人情的结论，也要关注司法人员在整个诉讼过程中是否依法推进了每一个诉讼环节，是否存在违反法定程序的行为或方式；既要追求罪刑相适应和罚当其罪，也要确保办案行为及方式的合法有据。

刑事正义的实现包括刑事实体正义和刑事程序正义两个方面，刑事司法权的运行既要准确地适用刑事实体法规范、产出符合实体公正的裁判，还要求以符合程序正义的理念和方式得出结论。如果刑事案件的办案过程不合法、不正当，如司法人员对犯罪嫌疑人采用刑讯逼供、诱供和骗供等非法的手段取证，即使犯罪嫌疑人的确就是罪犯，也会使当事人和社会公众认为刑罚的适用不公正，导致刑罚的适用效果不佳，无法对犯罪产生应有的威慑。所以，刑事司法公正的实现不仅仅是罪与罚的公平和正义，更与诉讼程序的公正与公平息息相关。刑事司法是一种实践性极强的认识活动，刑事诉讼过程中参与的主体众多，所代表的立场和主张也各不相同，不同诉讼主体在适用刑法时具有不同的需求和目的，立场与视角的不同决定了其所得出的结论有可能完全不同。如果刑法不关注刑事司法的实践性特点，仅仅从某个单一主体（如法官）的视角运用形式逻辑分析刑法文本，就会将一个极为复杂的、受各种程序因素影响的实践活动等同于一种简单的认知行为，认为刑事司法仅仅是将一般的、抽象的刑法规范以三段论的方式运用于具体案件事实、得出裁判结论的简单过程，从而严重忽略刑事司法活动复杂的实践性和动态博弈性。事实上，刑事司法是在控、辩、审三方相互影响、相互作用下，以解决刑事案件为目的复杂的实践活动，刑法文本规范必须完全依赖这一实践过程才能实现，这就决定了刑法规范的构建与适用必须面向司法。尽管刑法制定的出发点主要是为法官提供裁判的依据，但整个诉讼进程是在不同诉讼主体共同作用下阶段式发展的，并非一步到位、直接由法官适用刑法规范。在这个过程中，有控、辩、审三方以及诉讼参与人等的参与，不同的诉讼主体具有互不相同的诉讼视角，也会将抽象的刑法规范与己方的诉求相结合，寻找支持己方主张的依据。在这个过程中，"控方对案件的评价采取的是外在视角，这一外在视角可以概述为'刑法是追诉规范'这一命题；而辩方对案件的评价采取的则是内在视角，这一内在视角可以概括为'刑法是辩护规范'这一命题。法官在此同样具有统合内外视角的职能，这一地位可以概述为'刑法是裁判规范'这一命题"。〔1〕也就是说，对控方而言，刑法是其指控被告人的追诉依据；对被告方而言，刑法是其为己方展开辩解和反驳的辩护依据；而对法官来说，刑法实为制裁规范，是其对犯罪行为及行为人进行

---

〔1〕 刘远：《刑法学如何面向司法：问题与逻辑》，载《法治研究》2015年第3期。

最终评价的裁判依据。所以，刑法内容和体系的构建需要面向司法，容纳控、辩、审三方的司法需求；刑法的适用与解释也需要面向司法，关注诉讼各方的不同诉讼视角，符合司法运行的逻辑，唯有如此，刑法才能真正发挥其保护法益和保障人权的机能，推动刑事司法公正的实现。

此外，刑法与刑事诉讼法关系的研究则有助于推动刑法文本规范与刑事诉讼实践的契合。在司法实践当中，刑法规范的适用存在很多问题，例如，一些条款很少适用而成为“僵尸”条款；一些条款成为“口袋罪”。对此，立法者以及学者都往往习惯于只从刑法内部寻找问题的原因、提出应对的措施，却忽略了一些源自刑事诉讼程序中的影响因素。所以，本书尝试从动态的角度分析刑法在刑事诉讼中遇到的问题和困难，以跨部门法的视角探讨如何有效消减矛盾和隔阂，促进刑法文本规范更好地在刑事司法实践中实施，提高刑法规范与刑事诉讼需求的相互匹配，促进立法、司法和执法人员进一步树立实体与程序并重的理念，两法形成合力，实现刑事法治效益的最大化。

二、研究现状与视角

（一）国内研究现状与研究视角

有关刑法和刑事诉讼法关系的研究在国内开展的较早，对于如何理解和认识刑法与刑事诉讼法的关系；如何使两法相互协调并促进刑事案件公平、公正的解决等问题，学者从很多方面进行了有益的探讨，有的侧重价值层面的研究；有的侧重技术层面的研究；有的着眼于整体性的研究；有的则侧重于对局部重点问题的研究。本书对相关研究成果进行了梳理和总结，认为相关研究思路主要包括以下方面。

1.实体法与程序法的研究视角

国内学者很早就从实体法与程序法的角度展开了对刑法与刑事诉讼法关系的研究，主要是从价值层面展开相关研究和评判，表明不同研究者对两法关系在价值理念方面的认识和理解。概括来说，主要有以下两种观点：

第一种观点是“主从关系”论。这种观点认为刑法是规定内容和目的的实体法，处于主要地位，刑事诉讼法是规定形式和手段的程序法，处于次要、从属地位。在我国刑法与刑事诉讼法颁布后至20世纪90年代中期以前，这种观点基本是我国学界的传统观点，是当时对刑法和刑事诉讼法关系的普遍认识，同时，这种观点也是我国司法实践中“重实体、轻程序”现象的主要根源。该观点“直接渊源于边沁关于实体法与程序法分类时对二者概念所做的阐述。也有人认为马克思在论述德国莱茵省议会关于盗窃林木法的辩论时对于实体法和程序法的关系所作的表述形象而又很精辟的经典论断也是上述观点的反映”。[1]事实上，这一观点与时代背景密切相

〔1〕 李佑标：《试论实体法与程序法的关系》，载《诉讼法论丛》第2卷，法律出版社1998年版，第87页。其中，马克思的阐述是“审判程序和法二者之间的联系如此密切，就像植物的外形和植物的联系，动物的外形和血肉的联系一样。审判程序和法律应该具有同样的精神，因为审判程序是法律的生命形式，因而也是法律的内部生命的表现”。参见《马克思恩格斯全集》（第1卷），人民出版社1956年版，第178页。

关。当时我国社会各方面的建设尚处于起步阶段，社会治安形势还不稳定，刑法是以打击犯罪、维护社会秩序为首要目标，刑事诉讼法则扮演为刑法服务的角色，以保障刑法的实施为直接目的。而20世纪80年代初开展的几次“严打”活动更使刑事诉讼的工具价值在全社会根深蒂固，因而程序工具主义观点颇具说服力。正如有学者指出，“……各类诉讼法也并非部门法，因为诉讼法并不独立地调整某一方面的社会关系，而是与相应的实体法一起共同调整某类社会关系。因为程序法与实体法是形式与内容的关系，没有实体法，程序法没有任何意义；没有程序法，实体法无法适用，程序法的任务就在于使相应的实体法得以适用。所以，在法律体系中，各种诉讼法实际上是从属于相应的实体法的”。〔1〕

第二种观点是“并重关系”论。这种观点是对重视刑法、轻视刑事诉讼法观念的批判和矫正，主张刑事诉讼法除具有工具价值外，还有其独立价值，刑法与刑事诉讼法不应有主次之分和轻重之别，程序法与实体法同等重要。进入20世纪90年代中期后，随着改革开放的发展和社会经济、政治形势的日益稳固，具有中国社会主义特色的法律规范体系初步建成，刑法的任务不再一味偏重于打击犯罪，预防犯罪、保障人权的作用日益受到重视，程序法的附庸地位开始遭到人们的质疑。有学者指出：“那种将程序看作刑事实体的附庸的观点，没有看到程序是以实效性的权威决定着刑事实体的

---

〔1〕 张明楷：《刑法在法律体系中的地位——兼论刑法的补充性与法律体系的概念》，载《法学研究》1994年第6期。

现实形态。程序不是刑事实体的影子，而是可以使刑事实体美化或丑化的独立的力量”；[1]还有学者强调，“程序法不应该被视为单纯的手段和形式。在诉讼中，与以法官心证为核心的实体合成相对应，由诉讼行为所构成的关于诉讼进行（Proceeding）的作用机制称为程序合成。程序合成能够成为实体合成的基础和催化因素”。[2]随着对实体法与程序法关系认识的逐步矫正，新的价值观念模式逐步开始形成。1996年，刑事诉讼法进行了修订，引入了无罪推定、疑罪从无等多项国际社会所倡导的刑事诉讼理念和诉讼原则，对我国刑事诉讼的理论研究和司法实践产生了非常重要的影响，理论界开始重新审视刑事诉讼法的独立价值和意义，对刑法与刑事诉讼法关系的研究也开始转变视角，倡导程序法与实体法并重的观点逐渐变多。[3]例如，有学者指出，“现代法治国家，实体法和诉讼法相互依存，相辅相成，构成统一的法制体系，不能有主次、轻重之分。应当承认，诉讼法的第一价值是保证实体法的正确实施，同时绝不能忽视其自身的重要独立价值”，[4]同时提醒司法工作“要充分认识刑事诉讼法的作用，严格依照法定程序办案，特别是要注意防止那

---

〔1〕 袁红冰：《刑事程序的魅力》，载《中外法学》1990年第6期。

〔2〕 季卫东：《法律程序的意义——对中国法制建设的另一种思考》，载《中国社会科学》1993年第1期。

〔3〕 相关研究参见李文健：《转型时期的刑诉法学及其价值论》，载《法学研究》1997年第4期；李晓春、杨玉洪：《程序法与实体法关系的法理学评析》，载《长春市委党校学报》2001年第6期；江涛：《程序法与实体法关系的思辨——就“程序法乃实体法之母”论断的质疑》，载《政法论丛》2004年第3期；唐大森、杨开江：《略论程序法与实体法的执法观念定位——兼论执行实体法与程序法的关系》，载《政法论坛》2001年第5期。

〔4〕 陈光中、王万华：《论诉讼法与实体法的关系——兼论诉讼法的价值》，载《诉讼法论丛》第1卷，法律出版社1998年版，第16页。

种只重视刑事实体法，不重视刑事程序法的现象”。[1]还有学者认为，“如果将刑法在个案中的正确运用作为基本目标，将刑事诉讼作为实现这个目标的具体过程，那么，依据目标认识和过程认识相结合的原理，就意味着刑事诉讼的过程其同所实现的目标（刑法在个案中的正确运用）一样重要，不存在孰轻孰重的问题”。[2]在此基础上，很多学者强调发现事实真相并不是刑事诉讼的唯一目的，刑事诉讼还具有保障人权、促进法治等目的以及自由、秩序、公正、效率等多元化价值。

进入21世纪后，由于刑事诉讼法作为程序法的独立价值已经获得普遍的认可，因此单纯从宏观层面对两者孰轻孰重的讨论逐渐减少，研究者开始将视角转向司法实践，尝试将问题与实践中的具体问题结合起来研究。例如，有的学者以刑法中的污染环境罪为切入点探讨司法实践中实体法与程序法的双重约束机制；[3]有的学者以刑事诉讼侦查程序中的诱惑侦查问题为切入点探讨实体法与程序法的关系；[4]还有学者从近年来的冤假错案切入，认为刑事实体法是程序法的逻辑结果，对刑事程序法有指导作用，刑事实体法的实

〔1〕 陈光中主编：《刑事诉讼法学（新编）》，中国政法大学出版社1996年版，第5页。

〔2〕 汪建成：《刑法和刑事诉讼法关系新解》，载《诉讼法论丛》第3卷，法律出版社1999年版，第42页。

〔3〕 参见焦艳鹏：《实体法与程序法双重约束下的污染环境罪司法证明——以2013年第15号司法解释的司法实践为切入》，载《政治与法律》2015年第7期。

〔4〕 参见毛丹：《诱惑侦查定位之辩——实体法与程序法之争》，载《湖北警官学院学报》2012年第2期。作者认为对诱惑侦查应从实体法上的违法性阻却事由对其进行分析抑或从程序法中的正当程序原则出发对其进行分析和规制存在各种不同的见解。

现依赖于程序法。[1]这些探索拓宽了刑法与刑事诉讼法关系研究的视角，也将这一问题的研究引入更深、更具体和更精细的层面。

2.刑事一体化的研究视角

刑事法各学科虽然具有不同的调整范围和调整对象，但各学科之间互有交叉，且都围绕犯罪这一核心要素展开，因而，从整体性、全局性角度出发探讨刑事法各学科发展的“刑事一体化”研究方法应运而生。在此框架下，刑法与刑事诉讼的关系被认为属于刑法的内部关系，因此这种思路也成为研究刑法与刑事诉讼法关系的一种进路。20多年来，国内有关“刑事一体化”的理论研究大体可以分为三个阶段：第一阶段为1989年至2000年，是刑事一体化思想的提出与萌芽阶段。储槐植教授在1989年率先提出了刑事一体化的思想，他指出，“刑事一体化的内涵是使刑法和刑法运行处于内外协调状态，强调刑法内部结构合理（横向协调）与刑法运行前后制约（纵向协调）”。[2]该观点一经提出就得到了学界的广泛认同，为刑事法学科的研究提供了新方法和新视角，对刑法及相关学科的研究产生了较为深远的影响。[3]

第二阶段为2001年至2010年，是“刑事一体化思想”的发展与

---

〔1〕 参见王将军：《刑事实体法与程序法的关系探讨》，载《湖北警官学院学报》2013年第1期。

〔2〕 储槐植：《建立刑事一体化思想》，载《中外法学》1989年第1期；陈兴良：《刑事一体化视野中的犯罪学研究》，载《中国法学》1999年第6期。

〔3〕 这一阶段的主要研究有：陈兴良：《刑事一体化视野中的犯罪学研究》，载《中国法学》1999年第6期；汪建成、余诤：《对刑法和刑事诉讼法关系的再认识——从刑事一体化角度观察》，载《法学》2000年第7期；佟蕴、满树军：《也论刑事一体化》，载《国家检察官学院学报》2000年第3期。

繁荣阶段。这一时期，储槐植教授出版了两本专著，系统地阐述了刑事一体化思想的具体内涵，使刑事一体化思想更具条理化与体系化，并将刑法学与犯罪学、监狱学等结合在一起，阐明刑事一体化的研究方法。同时，刑事一体化的思想广泛传播开来，相关研究如雨后春笋般地涌现出来，研究领域逐步拓展到刑事政策、犯罪心理学、刑罚执行学、刑事诉讼法学等相关学科，使刑事一体化思想得到了进一步充实和丰富。〔1〕这一阶段中，在刑事一体化视角下研究刑法与刑事诉讼法关系的相关研究主要有：(1)刑事法治视角下刑法与刑事诉讼法的研究：陈兴良教授秉承刑事一体化的研究方向，指出刑事法治以保障被告人的权利与自由为目的，其要旨在于限制国家的刑罚权。只有将这种价值理念贯穿在整个刑事司法改革中，才能保证刑事司法改革的正确方向。在这一思想主导下，它对刑法与刑事诉讼法、刑事执行法等重大理论问题进行了独到的法理分析，包括形式理性与实质理性、法律真实与客观真实、程序正义与实体正义；刑法与刑事程序的宪政基础；警察权、检察权、辩护权、

---

〔1〕 这一阶段的主要研究有：梁根林、张立宇主编：《刑事一体化的本体展开》，法律出版社2003年版；张文、马家福：《我国刑事科学的学科结构研究——兼论刑事一体化》，载《北京大学学报（哲学社会科学版）》2003年第5期；梁根林：《刑事一体化视野中的刑事政策学》，载《法学》2004年第2期；储槐植：《刑事一体化》，法律出版社2004年版；储槐植：《再说刑事一体化》，载《法学》2004年第3期；闵春雷：《定罪概念及原则的刑事一体化思考》，载《当代法学》2004年第4期；邱国梁：《刑事一体化与犯理心理学的发展》，载《政法学刊》2004年第5期；陈兴良、梁根林主编：《润物无声：北京大学法学院百年院庆文存之刑事一体化与刑事政策》，法律出版社2005年版；高维俭：《刑事一体化思想若干问题研究》，载《当代法学》2006年第2期；储槐植：《刑事一体化论要》，北京大学出版社2007年版；刘仁文：《刑事一体化下的经济分析》，中国人民公安大学出版社2007年版；罗欣：《亲告罪原论——以刑事一体化为视角》，中国检察出版社2009年版；季理华：《累犯制度研究——刑事政策视野中的累犯制度一体化构建》，中国人民公安大学出版社2010年版；严励：《刑事一体化视野中的犯罪研究》，北京大学出版社2010年版。

审判权等问题。该研究从刑事法治的角度切实推动了刑法与刑事诉讼法关系的研究。[1](2)犯罪构成体系与刑事诉讼的研究：相关研究主要探讨刑法中的犯罪构成体系对刑事诉讼中的法官裁判活动、控辩双方的诉讼活动以及证明责任的影响，是一种从刑事诉讼角度出发，研究如何从刑事诉讼实践推动刑法犯罪构成理论完善的有益尝试，拓宽了刑法的研究方法和思路。[2](3)死刑的程序控制研究：相关研究主要探讨如何从刑法上严格控制死刑的适用标准和范围、完善死缓制度；如何从刑事诉讼方面完善死刑复核制度及规范死刑案件的诉讼程序展开，该类研究聚焦刑法中的刑罚制度，将刑法与刑事诉讼法涉及的共同问题作为研究对象，为两法交叉领域的研究率先做出了尝试。[3](4)罪名变更的研究：相关研究探讨了罪名变更的法理基础以及模式选择，主张借鉴诉因制度界定法院罪名变更的权限范围，探讨刑法中的具体罪名在刑事诉讼实践中遇到问题时的解决办法。[4]

第三阶段为2011年至今，是“刑事一体化思想”的内省和持续

〔1〕 参见陈兴良：《刑事法治论》，中国人民大学出版社2007年版。

〔2〕 相关的研究主要有：夏勇：《刑事诉讼对犯罪构成的要求》，载《法学》2005年第4期；聂昭伟：《论犯罪构成与证明责任分配的互动关系》，载《当代法学》2006年第4期；刘沛谞：《我国犯罪构成理论之重构——刑事一体化纬度的考量》，载《贵州民族学院学报（哲学社会科学版）》2007年第1期；张吉喜：《论犯罪构成模式的程序法意义》，载《贵州警官职业学院学报》2009年第3期；张吉喜：《控辩平衡的实体法维度》，载《国家检察官学院学报》2009年第2期；吴纪奎：《犯罪论体系与刑事诉讼模式》，载《中国刑事法杂志》2009年第3期。

〔3〕 相关的研究主要有：张云鹏：《死刑限制的刑事一体化思考》，载《社会科学辑刊》2005年第6期；罗翔：《刑事一体化视野下的死刑复核制度》，载《中国司法》2006年第7期；杨开江：《实体与程序之间：死刑正当根据与特殊程序救济》，载《中国刑法学年会文集》2001年第1卷。

〔4〕 参见万毅、刘沛谞：《再论罪名变更的法理基础及其模式选择——刑事一体化角度的思考》，载《四川大学学报（哲学社会科学版）》2005年第3期。

深入阶段。这一阶段，刑事一体化研究在经历繁荣之后逐渐告一段落，进入内省时期，如何继续将刑事一体化的思想推向纵深发展是研究者们需要进一步思考和面临的首要问题。一些学者尝试将研究视角从以往的宏观层面转向微观层面，从刑事各罪及刑法运行的角度着手，研究在贪污贿赂犯罪、网络犯罪、危险驾驶罪、反恐怖立法等具体犯罪中刑事一体化思想的运用。〔1〕这其中，对刑法与刑事诉讼法关系的研究主要围绕刑事证据的运用与证据规则的构建、律师作证以及刑事司法如何实现实体公正和程序正义的动态平衡等问题展开，摸索在刑事一体化思想下研究刑法与刑事诉讼法关系的新切入点。〔2〕

总体而言，刑事一体化是具有重大意义的方法论，为刑法与刑事诉讼法关系的研究提供了全新的视角和方法，使刑法与刑事诉讼法关系的研究不再局限于价值论的层面而得以逐步深入立法、司法、执法等层面，展开具体而细致的研究。但是，现有的刑事一体化研究主要关注的是刑法与犯罪学、监狱学、刑事政策以及犯罪心理学等领域，刑法与刑事诉讼法一体化的研究还未得到应有的重视，少量的一些研究主要是对一些热点案件和犯罪中的程序和证据

---

〔1〕 这一阶段的主要研究有：张勇：《劳动刑法：侵权与自救的刑事一体化研究》，上海人民出版社2011年版；储槐植、闫雨：《刑事一体化践行》，载《中国法学》2013年第2期；傅学良：《刑事一体化视野中的环境刑法研究》，中国政法大学出版社2015年版；倪春乐：《反恐立法中“组织入罪”的刑事一体化分析》，载《中国人民公安大学学报（社会科学版）》2015年第1期。

〔2〕 参见刘艳红：《醉驾型危险驾驶罪刑事证据规则研究——基于刑事一体化的尝试性构建》，载《法律科学（西北政法大学学报）》2014年第2期；张锦：《反腐视角下犯罪论体系与证据体系一体化》，载《江西社会科学》2015年第5期；徐长龙：《注释法学下的“律师伪证”——以刑事一体化为视角的重新解读》，载《江西警察学院学报》2016年第1期。

问题的局部探讨，内容零散缺乏体系，还没有形成较具影响力的研究成果。

3.立法衔接与协调的研究视角

从立法衔接与协调的角度展开对刑法与刑事诉讼法关系的研究也是近年来的一种新的研究思路。我国《刑法》自1979年颁布实施后，20多年间已经历经11次修正，还制定了数量众多的立法解释以及司法解释，刑法规范的内容始终处于持续扩充的状态。《刑事诉讼法》自1979年颁布实施后，进行了3次较大的修订，伴随修订同样产生了大量的立法和司法解释。但是，由于两部法律的修改频率以及修改时间上的差异，造成了具体法律规范和细节上的脱节和矛盾，产生了两法彼此不衔接、不协调的情况。1996年《刑事诉讼法》第一次修订后，1997年《刑法》也进行较大的修改变动，由于《刑法》修订在后，两法在具体法律规范上就不可避免地出现了很多矛盾的地方。例如，《刑法》取消了"反革命罪"的罪名，代之以"危害国家安全罪"，而《刑事诉讼法》中仍然使用的是"反革命罪"；《刑法》增设了单位犯罪，而《刑事诉讼法》则都是围绕自然人犯罪设置的程序，并没有关于单位犯罪的相关诉讼程序或制度。再如，2012年《刑事诉讼法》修订后，要求辩护人必须及时向指定机关披露三类特定证据，[1]但《刑法》或相关法律对辩护人不依法履行特定证据披露义务时是否需要承当相应的法律后果并没有相关的规定，

〔1〕 参见《刑事诉讼法》第40条规定（现为第42条）：辩护人收集的有关犯罪嫌疑人不在犯罪现场、未达到刑事责任年龄、属于依法不负刑事责任的精神病人的证据，应当及时告知公安机关、人民检察院。

由此引申出的问题就是：大量的刑事诉讼程序性规范，缺乏相应的实体法律后果，使程序性规范在一定程度上失去了规范意义，成为缺乏法律效力的“软法”。

在此背景下，针对刑法和刑事诉讼法互不衔接、互不匹配的问题，一些学者展开研究并提出了解决思路。有学者指出，1996年《刑事诉讼法》与1997年《刑法》分别修改后，两者之间在刑事案件的级别管辖和职能管辖、单位犯罪、告诉才处理的案件、减刑、假释问题、未成年人犯罪的诉讼程序、不负刑事责任的精神病的强制医疗程序等方面均存在失衡或未有效衔接的问题。〔1〕有学者在2012年《刑事诉讼法》修改前提出，《刑事诉讼法》的修改应当关注其与刑事法律体系的微观衔接问题，将原来遗留的衔接缺陷问题在修法时加以解决，这主要涉及刑事诉讼的级别管辖；职能管辖中贪污贿赂罪和国家工作人员利用职权实施的侵犯公民人身权利犯罪的管辖设置；刑事诉讼程序设置中有关单位犯罪、对不具有法定减轻处罚情节犯罪分子的处罚程序、追诉实效、减刑、假释的受理等方面的问题。〔2〕还有学者认为，刑法与刑事诉讼法之间的协调是一个动态的、不断变化的过程，在构建相关制度时，应寻求最佳平衡点，使其相互协调并实现交融汇合。同时指出，我国刑事诉讼法中的刑事和解制度、控辩协商制度、非法证据排除规则等出现了对刑法的背离

〔1〕 参见杨福珍、邱启雄：《对新刑法与新刑诉法衔接的法律思考》，载《法律科学（西北政法学院学报）》1998年第3期；申君贵：《论我国〈刑事诉讼法〉与〈刑法〉的失衡及其解决》，载《法学》1998年第8期。

〔2〕 参见王志亮：《刑诉法修改应关注刑事法律体系的衔接》，载《东方法学》2009年第1期。

情况；而刑法中的作案目的、主观方面的明知等则为诉讼证明设置了较多障碍，因此要在制度构建上实现两者的动态平衡，建议修改实体法为诉讼证明减轻困难，完善诉讼法力求在程序正义下实现最优实体目标。〔1〕从立法衔接与协调的视角出发探讨刑法与刑事诉讼法的关系，一方面是对我国刑事立法缺乏统一规划和整体观念，各自为政弊病的检视，有利于促进我国刑事立法技术的提升；另一方面也是对刑事法律体系严肃性和协调性的维护，有利于促使立法者在修改法律时，关注相关法律之间在逻辑、内容与体系上的衔接性和一致性。然而，目前相关的研究主要还局限在静态的、立法技术方面的探讨，研究视野和研究范围比较狭窄，还需要向纵深拓展。

4.交互作用的研究视角

刑法与刑事诉讼法在司法实践中总是形影不离、密切联系的状态，刑事司法实务工作者在刑事案件的裁判与执行过程中必须同时综合运用刑法及刑事诉讼法，因此，理论研究上也对刑法与刑事诉讼法进行了交叉研究，属于采用横向视角的研究方法。有观点认为，刑法与刑事诉讼法应当注重整体性立法，加强司法实践融合，开展交叉性研究，追求实体公正和程序正义的动态平衡，实现两者在立法和司法上的“双赢”，建立程序制裁机制促进刑法与刑事诉讼法的双向良性互动、减少冲突。〔2〕我国台湾地区学者林钰雄的著

〔1〕 参见李婵媛、卞建林：《刑事诉讼法与刑事实体法关系初探——混沌、分立、割裂、联系、协调》，载《贵州大学学报（社会科学版）》2010年第5期。

〔2〕 参见雷连莉：《刑法与刑事诉讼法关系再认识：困境及出路》，载《湘潭大学学报（哲学社会科学版）》2011年第6期；童伟华、武良军：《由疏离、割裂走向融合、依赖——着力构建刑法与刑事诉讼法的合理关系》，载《理论探索》2014年第1期。

作《刑法与刑诉之交错适用》是这种研究方法的重要代表。该书以具体的刑事案例为研究样本，深入细致地讨论了裁判结果形成过程中刑法与刑事诉讼法错综复杂的交错适用情况，分析了刑法理论中的因果关系、客观归责与程序法上罪疑唯轻的原则对形成裁判结论的共同作用；针对案件同一性问题，结合当时我国台湾地区的新"刑法"中行为数与竞合论的修改，检讨了刑事诉讼中判断案件同一性标准的合理性；进而以肇事逃逸罪、诽谤罪、诈欺罪等刑法各罪为研究对象解析了实体法定性与诉讼法证明的联动性，相当典型地展示了实体法与程序法的交错适用。〔1〕由于我国台湾地区"刑法"学以德、日的刑法知识体系为基本逻辑结构，该书使我们了解了我国台湾地区在"刑法"与刑事诉讼法关系研究方面的理论深度及其独特的实证研讨方式，为国内学者在该领域的研究提供了良好的借鉴。国内这方面具有代表性的研究是塔娜博士的《刑法与刑事诉讼法交互作用研究》。该书以刑法与刑事诉讼法的交互作用原理为主线，探讨了犯罪构成体系、刑罚轻缓化、刑罚消灭制度与刑事诉讼程序的相互影响关系；进而分析了刑法理论与诉讼证明、刑法解释与诉讼构造、刑法机能与诉讼目的等刑法学基本理论与刑事诉讼制度之间的相互影响关系。该研究采用了跨部门法的视角对刑法与刑事诉讼法的关系在理论层面进行了较为深入和系统的阐述，揭示了刑法与刑事诉讼法之间机能性与构造性的相互作用关系，指出两者之间具有在机能上相互补充、保障以及正当化的作用；在构造上

---

〔1〕 参见林钰雄：《刑法与刑诉之交错适用》，中国人民大学出版社2009年版。

具有相互制约、引导和塑造的作用，进而分析了两者在法律理论和制度方面出现问题的原因，提出了制度构建的路径。[1]该研究将我国刑法与刑事诉讼法关系的研究推向了纵深发展，对该领域的理论发展研究具有重要的积极意义。

（二）国外研究现状与研究视角

在世界各国法律发展的早期，刑法与刑事诉讼法大多是不做区分、合为一体的状态。例如，公元前18世纪古巴比伦的《汉谟拉比法典》中就同时规定了惩罚的犯罪和刑罚以及神明裁判等刑事诉讼程序。5世纪古罗马的《十二铜表法》也是集民法、刑法、诉讼法为一体，其中前三表的内容主要是诉讼法，刑事实体法则被编纂在其他表当中。随着时代的进步和法律的发展，诉讼法逐渐在法律体系中独立成型，现代国家基本上都将刑法与刑事诉讼法区分为各自独立的部门法，但由于两者之间天然的紧密联系，刑法与刑事诉讼法关系的研究在国外也是较受学者关注的一个重要内容。

在大陆法系国家，早在1764年意大利学者贝卡里亚的刑法名著《论犯罪与刑罚》中就包含了很多关于刑事诉讼的内容，如逮捕、犯罪嫌疑和审判方式、证人、秘密控告、提示性讯问、口供等程序法问题，提出了罪刑法定、罪刑相适应原则与无罪推定等至今仍在普遍适用的基本原则。[2]德国刑法学家李斯特在19世纪末就提出构建"全体刑法学"（又称"整体刑法学"）的设想，"李斯特主张把刑事的

---

〔1〕 参见塔娜：《刑法与刑事诉讼法交互作用研究》，中国政法大学2011年博士学位论文。

〔2〕 参见［意］切萨雷·贝卡里亚：《论犯罪与刑罚》，黄风译，中国法制出版社2005年版。

各个部门综合成为全体刑法学，意即真正的整体的刑法学，内容包括犯罪学、刑事政策学、刑罚学、行刑学等。全体刑法学概念的确立，不仅使刑法学这门学科得以充实与膨胀，使之在一定程度上突破注释刑法学的狭窄学术樊篱，而且在此基础上形成刑事法的一体化研究格局，将与刑事相关的学科纳入刑事法的研究视野”。〔1〕李斯特所主张的全体刑法学是一个包括部分刑事诉讼法内容的范畴，这种整体性的研究视角对我国“刑事一体化”思想和研究方法的产生和发展起到了直接的影响。在刑法与刑事诉讼法关系的研究方面，德国学者关注的主要内容有以下方面：“（1）刑事诉讼法的刑法形成力研究：以没有诉讼就没有刑法的适用，而且只有在刑事诉讼中才能够形成详细的刑法制度这一命题为基础，检讨了一系列重要的刑法问题，指出了以诉讼程序为视角构建刑法制度的路径，试图使刑法从脱离于诉讼实践的纯理论性要求中解放出来。（2）刑法与刑事诉讼法相互作用的研究：主张刑法与刑事诉讼法之间存在可分为机能性相互作用与构造性相互作用两大类的相互作用关系，因此在刑事法律问题的解决过程中应当采用综合的考察方法。（3）刑法与刑事诉讼法冲突研究：在详细分析刑法规范与刑事诉讼法规范之冲突的基础上，通过运用‘上位法排除下位法’、‘特别法排除一般法’、‘内容详细者优先’等规则的运用，论证了在刑法规范与刑事诉讼法规范发生冲突的绝大部分情况下刑事诉讼法规范所具有的优先地位。”〔2〕

---

〔1〕 陈兴良：《刑事一体化视野中的犯罪学研究》，载《中国法学》1999年第6期。

〔2〕 塔娜：《刑法与刑事诉讼法交互作用研究》，中国政法大学2011年博士学位论文。

日本学者早在程序工具主义占据统治地位时期就已经开始积极主张诉讼程序的独立价值。谷口安平在《程序的正义与诉讼》中指出，“实体法上所规定的权利义务如果不经过具体的判决就只不过是一种主张或‘权利义务的假象’，只是在一定程序过程中产生出来的确定性判决中，权利义务才得以实现真正意义上的实体化或实定化”。〔1〕刑法学家小野清一郎在其代表作《犯罪构成要件理论》一书中介绍了犯罪构成要件的诉讼法渊源，在对犯罪构成要件的理论研究中紧密结合了刑事诉讼法的相关内容，专章讨论了“作为刑事诉讼中指导形象的犯罪构成要件”“构成要件和公诉事实及诉讼原因”“构成要件与证据法”“上诉审的结构与构成要件”等问题。〔2〕20世纪80年代末，已经有不少日本学者受美国正当法律程序观念的影响，形成了实体真实与正当程序并重的思想。在刑法与刑事诉讼法的关系方面，研究视角较为深入，对刑法与刑事诉讼法学的基础理论、刑法在刑事诉讼程序的运行中相关制度间的关联性等问题都有所研究。“团藤重光对刑法与刑事诉讼法之理论上的关联和实际上的关联进行了阐述，并主张通过刑法与刑事诉讼法的关联性把握两者所具有的制度机能。三岛聪从刑法与刑事诉讼法的关联性出发，详细阐述了事实认定的正当化要求对刑法解释产生的制约作用；刑法适用之事实基础所发挥的制约解释之恣意性的作用；

---

〔1〕［日］谷口安平：《程序的正义与诉讼》，王亚新、刘荣军译，中国政法大学出版社1996年版，第7页。

〔2〕参见［日］小野清一郎：《犯罪构成要件理论》，王泰译，中国人民公安大学出版社1991年版。

刑事诉讼规则对刑法中主观要素之认定与解释的制约作用以及刑法解释所产生的证明责任转移的效果等典型问题上表现出的刑法与刑事诉讼法的相互影响关系。铃木茂嗣则对刑事诉讼问题进行了实体法视角的剖析，指出在确定刑事审判对象和终局判决类型时应加入实体法的评价要素。仅仅从事实的角度进评价，而不加入法律要素是不符合法律规定的。"〔1〕

英美法系虽然在内容上也划分刑法与刑事诉讼法，但并不像大陆法系国家区分的那样清晰，一些国家至今仍然把刑法和刑事诉讼法规定在同一部法典里，如《加拿大刑事法典》《新西兰刑事法典》。传统的研究方式是将刑法与刑事诉讼法视为整体进行研究，一些著作中往往同时包含刑法与刑事诉讼法的内容。〔2〕英美法系具有注重程序本位价值的传统，崇尚程序正义。英国早在1215年的《自由大宪章》中就已经确立了正当程序原则，将公民的基本权利上升到宪法保护层面。有学者认为："实体规则可能是好的，也可能是坏的。人们所关心的只是这些规则的实施应当根据形式公平的原则进行。"〔3〕从20世纪60年代开始，美国已经开始了正当程序革命和刑事诉讼宪法化，并使用宪法性刑事诉讼（constitutional criminal procedure）的概念。这些社会背景引发了学术研究对于程序本位价

---

〔1〕 塔娜：《刑法与刑事诉讼法交互作用研究》，中国政法大学2011年博士学位论文。

〔2〕 参见[英]塞西尔·特纳：《肯尼刑法原理》，王国庆等译，华夏出版社1989年版；[英]鲁珀特·克罗斯、菲利普·A.琼斯：《英国刑法导论》，赵秉志等译，中国人民大学出版社1991年版。

〔3〕 [英]彼得·斯坦、约翰·香德：《西方社会的法律价值》，王献平译，中国人民公安大学出版社1989年版，第19页。

值、实体正义与程序正义的激烈探讨。美国法哲学家戈尔丁在《法律哲学》一书中，为程序正义设定了九项标准，这些标准被我国很多学者运用在刑事诉讼法的价值目标研究中。美国学者帕克（H. L. Packer）提出的犯罪控制（Crime Control）与正当程序（Due Process）理论，也在西方社会引起了较大的反响。这些有关程序正义、正当程序价值的探讨，传达出程序是实体正当性的依据、程序与实体同样重要的信号。有学者认为，刑事程序与实体存在三种关系：一是程序性规则能够妨碍实体目标的贯彻；二是某些程序法规则可能促使立法者拒绝制定某些刑事法律；三是有的法律文本是程序法与实体法的混合。〔1〕

20世纪90年代初，在我国改革开放的背景下，美国、日本等国家有关刑法与刑事诉讼法的相关研究成果迅速传入我国，对我国长期以来形成的重实体、轻程序；重结果、轻过程等法律传统产生了强烈的冲击，使很多学者受到触动和启发，并且对我国刑事诉讼法研究从以实事求是原则为指导的追寻真理的观念模式向以价位原则为主导的观念模式的理论演变起到了至关重要的作用。总体来说，域外对刑法与刑事诉讼法关系的理论研究既有基于宏观的、价值层面上的研究，也有从微观的、理论与制度层面上的研究。反思我国，现有研究成果以价值层面的宏观研究居多，深入刑法与刑事诉讼法学科理论与制度构建层面的研究成果还非常欠缺，亟待在这

〔1〕 See Joshua Dressler, *Understanding Criminal Procedure*, 3rd Edition, LexisNexis Group 2002, p.1-2.

方面的深入拓展。

三、研究思路与研究方法

（一）研究思路

刑法与刑事诉讼法关系的各种研究思路为本书的研究提供了坚实的基础和依据，在认真学习和领悟相关研究成果的基础上，力求突破和创新。前文所讨论的各种研究思路，其研究对象基本是一致的，主要是研究侧重点的不同。在实体法与程序法关系研究视角下，刑法与刑事诉讼法关系的研究从法理学上实体法与程序法的分类切入，侧重于对刑法和刑事诉讼法的法律价值和作用的探讨，是从宏观、整体层面的研究。在刑事一体化的研究视角下，刑法与刑事诉讼法关系的研究侧重于对刑事一体化理念的运用和刑事法律制度整体化的建构，也属于宏观和整体性的审视。在立法衔接与协调的研究视角下，刑法与刑事诉讼法关系的研究注重探讨刑法与刑事诉讼法在具体的法律规范和制度上的衔接与协调，主要目的在于提高刑事立法技术，倾向于微观的、立法层面的研究。在交互作用的研究视角下，刑法与刑事诉讼法关系的研究重点是交互作用的原理、基础理论及交互作用的相关制度，有对刑法与刑事诉讼法整体性的探究，也对刑法与刑事诉讼法各自的独立性需求和特征给予了一定的关注，是一种整体性与独立性相结合的视角。这些研究视角和研究成果极大地推动了我国刑法与刑事诉讼法关系的研究深度和广度。然而,刑法与刑事诉讼法的关系仍有很多有待我们深入探讨和研究的领域,值得我们继续开拓和钻研。

本书尝试聚焦在司法层面,从定罪和量刑的角度出发,研究其中刑法与刑事诉讼法的交叉关系。通过对定罪与量刑活动中刑法与刑事诉讼法的相互作用以及司法适用情况的分析研究,展现两者之间交叉适用或相互作用的具体状态,进而发现问题,为构建并完善刑事法律制度、公正解决刑事案件探寻更为合理化的路径。研究思路主要分为四个层次。第一个层次是探讨刑法与刑事诉讼法交叉关系的基本原理。这部分是关于刑法和刑事诉讼法关系研究的起点和理论基础,主要分析刑法与刑事诉讼法的含义及基本关系、相互作用的原因、方式以及交叉关系的基本原理,属于理论性、概括性的论述。第二个层次是探讨刑法与刑事诉讼法在定罪中的交叉适用关系。定罪是一个综合运用刑法与刑事诉讼法的复杂的、动态的司法过程,刑法与刑事诉讼法均为定罪提供相应的法律依据。刑法为定罪提供实体法依据,刑法有关犯罪的概念、犯罪的成立条件、故意犯罪的形态、罪数等规定是司法人员判断罪与非罪、此罪与彼罪、一罪与数罪的基本标准。定罪又属于刑事诉讼程序中的诉讼活动,必须遵循刑事诉讼法的程序和规则,刑事诉讼法有关诉讼主体、审判程序及模式、事实认定及证明、刑事裁判等规定,是定罪具体开展、持续推进以及最后终结的法律依据。本书主要从定罪事实的认定及证明、定罪中刑法与刑事诉讼法的交叉适用两个方面展开论述,结合我国司法实践中的判例,分析定罪的运行机制,探寻准确、公正定罪的路径。从理论上来说,这部分主要以刑法的犯罪论(犯罪构成)体系及刑事诉讼法的诉讼证明为基础。第三个层次是探讨刑法与刑事诉讼法在量刑中的交叉适用关系。这部分是对刑法与刑事诉讼法关系"两阶段"式研究的第二阶段，着重探讨量刑活动中刑法与刑事诉讼法交叉适用的样态。量刑也是融合刑法与刑事诉讼法运用的复杂、动态过程，很多问题诸如自首、立功等量刑情节的判断都需要综合运用刑法与刑事诉讼法。刑法为量刑提供实体法依据。刑法中刑罚裁量的原则、量刑情节及其适用、量刑制度等规定，是司法人员确定犯罪人刑事责任的大小及其承担方式的判断准则。刑事诉讼法为量刑提供程序法依据。刑事诉讼法中量刑情节的认定、司法人员裁量权的行使、量刑结论的产生等规则，是保障量刑活动顺利进行并得出结论的法律依据。这部分主要从量刑的事实认定及证明、量刑中刑法与刑事诉讼法的交叉适用两个方面展开，结合我国司法实践中的判例，分析量刑的运行机制，探寻公正、均衡量刑的有效方法。从理论上来说，这部分主要以刑法的刑罚论、刑罚裁量和刑事诉讼法的量刑程序为基础。这两个层次是从定罪与量刑的视阈展开论述，遵循从理论到实践、从静态到动态的思维逻辑，展现刑法与刑事诉讼法之间的关系及交叉适用的具体样态。第四个层次是探讨刑法与刑事诉讼法在各罪中的交叉适用关系。刑法与刑事诉讼法的交叉使用最终是体现在每一个具体的刑事案件中，在刑法众多的各罪中，每一个刑事案件中都存在交叉适用刑法与刑事诉讼法的情况，而且不尽相同。本书以非法持有枪支罪为例，探讨在刑法各罪的定罪与量刑中刑法与刑事诉讼法的交叉适用关系。主要研究思路和基本结构如图0-1所示。

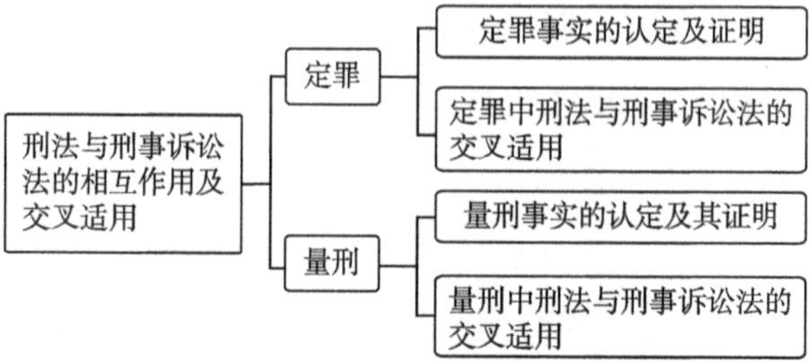

图0-1　研究思路结构

（二）研究方法

1. 法理学研究方法。运用法理学研究方法，是深入研究法学各部门法问题的基本手段，也是提升理论研究逻辑理性和说服力的基本路径。本书有关刑法与刑事诉讼法关系的研究，原本就属于法理学理论中法的分类的具体内容，涉及法理学中法律与事实问题的研究范畴，而刑法与刑事诉讼法的立法与司法活动则涉及法理学中法的制定、法律适用和法的执行等内容。此外，该研究还涉及法理学中权利与权力、义务和责任等基本概念在刑事法领域的理解与运用。所以，基于法理学角度展开对刑法与刑事诉讼法关系的解析，能够增强论证的理论性基础，为本书的研究提供扎实的理论基础和支撑。

2. 比较研究法。刑法与刑事诉讼法作为基本的法律部门，在不同的国家表现形式、具体内容、立法体例及司法适用也千差万别。通过对不同国家的刑法及刑事诉讼法法律规范的相关内容，司法适用的理念和模式进行对比，有助于了解刑法与刑事诉讼法的多面性，体会法律规范与其运行环境和国情背景之间的深刻关联，有利于在更大的范围和更开阔的视野中把握两者之间的内在关系，为分析我国刑法与刑事诉讼法的法律规范、反思其立法、司法及执法实践情况、展望未来的发展方向和目标提供参照和启迪。本书通过对比不同国家刑法与刑事诉讼法相关制度与规则，为发现刑法与刑事诉讼法之间的内、外部联系提供相关的依据，也为完善我国相关领域的法律制度提供相应的参考和借鉴。

3.实证研究方法。刑法与刑事诉讼法之间的紧密联系突出地体现在司法实践中具体案件的解决过程中。如果说静态的刑法与刑事诉讼法为法官的定罪量刑提供了法律依据，那么动态的司法实践就为法官的定罪量刑和刑事裁判提供了答案。实证研究为法学研究从法律文本走向司法现实、从应然层面走向实然层面开辟了一条光明的通道。但由于缺乏实地调研、大数据分析、访谈研讨等实证研究的条件，因此本书主要是采用研究和分析我国司法实践中的相关案件、选取人民法院刑事裁判的一些样本案例进行文本分析和研究，虽然这与真正有力的实证研究方法尚有很大的差距，但刑事裁判文书是定罪量刑最真实的体现，是包含丰富案件信息并具有客观性的研究资料，能够在一定程度上反映我国刑事案件在定罪与量刑中的现实问题。与访谈研讨、问卷调查以及刑事诉讼中的其他法律文书相比，刑事裁判文书的内容又与本书的研究主题密切相关，直接展现我国法官定罪量刑的思路、方法及结果，也可以反映刑事案件对诉讼主体诉讼权益的影响。所以，本书选取了大量的司法案例作为研究样本，为发现问题、解决问题提供素材和思路，运用以裁判文书为基础进行文本分析的实证研究方法，有助于增强研究的客观性，体现选题的现实意义。

第一章　刑法与刑事诉讼法的含义及其关系

第一节　刑法与刑事诉讼法的含义及其异同

一、刑法与刑事诉讼法的含义

刑法是规定什么是犯罪、应负何种刑事责任及其怎样惩罚犯罪的法律规范的总称。刑法的概念有狭义与广义之分。狭义刑法指系统规定犯罪、刑事责任和刑罚的刑法典。广义刑法“是指一切犯罪、刑事责任和刑罚的法律规范总和。它不仅指刑法典,还包括单行刑法以及非刑事法律中的刑事责任条款(也称附属刑法)”。[1]广义的刑法内涵如图1-1所示。

---

〔1〕 高铭暄、马克昌主编:《刑法学》,北京大学出版社2011年版,第7页。

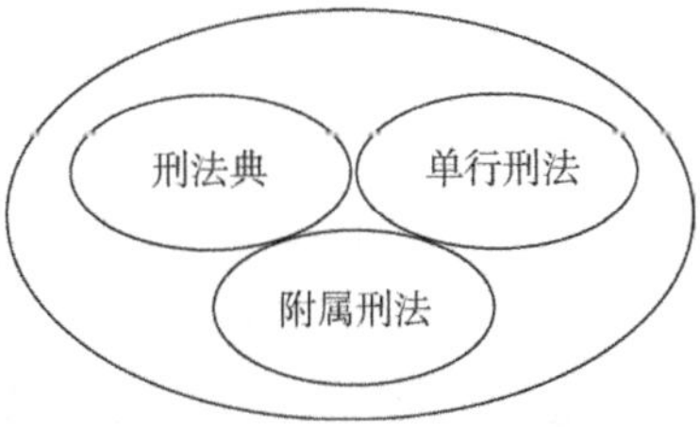

图1-1　广义刑法的内涵

刑事诉讼法是调整刑事诉讼活动的法律规范所构成的有机整体。刑事诉讼法从概念的外延上可以分为大、中、小三个范围，即三个概念集合。最大范围的刑事诉讼法是指从立案开始，到执行结束的一切有关刑事诉讼的法律规范。大陆法系一般采用这种观点。例如，德国刑事诉讼法认为广义的刑事诉讼可分为三个阶段：第一阶段是狭义的刑事诉讼即审判过程；第二阶段是一般性对判决执行的监督，即狭义的刑罚执行；第三阶段是自由刑的执行，即以个案方式进行的执行。与这三个阶段相配合的法律即狭义的刑事诉讼法、刑罚执行法和自由刑之执行法。〔1〕我国学界的通说基本采用这种最大范围的概念。中等范围的刑事诉讼法是指关于侦查程序至审判程序中有关刑事诉讼活动的法律规范。最小范围的刑事诉讼法仅指涉及刑事审判程序的法律规范，这一概念主要流行于英美法系国家。〔2〕同一概念的这三个范围之间的相互关系如图1-2所示。

---

〔1〕 参见[德]克劳思·罗科信：《刑事诉讼法》，吴丽琪译，法律出版社2003年版，第7页。

〔2〕 参见龙宗智、杨建广主编：《刑事诉讼法》(第3版)，高等教育出版社2010年版，第10页。

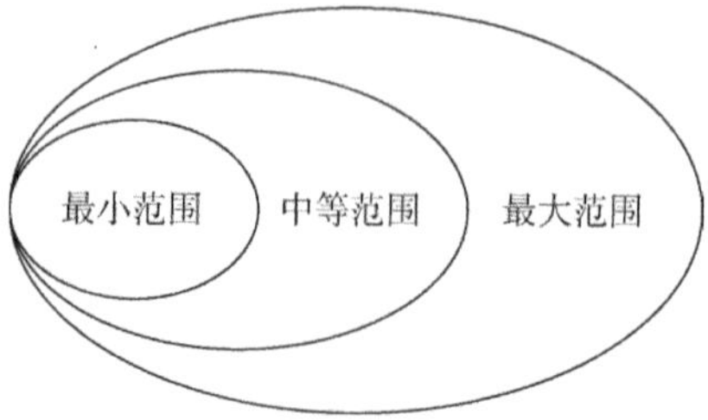

图1-2　刑事诉讼法的范围

英美法系国家通常将刑法与刑事诉讼法视为一个不可分割的整体，其刑法与刑事诉讼法之间具有紧密联系并相互照应的独特关系。英国刑法理论认为，从实体上界定“罪行”的性质比较困难，因为对罪行的概念进行界定时必然面临某一行为在法律上是否属于犯罪已经发生变化，而对罪行的抽象的定义并没有随之变化的困境。例如，“直到1961年8月3日之前，自杀是一项罪行，但是自从1961年8月3日以后，根据《1961年自杀法》，自杀却变成了完全合法的了。年满21周岁的男性之间秘密发生的同性恋行为在1967年7月21日之前构成犯罪，而根据《1967年性犯罪法》，这样的行为是可允许的”。〔1〕也就是说，犯罪行为的本质不会在一夕之间改变，因而用于界定犯罪行为性质的定义或概念应体现犯罪的特性，保持一定的稳定性，但犯罪的范围和界限会受刑法（规定什么是犯罪行为的法律）规范的影响，导致某种行为在法律上的性质突然发生改变。因此，英美国家的学者以及法官选择从实施该行为而引起的诉讼程序

〔1〕［英］J. C.史密斯、B.霍根：《英国刑法》，李贵芳等译，法律出版社2001年版，第21页。

的性质给刑法上的犯罪下定义。“如果我们试图根据诉讼程序定义罪行，那么，我们不应该根据诉讼法中的一个条目——赦免处罚的权力——来定义罪行，而应该根据整个诉讼法来定义罪行。如果一个法院需要决定某一为国会所禁止的具体行为是否是罪行，作为一个指导，它可以视情况而定或者参考法令所规定的任何只存在于民事诉讼中的因素，或者参考法令中所规定的只存在于刑事诉讼中的因素。罪行是一种能够继之以刑事诉讼并具有作为这些诉讼程序的必然结果中的一种结果的行为”。〔1〕以刑事诉讼的视角界定刑法当中的概念，在对刑法实体概念的阐释中蕴含程序的维度，成为英美法系刑法的一个特点，这与其刑事诉讼的宪法化背景以及崇尚正当程序、注重法律的实用功能的法律传统具有直接的关系。

在大陆法系，刑法与刑事诉讼法从历史渊源到近现代一些重要理论发展当中，其相互之间均具有密切的关联。刑法中的一些重要概念经历了一个从诉讼法意义上的概念向实体法意义上的概念的转变过程。以犯罪的构成要件为例，小野清一郎先生指出，“构成要件的理论机能，不仅在刑法内部，而且在刑事诉讼法领域，也有着涉及理论体系问题的重要意义”。他在考察这一概念的历史沿革中指出，构成要件（Corpus delicti）的概念在传到德国时，仍是在诉讼法上的概念，它的意义主要是用于证明客观犯罪事实的存在。后来传到英美法中并保持了持久的生命力，直到现在，在有关口供、辅

〔1〕［英］J. C. 史密斯、B.霍根：《英国刑法》，李贵芳等译，法律出版社2001年版，第26页。

助证据方面仍然沿用这一概念。在德国，直至斯求贝尔、费尔巴哈等学者之后，犯罪构成要件才转变为实体法上的概念。可见，犯罪构成要件概念的发展演变，经历了一个从诉讼法走向实体法，从形式概念向实质概念的转变过程，这也表明，无论是追根溯源还是面向当下，刑事诉讼法对于深化并推动刑法理论的发展都具有不可磨灭的意义。

同样，刑法理论的发展对于刑事诉讼的发展和刑事司法活动也产生了深刻的影响。以当代刑法的核心理论"法益"理论为例，虽然其实质性概念中并没有诉讼法上的因素，是一个具有认定犯罪本质属性功能的实体法上的概念。法益理论对刑事诉讼同样具有非常重要的实践意义。正如有观点所指出的，"法益理论一方面向刑事司法机构提出了认定犯罪的实质界限，即没有法益侵害就没有犯罪；另一方面也向司法者划定了认定犯罪的基本步骤：对于刑事违法行为，不能到规范以外去寻找它构成犯罪的实质根据；而只能在首先确定该行为形式上刑事违法后，才能在规范内去证明它侵害了立法者所要保护的现实利益内容。这两个基本步骤是犯罪理论结构的基本点，既不能颠倒，更不能省略"。[1]"法益"的概念在19世纪初被提出，其理论体系的发展和成熟，对刑事诉讼摒弃纠问式诉讼制度，确立并发展辩论式的现代刑事诉讼制度具有一定的指导性意义，具有防止司法权专横和滥用，限定刑事司法定罪的范围、规范刑事司法权的运作都具有实质性的保障。

---

〔1〕 李海东：《刑法原理入门——犯罪论基础》，法律出版社1998年版，第13页。

在法学体系中，刑法学属于基础法学、部门法学和应用法学，是研究犯罪、刑事责任及其刑罚的一般规律，并对刑事立法和刑事司法进行理论抽象的科学。[1]在最广义的刑法学体系中，刑法与刑事诉讼是有交集的，它们被共同纳入刑事法学的范畴。张明楷教授认为："最广义的刑法学（可谓刑事法学）是研究有关犯罪及其法律后果（主要是刑罚）的一切问题的学科，其研究对象包括实体的刑法规范、犯罪原因与对策、刑事诉讼程序、刑罚的执行等内容。广义的刑法学，是指解释现行刑法（刑法解释学）、阐述刑法规范的哲学基础（刑法哲学或理论刑法学）、研究刑法历史（刑法史学）、比较不同刑法（比较刑法学）的学科。狭义的刑法学，仅指刑法解释学。"[2]这表明，刑事诉讼法是最广义的刑法学概念中的应有之义，在刑事法体系内部，刑法学的研究与刑事诉讼法学之间也需要双向互动，面对刑法当中遇到的一些困惑，结合刑法的运行环境，增加刑事诉讼的视角和维度来思考，将更有利于视野的开阔和研究方法的多元，从而促进问题的解决。

二、刑法与刑事诉讼法的异同

刑法与刑事诉讼法之间是一种区别之中有联系、联系之中有区别的相互关系。为了揭开两者之间错综复杂的关系"面纱"，我们首先从归纳两者之间的相同点与不同点切入。

---

〔1〕参见屈学武：《刑法总论》，中国社会科学出版社2015年版，第7页。

〔2〕张明楷：《刑法学》（第4版），法律出版社2011年版，第19页。

（一）刑法与刑事诉讼法的共同之处

1.在性质上同为公法

刑法与刑事诉讼法均属于公法，以维护社会整体的利益或公共利益为本；均以国家公权力为其实施的保障；在法律规范方面均以强制性规范为主；在法律效力上是具有绝对适用效力的强行法，并非允许个人选择的任意法。刑法所规范的是具有严重社会危害性的犯罪行为，犯罪在本质上是一种对全体社会秩序的危害，也是对社会公民整体利益的危害，而公法正是保护社会整体利益或公共利益的法。公法以调整或配置公权力，维护国家或公共利益为目的法律，但公法同时也调整公权力与私权利之间的关系。也就是说，公法所调整的领域不限于公权力，已经延伸到了私权利的层面。在调整公权力与私权利关系的公法中，一方主体是国家，另一方主体一般是与国家主体不平等的，具有隶属或服从关系的主体。刑法是国家制定并动用刑罚强制保障实施的法律规范，以强制性规范为主的特点体现了其公法的属性。“刑法以规定国家对犯罪者之刑罚权为内容，其所涉者，乃国家与人民间之法律关系，并具权力服从性质，故属于公法范畴。又因国家刑罚权系直接以社会伦理价值观念为运用之准据，故刑法在公法体系中最富伦理性格，国家赖此始可彰是非之公，匡正人们生活而维正义”。〔1〕犯罪人承担刑事责任的主要方式是接受刑罚惩罚，而刑罚则是一把“双刃剑”，既具有惩罚

〔1〕 韩忠谟：《刑法原理》，北京大学出版社2009年版，第8页。

犯罪、维护社会安定与秩序的有效性；也具有剥夺犯罪人财产、自由甚至生命的极其严厉性，如果对无辜者错误适用刑罚，将对其造成难以弥补的巨大损害，也会动摇社会公众对国家法治的信赖。因此，国家需要在动用刑罚与限制刑罚扩张适用之间做到平衡，在能够采用刑罚之外的其他手段维护社会秩序时，尽量放弃适用刑罚，以避免刑罚用之不当对无辜者造成侵害。

为了使刑法规范能够在犯罪发生时得以适用，必须设置一套法律规范对其进行活用，用以对行为是否构成犯罪加以识别和确认并对犯罪人加以处罚。自国家禁止私用刑罚以来，刑罚权只有代表国家的专门职权机构才能行使，国家将行使刑罚权、发现事实真相并依法作出裁判的职责均强制性地规定在刑事诉讼法当中。因此，刑事诉讼法成为以国家刑罚权的实现方式和运行程序为主要内容的法律规范，负有保障刑法实施的重要任务，因而也具有了公法的属性。"刑事诉讼法是全部诉讼法之一部分（形式法，formelles Recht），也因而具有公法性质。"〔1〕国家允许职权机构在刑事诉讼中采用拘留、逮捕等强制性手段来保障刑法的实施，由此，国家职权机构拥有强大的国家刑罚权，对个人自由与安全具有非常重要的影响作用，尤其是可能会对涉嫌犯罪但实为无辜者的个人构成潜在的危险。因此，刑事诉讼法更注重刑事程序的正当化与理性化的制度设计，注重平衡与协调国家权力与个人权利之间的关系。可见，刑法与刑事诉讼法在其所维护的利益以及调整机制方面均具有公法

〔1〕［德］克劳思·罗科信：《刑事诉讼法》，吴丽琪译，法律出版社2003年版，第8页。

的本质，在调整方法上也采用以公权力为保障的强制性规范为主，是具有绝对适用效力的强行法，不是允许个人任意选择的任意法。

2.在内容上同属刑事法

在刑事法与民事法的分类中，刑法和刑事诉讼法同属刑事法，是刑事法的有机组成部分。随着社会的发展，刑事法在不断演变之中日益得到丰富和充实。在英美法系国家，刑事法律体系由刑法、刑事程序法与刑事证据法组成；大陆法系国家的刑事法律体系主要包括刑事实体法、程序法（包括刑事证据法）和执行法。在我国，刑事法是刑法与刑事诉讼法的上位概念，相互之间共同的联系在于都与犯罪有关，共同调整与犯罪行为相关的各种法律关系，共同发挥惩治犯罪的功能。例如，早在清朝末年，沈家本就曾说："法律一道，因时制宜，大致以刑法为体，以诉讼法为用，体不完无以标立法之宗旨，用不备无以收行法之实功。二者相因，不容偏废。"〔1〕刑法与刑事诉讼法是刑事法律规范体系内的有机组成部分，从不同的角度共同保障刑事法治的运作与实施。曲新久教授认为，"在我国，刑法、刑事诉讼法、监狱法分属实体、程序、执行三大领域，构成了我国的刑事法整体，三者之间本应既密切联系又相互区别"；〔2〕陈兴良教授认为，"举凡与犯罪有关的法律及相关学科，都可以纳入刑事法的范畴"。〔3〕事实上，刑法主要是从静态角度规范什么是犯罪以及如何承担刑事责任；刑事诉讼法则是从动态的角度规范如何追究犯

---

〔1〕 王新清等编著：《刑事诉讼法》（第5版），中国人民大学出版社2014年版，第5页。

〔2〕 曲新久：《刑法学》，中国政法大学出版社2009年版，第4页。

〔3〕 陈兴良主编：《刑事法评论》（第1卷），中国政法大学出版社1997年版，"卷首语"。

罪以及判处刑事责任，并为刑法的实施提供着系统化的运作机制确保公正与效率。包括为追究犯罪设置侦查、起诉、审判和执行机构；为保障定罪量刑的正确设置相应的诉讼构造、审判体系、救济机制等；为保障及时地追究犯罪设置诉讼时效、诉讼期间等效率机制。

3.在本质上因犯罪而连接，具有共同的根本目的

犯罪是联系刑法和刑事诉讼法的根源，刑事诉讼程序因犯罪而发动，以国家对犯罪人行使刑罚权而结束。“犯罪是人们的一种作为或不作为，这种作为或不作为的本身或其后果被认为是有害的，并且是国家所禁止的，它使行为人应受到普通法（习惯法）或成文法（制定法）的某种惩罚。这种惩罚通常是以国家的名义进行的诉讼的结果。这些诉讼旨在确定行为人应负的责任的性质、程度及其法律后果。”〔1〕刑法与刑事诉讼法的根本目的都在于通过行使刑罚权，维护法治秩序并保障社会安定。对于惩处犯罪、维护国家和社会秩序来说，刑法和刑事诉讼法都不可或缺，均具有恢复受犯罪侵害的法秩序、维护社会稳定的功能。刑法与刑事诉讼法的直接目的也具有相似性。刑法的直接目的是确认犯罪并科处刑罚；而刑事诉讼法的直接目的是准确、及时地查明案件事实真相以确保适用刑法的实体事实的正确性。“刑法与刑事诉讼法实质上是一种直接配套的关系。在刑事诉讼中，两者同等重要，密不可分，互相协同，都以惩罚犯罪、保护公民合法权益、维护社会秩序为目的”。〔2〕因此，维

〔1〕 欧阳涛等:《英美刑法刑事诉讼法概论》，中国社会科学出版社1984年版，第25页。

〔2〕 龙宗智、杨建广主编:《刑事诉讼法》(第3版)，高等教育出版社2010年版，第11页。

护法治秩序、惩罚犯罪并保障人权是刑事法的共同目的，双方的领域是共同的，共同致力于刑事法所维护的和平以及安定社会秩序的恢复。当某项行为损害和平、安定的社会秩序或者具有损害这种社会秩序的危险时，由刑法界定其行为的危害性或危险性，刑事诉讼法则通过确认法秩序来做出贡献，维护和平、安定的社会秩序。这种确认不仅仅是“形式性”的，而是旨在得到尽可能地符合“实质的”(实体的)结果，通过对行为的程序性确认来维护社会秩序。同时，刑事诉讼程序对于真相的探求必须是遵循法治和司法程序有关保护人权的要求下进行的活动，并非不择手段、不惜任何代价的探求真相；是在尊重所有诉讼参与人诉讼权利的基础上所进行的活动。因此，刑法与刑事诉讼法的共同目的在于对正义的追求、对法所维系的安定社会秩序的追求，对人类尊严维护的追求。

刑法通过设立定罪量刑的标准，明确规定什么行为是犯罪以及犯罪应该承担何种刑事责任等实体性的问题来实现这一目的。刑法所设立的标准也成为全体社会成员必须共同遵守的行为准则，对违反准则的行为，刑法将发挥其否定性评价的作用，由司法机关对违反准则者科以刑罚或科处其他制裁方法。刑法也具有制约国家公权力、保障人权的任务。刑法既保护普通守法公民，凡未触犯刑法者都不受刑法评价，国家不得使用公权力侵犯其人身自由或财产；刑法也保障罪犯不受未经刑法规定的处罚，即国家不得对罪犯施加刑法范围之外的、没有明文规定的违反人道的刑罚。刑事诉讼的主要目的则侧重于保障人权。刑事诉讼中，一方面，国家动用强大的国家机器，发动警察和司法机关寻找犯罪事实真相，通过对犯罪的惩罚来修复被破坏的社会秩序。刑事诉讼法致力于解决的案件纠纷，是以实体真实主义为前提，所以与民事诉讼法中的解决民事纠纷前提迥异。另一方面，由于刑事诉讼涉及国家刑罚权的实现，不仅影响全体社会公民的利益，也涉及犯罪嫌疑人、被告人等诉讼参与人合法权利的保护，因而，现代刑事诉讼法作为实现刑法的程序法，更强调通过正当程序解决刑事案件，保障人权的重要性。为了避免国家机构在行使刑罚权的过程中滥用权力，必须规范权力运行的方式和方法，刑事诉讼法要求司法机关必须通过正当的司法程序、合乎要求地动用刑罚权，以确保刑事诉讼当事人和诉讼参与人的诉讼权利不受侵害和压缩。所以，保障人权同样是刑事诉讼法的重要目的，这与刑法具有共同性，区别只是侧重点有所不同。

4.具有共同的价值取向

刑法和刑事诉讼法的密切关系，不仅源于其本质与属性，也在于两者具有共同的价值取向，即对秩序、正义、自由和效率的共同追求。秩序是刑法与刑事诉讼法所共同追求的价值目标。国家秩序、社会秩序以及法律秩序的维系是刑法与刑事诉讼法与生俱来的价值追求，法治社会需要以国家强力为保障运用刑法确立每一个社会公民必须遵守的刑事实体规范以维护正常的统治秩序和社会秩序，也需要建立文明、规范的诉讼程序，正当、和平地解决刑事案件并规范权力的运作秩序，实体规范使秩序得以建立，程序规范使秩序得以维持和运转。正义也是刑法与刑事诉讼法的共同取向。刑法对正义的追求表现在实体权利和义务的界定方面，要求明确划分罪与非罪的界限，按照罪行的程度公正地配置相应的刑罚，做到罪与刑相适应，实现刑法面前人人平等。刑事诉讼法对正义的追求既要求准确地认定犯罪事实，公正地判定刑罚，还要求探寻真相的程序必须符合程序公正的要求，可见，刑事法对实体正义与程序正义的追求相生相伴、不可偏废。自由亦是现代刑法与刑事诉讼法所极力追寻的价值目标。刑法强调的是如何为社会公民的行为提供具有可预测的行为规范和可合理选择的自主权利，刑事诉讼法对自由的追求在于必须思考如何保障个人的自由，防止其遭受国家刑罚权的不当侵害与国家司法机关的不当干预。刑事法是关于犯罪与刑罚的法，它与个人的权利或人的尊严具有直接的关系，在刑事诉讼程序中，不得不使用一些会侵犯个人自由和隐私的拘留、逮捕、扣押等强制措施，因此尤其需要注重对个人自由的保障和人权的保护。对效率的共同追求源于刑事司法资源的有限性，以既定的司法资源投入解决尽可能多的刑事案件，提高单位时间内的有效工作量、降低刑事司法的办案成本、减少刑事案件的积压和拖延均源自对效率的考量。“正义的第二种含义——也许是最普遍的含义——是效率”。[1]犯罪率的变化影响刑罚的需求量和司法程序中刑事个案可用的司法资源，其相互之间彼此牵制，而刑事法治孜孜以求的正是“尽可能以最少的资源消耗，在最短的时间内、以最佳的方式取得这种好的结果”。[2]可见，刑法与刑事诉讼法均具有多元的价值目标，在一定条件下又可能存在一定的对立或冲突，只有刑法与

〔1〕［美］理查德·A.波斯纳：《法律的经济分析》（上），蒋兆康译，中国大百科全书出版社1997年版，第31页。

〔2〕李文健：《转型时期的刑诉法学及其价值论》，载《法学研究》1997年第4期。

刑事诉讼的密切配合，才有助于刑事法治理念下多元价值目标的实现，而正是对这些多元价值目标的执着追求，才不断引领刑事法律制度的完善和发展。

（二）刑法与刑事诉讼法的不同之处

1.调整对象与制裁手段不同

法的调整对象是区分不同部门法的主要标准，是法律规范所调整的具体的社会关系。刑法与刑事诉讼法的调整对象存在明显的差别。刑法所调整的是因犯罪而产生的社会关系，也就是“罪与刑”，罪是指刑法界定什么行为是犯罪，刑是指犯罪行为人所应承担的刑事责任。刑法主要用于判断一种过去已经发生的事实（犯罪行为）关系是否需要在将来运用刑事审判来处理，如果需要，则为其提供应该如何评价并处理这种过去已经发生的事实关系的基准以及处断方式。由于刑法具有保障其他部门法作用，因此刑法的调整范围非常广泛，调整的大多是违反其他部门法，而该部门法又无力制裁的违法行为。刑事诉讼则是一种将过去已经发生的事实与将要进行的刑事审判连接在一起的活动，调整的是国家职权机构之间的权力分工关系以及职权机构与诉讼参与人之间的诉讼关系，以侦查、起诉、审判以及执行机构之间的权力分工和权力配置、诉讼参与人权利的行使和保障等为主要内容。

刑法与刑事诉讼法的制裁手段也不相同。刑法以刑罚为主要的制裁方法。刑罚以剥夺犯罪人的自由、财产、政治权利乃至生命等基本权利为特征，具有惩罚性和主体对应性，即通过对特定行为人的具体行为进行肯定性或否定性的评价实现对其违法的惩罚。刑事诉讼法则以消极性地否定其程序的效果为主要的制裁方式。行为违反刑事诉讼法的主要后果是一种程序性的法律后果，不具有惩罚性，也可以不针对特定的主体。例如，对于违反刑事诉讼法非法收集的证据材料，其制裁的方式主要是不予采纳证据材料。否定程序的效果并不像刑罚那样具有强烈的惩罚意义，其后果也主要表象为程序的重新开启或截断。

2.实体与程序、内容与形式之别

在法的分类中，根据法的内容不同，可以划分为实体法和程序法。在这种分类中，刑法属于实体法，刑事诉讼法则属于程序法。大体来说，实体法主要是规定法律权利、义务的实体法律规范，程序法则是规定实现法律权利、义务的方式和方法的法律规范。

在英美法的概念中，实体法（substantive law）是指“创设或定义权利、义务、责任以及可以被强制执行的行为的法律”。[1]程序法则有两种名称，其中，adjective law是指“法律体系中规定有关证据、起诉或司法实践的程序性规则的部分”；[2]procedure law 指“规定通过司法途径使权利或义务得到实现应遵循的步骤和手续的法律，区别于规定具体的权利和义务本身的实体法”。[3]英美法系国家的刑法往往将刑事程序和刑事证据法包含在刑法之内。在大陆法系，

〔1〕《韦氏法律词典》，中国法制出版社2014年版，第474页。

〔2〕 adjective law 指据以执行实体法的法律，此词由英国法学家边沁首先使用，其含义和范围与诉讼法（procedure law）相同，主要见于法学著作中。《韦氏法律词典》，中国法制出版社2014年版，第12页。

〔3〕 薛波主编：《元照英美法词典》，北京大学出版社2014年版，第1099页。

刑法属于实体法，与刑事程序法和刑事执行法属于各自较为独立的法律体系。刑法与刑事诉讼法虽然都具有维护社会秩序、保障社会安定的目的，但就其内容而言，刑法规定犯罪、犯罪人的刑事责任及刑罚，以确定罪与责的基准为目标，应归入实体法的类型当中；而刑事诉讼法规定追究犯罪及科处刑罚的具体方式和方法，以实施罪与责的刑法规范为主要目的，应当归入程序法的类型。

在我国，各种法理学教材有关实体法与程序法的定义大体相似，基本认为“实体法是规定法律关系主体之间的权利与义务关系、职责与职权关系的法律；程序法是规定保证实体权利与义务、职责与职权得以实现的方式和手段的法律”。[1]基于此，人们普遍认为刑法与刑事诉讼法之间的主要区别就是“内容与形式”的差别。林东茂教授指出：“有一种法律，它规定了何种行为该被干涉，叫做实体法；另一种法律，它规定如何干涉这类行为，叫做程序法。”[2]以此观点审视刑法与刑事诉讼法，刑法就是告诉人们“什么是犯罪”；刑事诉讼法则告诉人们“怎么追究犯罪”。尽管刑事诉讼法的独立地位和程序价值已经获得了广泛的认可，但不可否认的是，刑法与刑事诉讼法之间“内容与形式”或者说“目的与手段”的关系是客观存在的。从根本上说，刑法界定犯罪与刑罚之实，刑事诉讼法是界定处理刑事案件的职能部门之间职权分工及管辖权限，追诉、核查及审判犯罪的方式与程序，制定刑事诉讼法的主要目的是

---

〔1〕 付子堂主编：《法理学初阶》，法律出版社2005年版，第160页。

〔2〕 林东茂：《一个知识论上的刑法学思考》，中国人民大学出版社2009年版，第183页。

以法律所认可的合法方式、方法、步骤来实施刑法的具体内容。

刑法是实体法，是调整人们行为的准则，以禁止性、命令性规范为主。“刑法是禁止（杀人、抢劫、盗窃……）、命令（抚养子女和赡养父母执行法院裁决、依法作证……）、允许（正当防卫、紧急避险、正当冒险……）人们做出一定行为的法律规范的总和。”[1]刑事诉讼法是程序法，是规定各种刑事诉讼活动的程序性规则。刑事诉讼法主要规定追究犯罪、证据调查以及刑事审判的具体程序和运行模式，也规定诉讼参与人提起自诉、提出辩护、提出上诉、再审等救济的途径与方式。例如，刑法中有五种主刑、三种附加刑，而刑事诉讼法中则规定了无罪、免除刑事处罚以及五种主刑和三种附加刑各自的执行主体、执行方法等内容。可见，刑法规定刑罚的种类和内容，而刑事诉讼法必然确立与之相对应的实施（执行）各种刑罚的方式和方法。

当然，实体法与程序法的划分具有一定的相对性，存在无法完全区分的模糊地带，不是只有实体法才能规定权利和义务，程序法也同样可以规定有关权利与义务的内容。现代各国刑事诉讼法中有关职权机关的职权与职责、诉讼主体的权利与义务等方面的规定也越来越普遍，其有关权力与权利的平衡，诉讼主体在诉讼过程中的人身、财产、自由等实体权益的保护与实现的内容均具有一定的实体法意义。因此，程序法也存在法律权利和应履行的法律义务。“刑事实体法是规定国家与个人之间，在刑事法律关系运转结束后

---

〔1〕 曲新久：《刑法学》，中国政法大学出版社2009年版，第3页。

的权利与义务、权力与职责关系的法律；刑事程序法则是规定国家与个人之间，在刑事诉讼关系运转过程中的权利与义务、权力与职责关系的法律”，[1]因此，从法律关系运转过程与结束这种动态的角度来理解两者的不同，更有助于深刻理解实体法与程序法中的权利与义务的含义。

对刑法与刑事诉讼法关系的认识还不能陷入“内容决定形式”的简单认识和判断。形式虽然依赖内容而存在并服务于内容，但这并不意味着刑事诉讼法作为“形式”或“手段”的价值仅止于此。就现代刑事诉讼法而言，其自身所具有的独立品格的价值或意义远远大于其形式价值。“在现代社会里，没有刑法就不存在犯罪及刑罚（罪刑法定主义）。刑法是衡量某一行为是否构成犯罪、应否处罚及如何处罚的标准或依据。失去刑法就不知道什么是犯罪，惩罚什么。刑事诉讼法也就会无的放矢，徒具形式，同样，没有法定的程序就不能进行刑罚（程序法定主义）。刑事诉讼法是具体揭露、证实、惩罚犯罪的司法程序和国家司法机关级诉讼参与人职责、权利和义务分配的准绳，失去这一实现手段，定罪量刑就成了无本之木、无源之水”。[2]这一论述较为准确地说明了作为内容的刑法与作为形式的刑事诉讼法之间相互依存、相互配合的关系。刑事诉讼法虽然是实现刑法实体规范的手段和形式，却与刑法相互依存、相互配合，并非从属于刑法，而是具有独立价值和重要意义的法律规范。

〔1〕 王将军：《刑事实体法与程序法的关系探讨》，载《湖北警官学院学报》2013年第1期。

〔2〕 龙宗智、杨建广主编：《刑事诉讼法》（第3版），高等教育出版社2010年版，第11页。

刑事诉讼法的存在也具有促进实体正义、以其程序法定巩固罪刑法定、保障人权的重要意义。[1]

3.静态、抽象性法律规范与动态、具体性法律规范的区别

法国学者贝尔纳·布洛克曾非常明确地指出了刑事诉讼程序可以使刑法得到适用的特征,"刑法,本质上是一种'裁判法',原则上,只有通过一场'诉讼',并且只有在经过一场诉讼之后,刑法才能得到适用"。[2]刑法在属性上是一种静态的、抽象性的法律规范,刑法的适用以刑事诉讼活动的启动和运转为必要条件,需要依赖具有动态性、具体性的刑事诉讼法的协助,才能适用于刑事案件中特定的犯罪行为与犯罪人。即使有人自愿接受刑罚处罚,仍然需要对其发动一场刑事诉讼程序。"刑法条文总是表现为一般的规范命题,其具体内容必须通过一个个具体案件的处理才能显示出来。一般规范命题在每一个具体案件里表现为什么样的内容、怎样表现,在相当大的程度上依存于刑事诉讼程序与刑事诉讼法的样式。换言之,刑法的内容往往不是事先被确定了的不变的价值,而必须通过刑事诉讼程序的进行在一般规范命题框架内逐渐形成。只有在积累了相当数量的具体案件处理经验之后,才能说刑法的某项条文具有什么样的内容。"[3]刑法在被运用于司法实践中的具体刑事案

---

〔1〕 刑事诉讼法的独立价值和意义主要表现在刑事诉讼中审判公开制度、辩护制度、证据裁判制度、证明标准等规定,都具有制约国家机构滥用权力、保障人权的独特作用,是国家民主、法治的重要体现。

〔2〕 [法]贝尔纳·布洛克:《法国刑事诉讼法》,罗结珍译,中国政法大学出版社2009年版,第4页。

〔3〕 汪建成:《刑法与刑事诉讼法新解》,载《诉讼法论丛》第3卷,法律出版社1999年版,第35页。

件之前，仅仅是纸面上的、文本上的行为规范，刑法规范的实际功能和作用只能体现在具体的刑事诉讼活动中，同一条刑法规范可以在不同的刑事诉讼程序下适用于不特定的刑事案件，不同的刑法规范也可以在相同的刑事诉讼程序下适用于特定的刑事案件。刑法规范所赖以运行的刑事诉讼程序对其内容实施的效果具有很大的影响和制约。科学合理的刑事诉讼程序能够使刑法规范的效用与功能得到充分地释放，也能够弥补刑法规范的不足和漏洞，甚至创造新的刑法规范；反之，欠缺科学性、合理性或经济性的刑事诉讼程序将无法有效发挥刑法规范的实际功能，甚至妨碍刑法规范的适用。刑事诉讼法构建了一个动态运行的程序，使抽象的刑法规范由此走向实践，被运用于具体的案件事实，发挥其对行为进行价值评价的作用。任何刑法的实际运用都是特定主体遵循既定的刑事诉讼程序对具体行为进行适法性认定的活动，因而刑事诉讼法相对于刑法而言是动态的、具体的法律规范。黑格尔说："理论的东西本质上包含于实践的东西之中。人不可能没有意志而进行理论的活动或思维，因为在思维时他就在活动。被思考的东西的内容固然具有存在的东西的形式，但是这种存在的东西是通过中介的，即通过我们的活动而被设定。"〔1〕刑法在创设时一般秉持理论的态度，每一个犯罪的界定都是一种普遍化、一般化、抽象化的思维。立法者面对形形色色的犯罪行为，必须去除感性的、特殊化的因素，比如犯罪人的性格、天赋、见识等，从中抽象出具有普遍性和共性的内容。

〔1〕［德］黑格尔：《法哲学原理》，范扬、张企泰译，商务印书馆1995年版，第12页。

刑事诉讼法的创设则秉承实践的态度，关注的是程序动态运作过程中具体而微的问题，刑事诉讼每一阶段均有不同的诉讼主体主导并推动程序发展，每一个环节中的诉讼活动也各不相同。抽象和模糊的刑事诉讼法无法在实践中展开运作，精细化才是刑事诉讼法不可或缺的特质。当某一特定主体从事诉讼活动的时候，就决定了彼此之间的差别，其所追求的目的是自我的，各种行为都是服务于自我的。

三、刑事诉讼法对刑法的重要作用

（一）保障刑法的实施

"徒法不足以自行"，刑法的实施离不开刑事诉讼程序的运行，刑事诉讼法的重要任务就是确保刑法的正确实施，即"刑事诉讼法是规定了最强程度的法律保障的诉讼法"。[1]陈光中教授也曾指出，"保障实体法的正确实施，即诉讼法工具作用价值，这是诉讼法的首要价值，如果诉讼法没有保障实体法实施的作用，在一定意义上说就失去了存在的依托，似有'皮之不存，毛将焉附'之感"。[2]

刑事诉讼法的保障作用表现在四个方面：一是刑事诉讼法为行使刑罚权的国家职能部门分配了相应的职责与权力。刑罚权作为

---

〔1〕［德］迪特尔·梅迪库斯：《德国民法总论》，邵建东译，法律出版社2000年版，第6页。

〔2〕陈光中、王万华：《论诉讼法与实体法的关系》，载《诉讼法论丛》第1卷，法律出版社1998年版，第9页。

一种公权力，不允许私人擅自使用，必须由专门的国家机构行使。刑事诉讼法为不同的国家机构分别配置了求刑权、量刑权和行刑权，通过明晰各国家机构的责、权、利，确定了其各自的权力内容、权力行使的方式和界限，使不同的国家机构之间分工明确、各司其职、各负其责，以确保准确有效地执行职权。二是刑事诉讼法为刑法的适用提供了专门的程序。刑法适用的对象需要通过刑事诉讼程序揭露和证实，刑事诉讼法通过侦查制度、证据制度以及三方构造的审判制度，使不同诉讼阶段之间前后相互衔接，以其独有的方式成为现代国家追究犯罪、惩罚犯罪的唯一合法途径。三是刑事诉讼为刑事诉讼中的当事人及诉讼参与人提供了权利保护机制。“现代民主宪政除要求政府权力以及以此权力为后盾的强制手段受到节制并承诺不非法侵犯个人权利外，还要求政府积极创造条件，采取有效措施，为个人基本人权的实现提供切实的保障。”[1]刑事诉讼法规定了无罪推定、疑罪从无等基本原则，以制约国家机构所拥有的批准、审查等权力，确保权力行使的合法性和合理性，保障个人权利不受非法的侵犯。四是刑事诉讼法中设置繁简不同的程序以确保刑法的实施。随着当今世界各国或地区的犯罪率不断上升，刑事案件积压、司法机构不堪重负已经成为普遍现象，形成了世界范围内的诉讼爆炸，而任何国家的司法资源都是有限的，为确保严重危害社会秩序的犯罪尽快得到惩治，稳定社会秩序，刑事诉讼设置了繁简不同的程序对刑事案件进行分流，在提高诉讼效率的基础上

〔1〕 龙宗智、杨建广主编:《刑事诉讼法》(第3版)，高等教育出版社2010年版，第65页。

确保将有限的资源运用在性质严重和社会影响力较大的案件中。

（二）促使刑法的完善

1.弥补刑法内容的不足

刑事诉讼法能够补充、完善刑法规范的不足之处。刑法所保护的社会关系具有广泛性的特点，社会经济、秩序、人身、财产、婚姻家庭等都是需要刑法予以保护的关系，但刑法的处罚范围具有不完整性。刑法只处罚那些最严重的、必须由刑法介入才能得到保护的危害行为，并且成文法总是具有局限性，刑法一经制定并颁布后，就具有滞后性的特点，即使现代社会瞬息万变，刑法也不能随意加以更改。刑事诉讼是适用刑法规范解决具体个案的过程，在适用刑法的过程中，就刑法中具有抽象性、概括性和模糊性的规定，可以通过解释和裁判说理等方式，阐释并补充相关刑法规范的具体含义、修正其模糊地带、完善和丰富刑法的内容，使其适应并更好地满足刑事司法的实践需求。例如，我国《刑法》第291条之一规定的“编造、故意传播虚假恐怖信息罪”，该条中“虚假信息”的范围只限于恐怖信息，由于刑法规定的范围过窄，没有将其他一些同样具有危害性或重大影响的虚假信息涵盖在内，因而导致诉讼实践经常采取扩张解释的方法，将同样具有重大危害的虚假的灾情、警情等纳入了处理的范围。虽然这种扩张解释刑法的目的和和初衷是维护社会秩序，却有违罪刑法定。诉讼实践中遭遇的问题最终推动了《刑法修正案（九）》对该条的补充修改，将“虚假的险情、疫情、灾情、警情”信息均纳入了“编造、故意传播虚假信息罪”中“信息”

的范围，避免了刑事诉讼中扩张解释违背罪刑法定的问题。

2.补充刑法的机能

刑法具有秩序维护和自由保障的机能。刑法的秩序机能是通过利益保护和犯罪预防机能体现出来的。[1]刑法具有保护国家利益、社会利益和个人利益的机能，也具有防止他人犯罪即一般预防和特殊预防的机能，刑法通过其预防犯罪机能的发挥，反过来，能够进一步维护社会秩序。

刑事诉讼法也同样具有抑制犯罪、预防犯罪的功效。就刑事诉讼法对刑法机能的补充作用来说，早在20世纪60年代美国学者帕卡提出的有关刑事诉讼的犯罪控制模式和正当程序模式正，就已经表明了刑事诉讼的这种作用。帕卡指出，注重犯罪控制的刑事诉讼法，首要的功能就是迅速地惩罚犯罪从而实现维护社会秩序的目标；而注重正当程序的刑事诉讼法，其首要功能则是保障被告人的权利。[2]所以，刑事诉讼法通过确立不同的诉讼模式、结构、程序和制度都能够起到补充刑法机能的作用。

在刑事诉讼中，刑罚执行之前所采用的搜查、逮捕、拘留、羁押等强制性措施或控制犯罪嫌疑人、被告人人身自由或财产的诉讼手段；公开审判、公开宣告判决等具有公示性的裁决案件的方式等，均具有抑制犯罪、预防犯罪的作用，有时候甚至能起到比刑罚本身更为重要的作用。例如，德国《刑事诉讼法》自1964年就规定了对“特定的性犯罪有再犯之虞时”视为具备了羁押的理由，此后又将

---

〔1〕 参见赵秉志等:《刑法学》，北京师范大学出版社2010年版，第13页。

〔2〕 See Herbert Packer, *Two Models of the Criminal Process*, 113U.Pa.L.Rev.1(1964).

这种羁押理由扩展适用与许多实务上属于系列犯罪的案例上，而这种羁押实际上“并非为了确保诉讼程序的进行，而只是一种预防性的措施”。[1]可见，刑事诉讼法的某些措施和手段可以补充刑法的功能。

同样，刑事诉讼法也能够发挥补充刑法自由保障机能的作用。刑法通过保障犯罪嫌疑人或被告人、普通社会公众的合法权利、限制国家刑罚权的发动体现其保障公民自由的机能。“刑事司法制度也许比其他任何制度更多地涉及使用政府权力和权威来强制和控制个人的行为。一方面，它谋求实现一个社会关于在一个有正当程序的制度中公正行事的最高愿望；另一方面，它反映了这个社会的最大的恐惧和憎恶。”[2]现代刑法在强调惩治犯罪的同时更加注重保护法益、保护人权的一面，通过罪刑法定、罪行相适应以及罪刑平等等理念来制约国家刑罚权的实施，现代刑法在强调惩治犯罪的同时更加注重保护法益、保护人权的一面，通过罪刑法定、罪刑相适应以及罪刑平等理念制约国家刑罚权的实施；刑事诉讼法则通过将程序法定、证据裁判、审判公开、有效辩护等理念的法定化，以其制约国家职权机构的权力范围保障社会公众免遭非法刑事追究的权利；以其制约国家职权机构滥用刑罚权保障犯罪嫌疑人、被告人及犯罪人获得享有人格尊严的、人道的和公正的待遇，从而发挥人权保障的重要作用。

---

〔1〕［德］克劳思·罗科信：《刑事诉讼法》，吴丽琪译，法律出版社2003年版，第285页。

〔2〕［美］乔治·W.皮尤、叶逊：《美国与法国刑事司法制度之比较》，载《环球法律评论》1986年第4期。

3.补充刑法的“出罪”机制

在刑法原理上，安乐死、推定的承诺、义务冲突等情形一般被认定为属于欠缺违法性、不构成犯罪的排除犯罪性的行为。我国刑法对排除犯罪性行为的范围规定较窄，上述情形都不属于我国刑法明文规定的违法阻却事由。因此，行为一旦符合犯罪构成要件，就不能直接作出无罪的认定。但在实践中，针对安乐死案件，有的法院采取“技术性处理”的方式否定案件的某些证据，回避了有罪判决。[1]可见，刑事诉讼法在特定情况下还具有出罪的功能，能够弥补刑法在出罪机制上的不足和欠缺。

(三)调节刑法规范作用的范围和程度

由于刑法和刑事诉讼法在具体目标上存在差异，在特定的条件下，刑事诉讼法往往能够制约刑法规范作用的范围和程度。刑法中的一些各罪，其犯罪行为的发生和进行必须完全依托刑事诉讼程序。例如，我国刑法上妨害司法罪中的伪证罪、辩护人、诉讼代理人毁灭证据、伪造证据罪、妨害作证罪、打击报复证人罪等罪名，其犯罪行为的发生和实施的背景就是正在运行中的刑事诉讼程序，其具体行为方式和犯罪成立的标准也往往需要参照刑事诉讼法的相关规定。而刑事诉讼中，与诉讼结果具有利害关系的处于对立角色的诉讼参与人出于维护自己利益的目的，都会充分选择或利用对己方最为有利的刑事诉讼法规范或程序来证明自己的主张，或者利用相关

---

〔1〕 参见杨明:《程序法出罪功能研究》，法律出版社2011年版，第102页。

的刑事诉讼法律规范给对方利益的实现设置障碍，使自己处于更有利的情况。正因如此，现代刑事诉讼的结果往往越来越难以预测。

在刑法上的犯罪圈不变的情况下，刑事诉讼法可以通过侦查中的撤销案件、审查起诉中的不起诉、审判阶段的无罪或不负刑事责任的裁判等程序上的过滤机制，实现特定犯罪行为的除罪化。例如，“在美国犹他州，通奸仍然是刑事犯罪，但是当地警察局、检察官办公室和法原通常默契地对此种行为不予追诉”。[1]在刑法上刑罚的严厉程度维持不变的情况下，刑事诉讼法可以通过监外执行、缓刑、减刑、假释等方式变更执行的方法和期限，改变刑罚适用的严厉程度。

我国近年来以刑事诉讼程序控制死刑适用的数量正是刑事诉讼法制约刑法非常典型的例子。在越来越多的国家废除死刑的大背景下，我国刑法中的死刑罪名以及死刑的执行数量成为全世界关注的焦点，引发了国际社会很多非议。在我国短期内要完全废除死刑基本无法实现的现实情况下，刑事诉讼法通过完善死刑复核程序、严格死刑的证据、证明制度等方式，严格限制死刑的适用条件和适用范围，从而使死刑判决的数量和死刑立即执行的数量得到明显的控制。例如，我国贪污贿赂犯罪最高刑均为死刑，但实际上，最高人民法院自2013年以后几乎已没有核准过有关贪污受贿犯罪的死刑。任何国家用以刑事追诉的刑事司法资源的数量和范围都

---

〔1〕 王禄生:《刑事诉讼的案件过滤机制——基于中美两国实证材料的考察》，北京大学出版社2014年版，第6页。

是有限的，这不仅是国家财政以及人力方面不得已的情况，也是为了避免形成警察国家、监视型国家而选择的结果，这使警察和司法机构不得不只集中去应对那些重要的事件。因此，从刑事诉讼的维度也能够说明刑法的受制约性。

第二节　我国刑法与刑事诉讼法关系中的问题及解决思路

一、刑法与刑事诉讼法关系中的问题

（一）刑法与刑事诉讼法学科研究之间缺乏沟通和交流

刑法与刑事诉讼法分属不同的法律部门，其各自的理论基础、研究对象以及研究领域均有差别，在学科研究中主动交流不足，没有形成常态的互动和联系。如果两个学科之间长期缺乏有效的交流和联系，对于两部法律的发展和进步都将非常不利。我国刑法和刑事诉讼法均存在很多尚未得到有效解决的问题，传统研究习惯了局限于刑法内部寻找原因和对策，忽略了来自其他刑事法相关领域的一些影响因素，导致很多问题迟迟未能得到有效的解决。例如，刑事诉讼中有“顽疾”之称的刑讯逼供，其有效解决的思路还在于从刑法内部找到问题的根源。刑法中对于犯罪故意与过失的界限问题，有意志说、认识说、动机说、容任说、盖然性说等各种学说。

我国刑法采取容任说，区分故意与过失时要判断两方面的因素，一是行为人的认识因素，即行为人对行为造成的危害结果有无认识及其所认识的程度；二是行为人的意志因素，即行为人对危害结果所持的态度。只有同时满足这两个方面的要求，才能对行为人的责任形式做出判断，即“当行为人对结果发生的可能性有认识时，容认结果的发生是故意，不容认结果发生的是过失”。[1]但是，如何判断行为人对结果的认识是否存在容任，是容任说迄今为止尚未解决的问题。以容任说为基础的刑法规范过于注重探究行为人主观意志因素，而主观意志因素在诉讼实践中的认定比较困难，行为人的主观意志一般只较为明显地反映在犯罪嫌疑人、被告人的口供中，这也解释了实践中一些侦查机关偏执于获取口供、刑讯逼供或以其他非法方法获取口供屡禁不止的刑法缘由。而盖然性说则是从认识因素方面区分故意与过失，并不考虑行为人的意志因素，主张行为人认识到结果发生的盖然性时是故意，只认识到结果发生的可能性时是过失。虽然盖然性学说也存在一定的缺陷，却可以解决刑事诉讼中主观方面证据收集与认定的困难问题，产生防止刑讯逼供的效果，这种注重刑法规范在刑事诉讼实践中的适用和操作的刑法思维还是值得肯定的。可见，刑法与刑事诉讼之间有必要彼此关注、相互沟通，刑法规范的制定需要关注其在刑事诉讼实践中的可操作性；解决刑事诉讼中的问题也不能忘记在刑法中查找相应的源头和解决的途径。

---

〔1〕 张明楷：《刑法学》(第4版)，法律出版社2011年版，第234页。

同时，刑法学研究受我国司法体制行政化管理模式的影响，存在过于注重“作为结果的刑法论证”，忽略“作为过程的刑法论证”的问题。也就是说，刑法缺乏为刑事诉讼中控辩双方尤其是辩方的诉求提供支撑的作用和意义。有学者指出，“既往的刑法学经由对司法过程行政化体制的适应，有意无意地直接以法官作出定罪量刑结论的需要为立足点和出发点，而忽视了控方、辩方一方面不同于法官，另一方面又相互不同的刑法学需求”。[1]而我国刑法学理论与实践的发展也或多或少受到了我国司法体制行政化倾向的某些影响，常常以法官作出定罪量刑的裁判需求为出发点，忽略了刑法的运行过程中其他参与主体对刑法所具有的不同与法官的需求。由此造成的一个后果就是刑法与刑事诉讼法的理论研究与发展常常偏离了司法实践的需求，不断受到来自司法实践人员的诟病。

致力于各个学科内的精耕细作无疑对推动法学学科的发展具有非常重要的意义，但由此也在某种程度上割裂了原本同源的刑法与刑事诉讼法之间的紧密联系，因而具有开放性、多维度思考问题者寥寥。所以，加强刑法与刑事诉讼法以及其他学科之间的互动与交流，积极汲取其他学科有益的营养成分，应当成为刑法与刑事诉讼法在未来发展道路上的共同选择。

(二)刑法与刑事诉讼法的立法缺乏统一规划和有效衔接

社会的发展变化是日新月异的，刑法一经制定颁布后，就会产生与现实之间的差距，产生滞后性和不周延的问题。但是，刑法作

〔1〕 刘远:《刑法学如何面向司法:问题与逻辑》,载《法治研究》2015年第3期。

为一种全体社会成员都必须遵守的行为规则，应当保持一定的稳定性和可预测性，不能频繁修改，否则，将使社会成员无法预测其行为的合法性，削弱社会成员自觉守法的意识，最终降低刑法的权威和信仰。我国《刑法》自1979年颁布实施至今，已经被修正11次之多，加上数量众多的立法及司法解释，刑法规范的内容一直处于持续扩充的状态。与之相比，《刑事诉讼法》颁布实施至今则只修正过3次。两部法律修订频率及节奏的差异，造成了刑法与刑事诉讼法在一些法律规范内容上的矛盾和脱节。例如，《刑法》在1997年时进行了较大的修订，但《刑事诉讼法》在1996年刚完成一次较大的修订，由于《刑事诉讼法》修订在前，《刑法》修改在后，两法就不可避免地出现了很多相互矛盾的地方，其中最典型的冲突就是1997年《刑法》明确取消了“反革命罪”这一罪名，代之以“危害国家安全罪”，但《刑事诉讼法》中仍然存在这一罪名。再如，1997年《刑法》增设了单位犯罪，单位犯罪与自然人主体性质差异明显，对自然人适用的诉讼程序并不能完全适用于犯罪单位，但由于《刑事诉讼法》已先于《刑法》完成修订，所以其中设置的诉讼程序仍然是以自然人犯罪为主设置的刑事，并没有考虑单位犯罪的相关诉讼程序问题。同理，2012年《刑事诉讼法》修改后第40条规定，“辩护人收集的有关犯罪嫌疑人不在犯罪现场、未达到刑事责任年龄、属于依法不负刑事责任的精神病人的证据，应当及时告知公安机关、人民检察院”，即明确要求辩护人必须及时向指定机关披露三类特定证据。然而，《刑事诉讼法》并未规定辩护人不履行特定证据披露义务后的法律责任。那么，辩护人拒不履行特定证据披露义务时，是否需要刑法加以规范？由此也引申出一个长期被忽视的问题，即刑事诉讼法中存在大量缺乏实体性法律后果的程序性规范。这使得程序性规范在一定程度上失去了规范的意义，诉讼主体在诉讼过程中违反了相关的程序性义务规范，却不需要承担相应的法律后果或法律责任。其实，如果刑法中能够规定违反刑事诉讼程序规范的法律后果，程序性规范的法律效力就会得到有效的保障，而不再成为没有效力的“软法”。

（三）刑法在刑事诉讼程序中的理解与适用存在不统一

我国每年的刑事案件数量庞大，仅以2020年为例，2020年全国法院审结的一审刑事案件111.59万件、二审刑事案件14.05万件、再审刑事案件3288件，合计约126万件；人民检察院提起公诉案件109.2万起；公安机关刑事立案数478.1万起。[1]而在这庞大的刑事案件数量之下，存在不同地区地域差距大、司法人员数量多且素质参差不齐等客观现实，这都在不同程度上影响司法实践中各级司法机关以及司法人员对于刑法的统一理解和适用。在这样的现实情况下，社会公众对法的稳定性以及法律的统一理解与适用的渴望又是非常高的。因此，在刑事诉讼程序中，与实现个案的公正公平相比而言，各级司法机关及其司法人员对刑法的统一理解与适用就显得更为重要。因此，司法人员对于刑法的理解和适用尽可能地受法律规范的指引和约束，减少个人的恣意解释和适用就非常重要。就我

〔1〕参见《中国法律年鉴》社编辑部：《2021年中国法律年鉴》，中国法律年鉴社2021年版，第1392～1407页。

国的实际情况来看：

首先，刑法规范过于粗疏，不利于刑事诉讼实践中理解与适用标准的统一。我国刑法所规定的部分内容过于粗疏，很多犯罪的罪状不明确、不具体，甚至是空白罪状；一些犯罪的法定刑可选择刑种差异大、种类过多；一些犯罪的刑罚在同一刑种的刑期上跨越幅度过大。如果司法实践中欠缺明确的适用标准或者适用标准繁多、不统一，就会导致罪与刑不相适应、同罪不同罚的现象。例如，我国《刑法》第234条规定，“故意伤害他人身体的，处三年以下有期徒刑、拘役或者管制。犯前款罪致人重伤的，处三年以上十年以下有期徒刑；致人死亡或者以特别残忍手段致人重伤造成严重残疾的，处十年以上有期徒刑、无期徒刑或者死刑”，可见，故意伤害罪的刑罚低至拘役、管制，最高则至死刑，其间的刑罚幅度跨越过大，造成法官司法裁量权过大，如果刑法适用标准不统一，难免出现量刑不均衡、量刑不公或者同案不同判的情况，导致一些案件的刑事裁判结果引起分歧和质疑。

其次，刑法解释没有发挥统一理解与适用的应有功能。法律解释是进一步明确法律规范的具体含义、明确社会上出现的新情况需要适用的法律依据以及如果具体应用相关法律规范进行的说明。法律解释应当具有补充刑法漏洞、明晰刑法模糊规范、增强刑法实用性和可操作性的功能。我国刑事司法解释的数量庞大，所涉内容繁杂，已经逐渐成为“刑法典的注脚”，在司法实践中发挥着越来越重要的作用。但由于司法解释的制定与颁布缺乏体系性的规划，很多司法解释之间存在互相重复、互相矛盾等问题，因此常常造成诉讼中控、辩、审三方在一些法律条款与具体适用标准上的理解与认识分歧。而且，由于我国司法解释只能由最高人民法院和最高人民检察院制定，为了确保各类司法解释能够在全国范围内普遍适用，在内容上往往比较抽象，在可操作性和灵活性方面均有欠缺，下级法院在适用之前往往还需要在本地区内进行再次解释，故各地区之间又形成了较为明显的差异。如最高人民法院颁布了《关于常见犯罪的量刑指导意见》(自2017年4月1日起施行)后，各地法院又先后制定实施细则，对最高人民法院的规定如何在本省内适用再次进行了补充和细化。

最后，我国司法改革中存在时有突破刑法规范的现象，这在某种程度上加重了我国刑法在司法适用中的不统一情况。随着我国第三轮司法改革的兴起和发展，我国各级司法机构已经普遍参与其中并且逐渐扮演着越来越活跃、越来越重要的角色。各个层级的司法机构不再局限于执行司法改革的各种制度与举措，而是开始创制具体的司法规则或程序操作规范。一方面，最高司法机构不断进行制度创新。比如，2014年最高人民法院、最高人民检察院会同公安部、司法部制定《关于在部分地区开展刑事案件速裁程序试点工作的办法》，规定对危险驾驶等11种犯罪以及依法单处罚金的案件，在案情简单、被告人自愿认罪，同意检察机关的量刑建议，并同意适用速裁程序的情况下，进行简化庭审，快速审理。因此，2018年《刑事诉讼法》修订时，明确将速裁程序增设为普通程序和简易程序之外的一种法定的程序。另一方面，地方各级司法机构也在进行各种试验性改革或试点。例如，2008年最高人民法院在全国推动了量刑规范化试点工作后，各地方司法机构展开了花样繁多的量刑改革，出现了“淄川模式”“姜堰模式”等各种量刑改革与探索；[1]其后，2009年开始在全国法院试点，2010年在全国法院试行，2013年则正式开始实施。司法机构的制度创新虽然在实践意义上推动了刑事法律的发展，但由于我国各地经济、文化水平发展不同，出现了一些突破现有法律框架进行创新的情况，而这种创新性的改革举措事实上也加剧了刑法在司法适用中的不统一，造成社会公众对同罪异罚的不理解、不认同。

二、解决问题的思路

（一）以“立体刑法学”为指引，加强学科间的交流与沟通

立体刑法学秉承“刑事一体化”理念，扩大了刑法学的视野和范围，将其延展到与刑法密切相关的其他部门法。立体刑法学的核心理念是构建以刑法为主体地位的、与相关部门法同发展、共进退的刑法学体系，使其在与其他刑事法学科的交流、融合与互动中存在、变化和发展。立体刑法学倡导“左顾刑事诉讼法、右盼其他部门法”，“左顾者”即刑事诉讼法，与刑法联系极为密切，“右盼者”则包含民法、经济法、商法等众多部门法，足见刑事诉讼法对于刑

---

〔1〕“淄川模式”是指山东省淄川区人民法院的量刑改革模式，该院建立了相对独立的量刑程序，形成了以量刑实体规则、量刑程序规则和电脑辅助量刑软件三位一体、实体和程序双重规制的全方位的量刑偏差解决体系。“姜堰模式”是指江苏省姜堰市人民法院的量刑改革探索，其在实体规范方面建立《规范量刑指导意见》开创了全国量刑改革的先河。

法的重要性，也说明在立体刑法学这个动态的系统中，刑法与刑事诉讼法的关系尤其紧密。因此，使刑法与包括刑事诉讼法在内的其他部门法之间建立常态的、有效的互动与沟通机制，将有助于化解学科壁垒，促进法律体系的内部协调，实现各学科的共同发展与繁荣。立体刑法学正是积极鼓励将两部法律相互融合进行整体研究，是试图将两者作为统一体，深入探讨并有效解决其发展过程中遇到的问题，以增强刑事法整体的严密性、合理性和准确性。

（二）注重刑事立法的整体性，加强立法的统一规划和衔接

刑事法律制度是一个共同体，要实现刑事法律体系内部的协调统一，实现刑法与刑事诉讼法的相互配合与相互呼应，立法上的统筹规划非常重要。刑法与刑事诉讼法的立法活动应当作为一个整体统一制订规划，有序安排立法时间，保持两部法律的修改与完善同步进行，减少两者之间的矛盾和冲突。根据我国目前的情况，应当降低刑法的修改频次，使两次修正案出台保持适当的时间间隔，保持刑法的稳定性和可预测性，也确保刑法修正内容的严谨与周密。例如，我国《刑法修正案（九）》增设了非法出售、提供试题、答案罪，这种行为在修正之前司法实践中完全可以通过刑法的解释加以解决，比如以泄露国家秘密罪等定罪处理，实现不放纵犯罪的目的。其实，刑法的修改应该在前，而刑事诉讼法则需在后；刑法修改时需考虑刑事诉讼法当中有无相对应的问题需要修改或补充，反之亦然。如此，才能使刑事诉讼法在面对刑法的修改和变化时，具有充分的时间去适应和调整，以改进和完善两法之间需要相互

匹配的地方，确保两部法律的同步和有效衔接。修改后的内容，应由刑事法学者或专家对其内容进行审核并协调其相互内容当中的冲突。

另外，针对社会中出现的新问题，如果确实需要刑法予以规制的，可以先制定相应的单行综合刑事立法，即制定针对某一犯罪行为的单行刑法规范时，将涉及该罪的相关刑事诉讼程序一并加以规定。同步规定犯罪的实体法和程序法依据，可以提高法律规范的可操作性，避免刑法与刑事诉讼法在相关问题方面的脱节。在单行综合刑事立法数量增加到一定程度后，再通过刑法、刑事诉讼法修正案的方式一次性将多个单行综合刑事立法的内容吸收进去，同时可以改进该单行综合刑事法律规范在实践运行过程中体现出的不足和漏洞。

（三）提高刑法在司法中的统一适用

刑事司法具有承上启下的重要作用，刑法的动态运行要实现最佳效益，必须处理好刑法和刑事诉讼法的关系，提高刑事司法的运作水准，使刑法与刑事诉讼法在司法适用中实现协调运作。对刑事司法实践中刑法的理解与适用不统一的现实情况，可以从两方面着手，就刑法方面而言，刑法规范应该向着精细化的方向发展，刑法及刑事实体法中的法律规范要进一步细化、减少模糊性用语以及空白规范，提高可操作性和灵活性，为其司法实践中的运行和操作提供更好的适用范本。刑法解释应该由最高司法机关垄断的立法式的、较具抽象化的解释转向由法官群体为主进行解释的司法式的、具体化的针对个案问题的解释，使刑法的适用更为精确和灵活，也可加强法官的主动性和能动性，避免遇到疑难问题就坐等最高司法机关解释的依赖思想。就刑事诉讼法方面而言，应该向着细化程序规则、加强职权机关权力的程序性制约、提高诉讼主体诉讼权利保障等方面努力。针对刑事司法改革中的乱象，国家应对刑事司法改革进行统一的规划与权限的界定，避免地方司法机构制定超越刑法规范的改革制度。

第二章　刑法与刑事诉讼法的相互作用及其交叉适用

《现代汉语词典》对“关系”一词的解释:(1)事物之间相互作用、相互影响的状态。(2)人和人或人和事物之间某种性质的联系。(3)对有关事物的影响或重要性。(4)泛指原因、条件等。(5)表明有某种组织关系的证件。(6)关联;牵涉。[1]可见,“关系”既有名词也有动词的词性;既可以从静态角度理解,也可以从动态角度去探讨。联系刑法与刑事诉讼法的关系这一论题,两法均涉及如何运用国家刑罚权惩治犯罪、维护社会法秩序这一命题,正是在实现这一命题的过程中,彼此之间发生了相互作用和交叉适用。从静态的角度来说,刑法与刑事诉讼法的关系体现为两者之间相互作用、相互影响的状态或者是一方对另一方的影响或重要性。从动态、动词的角度来解析,刑法与刑事诉讼法的关系则是指两者之间在动态运行中所发生的相互关联与牵涉。因此,从定罪与量刑的视

〔1〕 参见中国社会科学院语言研究所词典编辑室:《现代汉语词典》(第6版),商务印书馆2012年版,第426页。

角来看，刑法与刑事诉讼法的关系就主要表现为国家机构在定罪与量刑活动中交叉适用刑法（刑事实体法）与刑事诉讼法（刑事程序法）的相关法律规范的行为以及在交叉适用中两法之间相互关联与牵涉的动态运行关系。

刑法与刑事诉讼法之间存在类似“凸透镜”的效应关系。凸透镜具有聚光的作用。当光线照射在凸透镜上之后，这些来自各个方向的光线均会穿越凸透镜并汇聚在焦点上。如果将形形色色的犯罪行为比作来自四面八方的光线，将刑事诉讼程序比作一个凸透镜，那么，当各种刑事案件发生后，符合条件的犯罪行为将进入刑事诉讼程序，无论其在刑事诉讼程序中经历的具体路径是否有所差异，刑事程序都将从启动走向终结，最终所有犯罪行为都将汇聚于一个焦点，即由审判机构适用刑法并作出裁决。这正如光线照射在凸透镜上后必将汇聚于一个焦点，各种刑事案件中的犯罪行为经过刑事诉讼程序的最终目的也正是适用刑法、接受刑法的评价。各种刑事案件进入刑事诉讼程序后经由侦查、起诉、审判等各种程序，不论被告人的行为是否最终被定罪量刑，但它们必将经历最后的一个共同点就是适用刑法，由审判机关以刑法为依据去衡量、评价被追诉的行为。

在刑事诉讼阶段，刑事案件的数量在侦查、起诉和审判阶段（包括执行阶段）呈现逐级递减的状况，数量以立案侦查阶段最多，执行阶段最少，这种情况主要是由于刑事案件的处理流程所导致。在侦查阶段和审查起诉阶段，有相当比例的案件在经过筛选后被刑事诉讼程序过滤掉，只有一部分符合条件的案件才能进入刑事审判程序，经过定罪量刑后最终以获得刑事裁判的方式得到处理，被提前过滤掉的案件则可能通过其他的一些处理方式得到相应地处断。那部分进入刑事审判阶段的案件再经过审理之后，一部分案件又会因宣判无罪、定罪免刑、刑事和解、撤回公诉或自诉人撤诉等原因，被再次过滤掉，最终也将不会进入刑事执行阶段。刑法与刑事诉讼关系的“凸透镜效应”如图2-1所示。

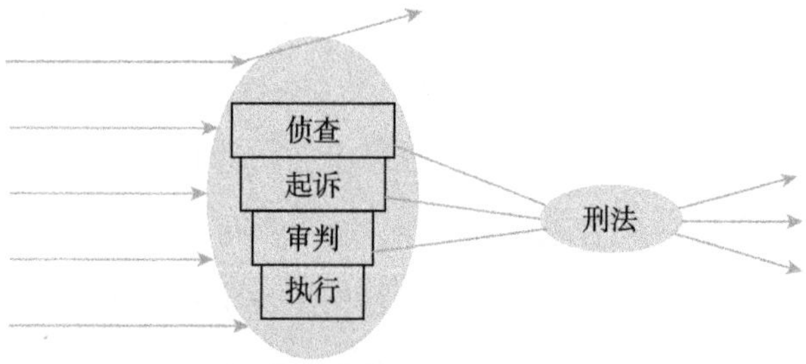

图2-1　刑法与刑事诉讼关系的“凸透镜效应”

注：方框大小代表刑事案件数量的比例不同

从我国刑事诉讼不同阶段的案件数量变化情况来说，在侦查、起诉和审判阶段均设置有相应的案件过滤机制，刑事案件的数量在过滤机制的筛选下，逐级减少，最终只有少部分案件进入审判程序，经过定罪量刑后生产刑事裁判。有学者指出，“在公安机关的案件侦查过程中，65%的刑事立案被案件过滤。同时，在侦查过程中，检察机关还会以不予逮捕的方式，将最多7%的公安机关移送逮捕的案件予以过滤……其后，在审查起诉阶段，2.75%的案件被不予起诉，同时，还会有部分案件在检察机关做出决定之前就被公安机关撤回。最后，刑事案件将会进入审判阶段，在这个阶段，法院宣判无罪的案件比例大致只有0.03%。同样，在法院做出无罪判决之前，会有不到0.1%的案件被检察机关撤回”。〔1〕首先，侦查阶段实现对刑事案件的第一次过滤。已经立案的刑事案件，在侦查终结后有三种处理方式，分别是行政处理（治安处罚）、撤销案件和移送审查起诉，前两类因不属于犯罪行为而被过滤。〔2〕此外，对检察机关不予批准逮捕的案件，公安机关也通常会撤销立案。其次，审查起诉阶段是对刑事案件的第二次过滤。对已经移送审查起诉的案件，在审查之后通过不予起诉、公安机关撤回移送起诉过滤了不符合提起公诉条件的案件。〔3〕最后，审判阶段是对刑事案件的第三次过滤。公诉案件检察机关撤回起诉；自诉案件的自诉人撤回自诉的案件在审判阶段被过滤出去，不需要定罪量刑。〔4〕同时，还有一部分案件因宣判无罪、定罪免刑等其他原因，也会在审判阶段被过滤掉，而未被过滤的剩余案件则进入执行程序。

---

〔1〕 王禄生：《刑事诉讼的案件过滤机制——基于中美两国实证材料的考察》，北京大学出版社2014年版，第41页。

〔2〕 这里主要指普通公诉案件的侦查，要注意的是检察机关的自侦案件也同样有一部分因不符合起诉条件而被过滤。

〔3〕 我国《刑事诉讼法》并没有规定公安机关撤回移送起诉，该制度原为1999年版《人民检察院刑事诉讼规则》第262条规定，后由修改后的《人民检察院刑事诉讼规则》（2013年1月实施）第401条将原撤回移送起诉的情况修改为按不起诉处理。

〔4〕 虽然我国《刑事诉讼法》并没有检察机关撤回起诉的规定，但《人民检察院刑事诉讼规则》第424条规定了检察机关撤回起诉制度。

第一节　刑法与刑事诉讼法的相互作用

一、相互作用的原因

（一）刑法与刑事诉讼法同为刑事法律制度体系的组成部分

法律制度是一个独立运行的系统，其内部可以根据不同的标准划分成很多独立的子系统，刑事法律制度就是其中一个具有独立性的子系统。刑事法律制度包括刑法、刑事诉讼法、犯罪学、监狱法、刑事执行法等各部门法，它们与刑事法律制度系统之间是“部分与整体”的辩证关系，共同起源于犯罪行为，具有相同的目的和功能，以解决刑事问题为主线。因此，刑事法律制度之间具有不可割裂的密切联系，共同组成了一个具有内在关系结构和不同功能的有机整体，其中任何一个部门法都不可能脱离其他部门法独自存在并运行，如果体系内的各组成部分之间能够达到整体一致又相互支持的关系，就在较深层次上达到了融贯性。

刑法和刑事诉讼法是刑事法律制度系统内不可或缺的组成部分，在保持各自独立性的基础上，其相互作用的情况决定着刑事法律制度整体效能的发挥。刑法和刑事诉讼法虽然有各自不同的调整对象和适用范围，但从犯罪行为发生的那一刻起，刑法和刑事诉讼法就产生了交集。从立案、侦查、起诉、审判直至执行，不同的诉讼主体既需要运用刑法界定犯罪行为的性质，也需要刑事诉讼法指引程序的发展方向和诉讼活动的具体内容，两法之间具有极为重要的互补关系。正如罗科信所言，“从刑事政策的重要观点来检视，此两法（刑法与刑事诉讼法）之规定实为极重要的互补关系。有时甚至实体刑法与刑事诉讼法结构功能是不分轩轾的重要（如可罚性的客观条件在实体法中之重要性一如诉讼法中之诉讼要件）；而也唯经由分析阐释犯罪之构成要件，也才能推论何种犯罪非属轻罪（如《刑法》第223条之重大侵害及第240条‘显然之恶意’或者《刑事诉讼法》第153条所定之微罪不举）”。[1]可见，两法不管从刑事政策角度还是从法律规范的内在功能来说，都需要对方的补充和配合，才能更有效地发挥其法之效力。离开了刑事诉讼法的刑法，无法作用于现实生活中的具体犯罪行为和犯罪人，就只能是停留在纸面上失去生命力的法律规范；而脱离了刑法的刑事诉讼法也将失去聚焦的方向和程序运转的意义。正如黑格尔所说，“譬如一只手，如果从身体上割下来，按照名称虽仍然可以叫做手，但按照实质来说，已不是手了”。[2]与之同理，处于刑事法律制度系统之内的刑法与刑事诉讼法首先要保持其自身的独立性，具有区别于对方的特殊意义和价值，才能成为一个独立的部分存在于刑事法体系之内，但这种独立又是以其彼此之间能够有效配合与互动为基础的，只有这样才能使刑事法这个完整、有机的整体发挥出最大的效用和价值。

“现代系统论认为，系统发挥功能的大小取决于三个因素：一是

---

〔1〕［德］克劳思·罗科信：《刑事诉讼法》，吴丽琪译，法律出版社2003年版，第8页。此处所引用的法律条款均指德国法律。

〔2〕［德］黑格尔：《小逻辑》，贺麟译，商务印书馆1980年版，第405页。

系统内部各个元素的效能；二是系统内部各个元素组合的协调性；三是系统与系统之间的协调性。如果系统内部各个子系统之间形成有序排列，其发挥的效能就会超过各个元素效能的总和；无序排列则会导致系统整合的危机，其发挥的效能就低于各个元素效能相加的总和”。[1]因此，良好的刑事法律制度体系内部的各个组成部分之间必然具有高度的协调性。刑法与刑事诉讼法是刑事法律制度系统内部的组成元素，其效能的发挥以及相互之间的协调，对刑事法律制度系统整体性功能的发挥起着至关重要的作用，在两者都充分发挥自身效能并相互协调、优势互补的情况下，将会使刑事法律制度整体产生“1+1>2”的效能，反之，如果不能理顺二者之间的关系，或者相互之间存在冲突和矛盾，必将对刑事法律制度的整体性产生破坏作用，并损害整体效能的发挥。可以说，刑事法律是严密无缝的网，在刑事法网一侧的一次震颤可以在另一侧引起共振。[2]

（二）刑法与刑事诉讼法属于对立统一的辩证关系

对立统一规律、质量互变规律和否定之否定规律是唯物辩证法的三个基本规律，其中，对立统一规律是有关事物发展的原因和动力的基本规律，是关于事物之间矛盾运动的规律。如果将刑法和刑事诉讼法看作矛盾运动的一组对立面，便可以运用对立统一的矛盾运动规律分析其相互作用的原因。“矛盾的同一性也叫统一性，是

〔1〕 陈卫东:《刑事诉讼法学的系统论趋向》，载《法商研究》2005年第1期。

〔2〕 这里借鉴了“法律是严密无缝的网”的说法。参见［美］劳伦斯·索伦:《法理词汇——法学院学生的工具箱》，王凌皞译，中国政法大学出版社2010年版，第309页。

指矛盾内部的对立面之间客观存在着不可分割的联系，体现着对立面相互作用和指引着对立面相互转化的趋势。其表现形式可归结为两类情形：(1)矛盾双方相互依存，互为条件。矛盾的任何一方都不能孤立存在，都以对方的存在和发展作为自身存在和发展的前提条件。……(2)矛盾双方相互渗透，相互包含，在一定条件下，还会实现矛盾双方的相互转化。矛盾的对立性又叫斗争性，是矛盾双方相互排斥、相互否定的性质、倾向和趋势。”〔1〕如果将刑法和刑事诉讼法看作矛盾运动的一组对立面，便可以运用对立统一的矛盾运动规律分析其相互作用的原因。“根据矛盾的对立性原理，实体法和程序法是互相独立的；根据矛盾的统一性原理，实体法和程序法的联系是双向的。”〔2〕也就是说，基于对立统一的矛盾运动规律，刑法和刑事诉讼法之间相互依存、相互渗透、互为条件的情况是两者相互统一关系的表现；而在特定情况刑法与刑事诉讼法彼此之间相互排斥、相互否定的情况则是其相互对立关系的表现。

刑法与刑事诉讼法之间的统一关系源于其同属刑事法律制度，因刑事法的整体性产生了相互依存、相互渗透、互为条件并互相包含的关系。刑事司法过程中，为实现共同的任务和目的，两者之间应当相互配合、共同努力。刑法中罪刑法定、罪刑相适应以及罪刑平等原则都需要在刑事诉讼程序运行中得以落实，离开了刑事诉讼的贯彻和实施，刑法只能是文本中的刑法，无法进入实践，应用于

〔1〕 章仁彪主编：《哲学导论新编》(第2版)，同济大学出版社2005年版，第90页。

〔2〕 李佑标：《试论实体法与程序法的关系》，载《诉讼法论丛》第2卷，法律出版社1998年版，第87页。

具体。同样，刑事诉讼法中的程序法定原则等也要借助刑法的具体内容而展开，否则程序就成了毫无内容的空洞的形式，丧失了其运行的意义和价值，无法使当事人、诉讼参与人和社会公众预测程序运行的结果。刑法和刑事诉讼法还体现出相互渗透、相互包含的特点。刑法和刑事诉讼法在一些制度上互有交叉，有些制度具有实体与程序的双重功能。例如，刑法量刑制度中的自首、立功、缓刑，刑罚执行中的减刑、假释以及时效等制度，在刑事诉讼法中也不同程度上有所规定。刑法和刑事诉讼法可以相互补充对方的内容，刑法中的有些规定体现出刑事诉讼的性质，而刑事诉讼法中有些制度也可能具有刑法的特性。

刑法与刑事诉讼法之间的对立关系源于其属于各自独立的部门法，具有一定的独立性，从而在特定条件下产生相互排斥、相互否定的趋势或倾向。一方面，在司法资源有限或维持不变的前提下，刑法和刑事诉讼法存在相互竞争、相互排斥的情况。实践中犯罪数量增长，刑法打击犯罪、维护社会秩序的任务越重，刑事诉讼中平均到个案可用的司法资源越少，刑事诉讼整体上也无法满足刑法打击所有犯罪的需求。所以，导致刑事诉讼实践中出现案件积压、司法机构超负荷运转、诉讼效率下降等现象。另一方面，受各自法律基本原则和规范存在差异的制约，刑法和刑事诉讼法存在相互否定的情况。例如，犯罪行为已经发生，犯罪嫌疑人也已经明确，但由于刑事诉讼中侦查人员对犯罪嫌疑人采用了刑讯逼供的违法方法获取口供，或者由于检察人员的失误遗失了证明犯罪的重要证据，这些都有可能使法庭作出无罪判决，从而否定了刑法的最终适用。又如，在已经立案开始侦查的行为人涉嫌交通肇事罪的刑事案件中，最终查明行为人是因吸食毒品后驾车造成了严重的交通事故，但由于我国刑法尚未将这种行为规定为犯罪，因而刑事诉讼程序只能终结，无法依照刑法追究行为人的刑事责任。

（三）刑法与刑事诉讼法的适用过程具有同一性

刑法与刑事诉讼法的适用处于同一个过程即刑事司法过程，适用过程的同一性也是两者之间发生相互作用的主要原因。刑事司法过程既是刑法实现的过程，也是刑事诉讼法的实现过程，是一个让文本上的刑法转换为实践中的刑法的过程。从实务的观点出发，刑法与刑事诉讼法在适用上是统一的，其中的法律规范在案件办理中共同发挥着作用，相互补充、强化，同时也相互代替、相互削减。“刑事立法是将正义理念与将来可能发生的事实相对应，从而形成刑法规范；刑事司法是将现实发生的事实与刑法规范相对应，进而形成刑事判决。”〔1〕刑事诉讼过程，本质上就是一个持续性的适用刑法、解释刑法的过程。国家机关为了实现追究犯罪、惩罚犯罪的目标，运用国家赋予的刑事司法权力，开启刑事司法程序，适用刑事诉讼法认定犯罪人并证明犯罪，最终适用刑法认定罪与刑。正如法国学者所说，“在已实行的犯罪与刑罚之间，实际上有一个过程，就是刑事诉讼。原则上，只有通过诉讼并且只有经过诉讼之后，刑法才能得以适用。因此，刑事诉讼对刑法的意义在于：刑事诉讼是

---

〔1〕 张明楷：《注重体系解释　实现刑法正义》，载《法律适用》2005年第2期。

犯罪后的必然的后续结果，是刑法的两个最基本要素——犯罪与刑罚——之间一个必不可少的连接号”。[1]换言之，刑事诉讼程序是连接罪与刑的桥梁与中介，犯罪行为只有进入刑事诉讼，经过过滤与筛选，才能确定哪些犯罪行为需要运用刑法规范定罪并处刑；而刑事立法追求的正义理念只有经过刑事司法过程后才能从文本中的正义成为实践中的正义。

当犯罪行为发生后，刑事诉讼程序将被启动，追诉机关将通过查找犯罪嫌疑人、确定犯罪嫌疑人并将其控诉至法庭，通过法庭审判最终认定犯罪人和犯罪行为及其应当承担的刑事责任。在刑事诉讼程序运行的这个动态过程中，国家职权部门一方面必须在刑事诉讼法所赋予的权力范围和时间期限内履行追究犯罪、惩罚犯罪的职责，不得超越权限范围和期限行使职权；另一方面则需要时刻以刑法为依据衡量行为人的行为性质与刑事责任，在罪与非罪、此罪与彼罪、一罪与数罪、完成罪与未完成罪、刑事责任与刑种、刑期、刑罚执行方式等方面作出分析判断并加以阐释。刑事诉讼中的当事人、诉讼参与人同样既需要根据刑事诉讼法所赋予的诉讼权利参与诉讼活动，维护自己的正当权益，也需要运用刑法规范判断或评价自己的行为以及他人的行为。尤其是被告人以及辩护人，刑法是其判断自己的行为、反驳控诉并进行辩解和说明的唯一依据，而刑事诉讼法则是其行使诉讼权利，捍卫人格尊严，在程序中获得公平、

〔1〕［法］卡斯东·斯特法尼等：《法国刑事诉讼法精义》（上），罗结珍译，中国政法大学出版社1999年版，第3页。

公正对待的法律依据。由此可见，刑法与刑事诉讼法是国家职权机关和诉讼主体参与诉讼活动、维持程序运转共同需要的法律依据和准则，适用过程的统一性决定了两者之间必然发生相互影响、相互牵涉的关系。这种交集如同乐曲演奏，完美的演奏是正确依照乐谱曲调弹奏与准确使用弹奏方法的结合。缺少对乐谱的忠实执行，再好的演奏方法可能也难以诠释乐曲的本意或背后的深意；而离开每一个演奏者独特的演奏技巧和方法，再动听的乐曲也可能会千篇一律，缺乏某种独特的韵味或气息。如果将刑法比作乐谱，那刑事诉讼法就是一种弹奏的方法，演奏者就好比每一个参与诉讼的主体，而刑事司法就是一个在众多诉讼主体参与下演绎刑法的过程，参与者只有忠实于刑法规范，正确地适用刑事诉讼法，使两者在同一过程中相互契合、协调运作，才能奏响刑事司法公正的旋律。

二、相互作用的方式

（一）配合与互补的合作方式

刑法和刑事诉讼法同属于刑事法律体系，同源于犯罪行为，因惩治犯罪这一共同的目的和任务产生相互之间的联系和交叉，为维持国家统治、稳定社会秩序，确保实现共同的目标，需要由特定的诉讼主体在司法实践中交叉适用刑法与刑事诉讼法，以取长补短、优势互补、相互配合的方式相互影响，通过共同协作与共同努力，争取获得各自效益的最大化和双方共赢的局面，发挥刑事法律制度的整体功能，促进刑事法治的发展。

当实践中发现具体的犯罪事实后，无论是由自诉人直接向法院起诉的自诉案件，还是需要经过立案、侦查、提起公诉的公诉案件，其犯罪事实的发现、犯罪嫌疑人的查找、证据材料的收集、犯罪行为的定罪量刑以及刑罚的执行均需要刑法与刑事诉讼法的合作。刑法为认定犯罪行为、确定刑事责任提供了实体标准，刑事诉讼法为案件的推进提供了运行的空间，也为办案机关的职权分配以及证据和证明制度提供了相应的法律依据，二者的相互合作共同确保刑事诉讼活动的顺利进行以及定罪、量刑目标的实现。

刑法与刑事诉讼法的合作受到国家特定时期犯罪形势和刑事政策的影响。这种影响的主要表现：当国家面临严峻的犯罪形势时，为了惩治犯罪、维护社会秩序，刑事政策侧重于严厉打击犯罪的特点，因此刑法加大对犯罪行为的打击范围和力度、加重相应犯罪的刑事责任，为了完成刑法严厉追究犯罪的目标，必然要求刑事诉讼法的配合刑法，赋予国家追诉机关、审判机构更大的公权力。此时刑法与刑事诉讼法的合作表现为刑法增强惩罚犯罪的机能，而刑事诉讼法适当降低权利保障的要求或强度，配合刑法实现以惩罚犯罪为主的核心需求。当国家犯罪形势平稳，实施较为轻缓、宽松的刑事政策时，会减轻打击犯罪的力度，相应的刑事诉讼法也体现出宽松的倾向。此时刑法与刑事诉讼法的合作表现为刑法适当降低惩罚犯罪的机能，刑事诉讼法中则显著提高对权利保障的强度和要求，进而实现以保障人权为主的核心导向。刑法与刑事诉讼法的合作方式如表2-1所示。

表2-1　刑法与刑事诉讼法的合作方式

犯罪形势和刑事政策	刑法	刑事诉讼法	核心目标
犯罪形势严峻、刑事政策严厉	增强惩罚犯罪的机能	降低保障人权的力度	惩罚犯罪
犯罪形势平稳、刑事政策宽严相济	降低惩罚犯罪的机能	提高保障人权的力度	保障人权

以我国“严打”时期的情况为例，“严打”时为了应对犯罪激增、社会治安形势严峻的局面，刑事政策要求从严、从重、从快打击犯罪，在此前提下，刑法贯彻严打需求，罪与刑的配置上体现出明显的从重、从严倾向，而刑事诉讼法也实行了简化程序、缩短办案时间、压缩当事人、诉讼参与人诉讼权利等措施，以配合刑法落实严打政策。现在，我国的刑事政策转变为宽严相济，为配合刑事政策的需要，在刑法方面，刑罚设置体现轻轻重重的特色。例如，为适应当前我国严厉惩治反贪污腐败犯罪的需要，贪污受贿罪增设了终身监禁这一独特的刑罚方式，以加重对贪腐犯罪的惩处力度。再如，为顺应全球各国普遍在刑法中贯彻刑罚轻缓化的趋势，我国刑法又不断地削减死刑罪名及其适用范围，增设刑事和解等处罚方式；而刑事诉讼法为落实宽严相济的政策，也在普通程序之外设置了诸如简易程序、特别程序、速裁程序、被告人认罪认罚等程序，不断尝试创新能够提高刑事诉讼效率、促进案件繁简分流的方式和方法。

（二）相斥与紧张的竞争方式

刑法与刑事诉讼法是两个独立的部门法，调整范围和法律关系各不相同，虽然在目的、任务等方面具有共同的追求，但在具体的法律原则、法律规范上，会侧重体现其部门法独特的制度功能以及其独立的价值目标。就刑法而言，刑法的法律规范主要围绕着罪、责、刑展开，重点关注的是法益保护机能。尽管刑法也强调人权保障，但人权保障需要通过罪刑法定和责任主义的贯彻来实现。“法益保护机能主要依靠刑罚的宣示与适用来实现，人权保障机能则主要依赖限制刑罚的适用而实现。换言之，刑罚的适用，与保护法益成正比，与人权保障成反比。如何既最大限度地保护法益，又最大限度地保障自由，就成为难题”。[1]所以，刑法规范的设置多采用禁止性、命令性、强制性的规范，注重对犯罪的惩罚。刑事诉讼法虽以保障刑法实施为重要目标，但其对犯罪的追究基本是在保障人权的前提下展开的，因此刑事诉讼程序和制度的设计侧重于规范国家公权力的运行并保障当事人和诉讼参与人的诉讼权利。所以，刑事诉讼法规范的立法思路与刑法是有所区别的，刑事诉讼法更注重授权性规范。由此，刑法与刑事诉讼法之间会呈现紧张性、相斥性的特点，概括来说就是竞争关系。产生竞争性相互作用主要在于下列原因。

1.受制于刑事司法资源的有限性

刑法与刑事诉讼法之间产生紧张性、相斥性竞争关系的一个主要原因是刑事司法资源的有限性。在国家投入刑事司法中的总资源维持不变的前提下，刑法或刑事诉讼法中的任何一方需要增加司

---

〔1〕 张明楷：《刑法学》（第4版），法律出版社2011年版，第26页。

法资源的需求量时，将引起另一方可用司法资源的下降或短缺。刑事司法资源具有稀缺性，任何一个国家所能投入的刑事司法资源都是有限的，受到国家财政预算的制约，当可用的刑事司法资源无法满足刑法或刑事诉讼法的增加需求时，在维持诉讼效率或效益不变的要求下，二者之间必然呈现出竞争关系。这种竞争具体表现在以下方面。

（1）犯罪圈的变化制约刑事个案的司法资源。

犯罪圈的变化与刑事诉讼中个案可用的司法资源之间存在密切的关系。当刑法为了加大打击犯罪的力度，扩充犯罪行为的种类时，犯罪圈扩大，刑事诉讼中案件的种类、数量和范围也会增加并扩大。在司法资源不变，案件总数增加的情况下，必然导致个案可用司法资源的减少。反之，当刑法减弱打击犯罪的力度删减犯罪行为种类时，犯罪圈缩小，在司法资源不变，案件总数减少的情况下，必然使刑事诉讼中个案可用的司法资源增加。犯罪圈与刑事个案可用的司法资源之间的关系如表2-2所示。

表2-2　犯罪圈与刑事个案司法资源的制约关系

犯罪圈的变化	司法资源的总量	案件数量	刑事个案的司法资源
犯罪圈扩大	不变	增加	减少
犯罪圈缩小	不变	减少	增加

从表2-2可见，刑法上犯罪圈的扩充与缩小应考虑刑事司法资源的情况。如果贸然扩大犯罪圈，却没有相应的司法资源或配套措施的跟进，就会导致两法之间产生紧张的、不合理的竞争关系，降

低刑事司法的整体效益和效率。在我国，犯罪圈的扩大主要由三种情况造成。

一是刑法的频繁修改造成犯罪圈的持续性扩张。我国《刑法》自1979年颁布实施至今，频繁出台刑法修正案并伴随大量的立法解释，以至于增加了很多新的罪名和犯罪类型，一些犯罪的罪状被扩大，一些犯罪的入罪门槛被降低，刑法中的犯罪圈实际上一直处于持续扩张中。而且，我国刑法对犯罪行为的设置采用的是“定性+定量”的模式，罪刑设置具有“重罪重刑”的特点，轻微的危害行为由于量的原因大多不构成犯罪行为，早已被排除在了犯罪圈之外。

二是种类繁多、数量众多的司法解释造成犯罪圈的扩张。正如有学者所言，“当前，我国出现了以司法解释来不断扩张犯罪圈的畸形发展趋势。受刑事立法所划定的内缩性犯罪圈的限制，为了解决司法实践中的一些难以用现行刑事立法加以解决的疑难问题，最高司法机关在对有关刑事立法规定进行解释的同时，甚至不惜打破罪刑法定原则的约束，突破刑事法理论和现有刑事立法的规定，对刑法规范作过度性的类推解释”。〔1〕实践中，司法解释还常常出现突破现有刑事立法的情况。例如，2000年12月5日公布的《关于对变造、倒卖变造邮票行为如何适用法律问题的解释》中将“变造”行为作为“伪造”处理。2001年4月9日最高人民法院与最高人民检察院联合发布的《关于办理生产、销售伪劣商品刑事案件具体应用法律若

〔1〕 王志祥、韩雪：《论我国刑法典的轻罪化改造》，载《苏州大学学报（哲学社会科学版）》2015年第1期。

干问题的解释》第6条第4款将“购买、使用”行为解释为“销售”行为。[1]所以，我国犯罪圈的不断扩张导致刑罚总量的增长，进而造成司法资源的紧张局面，案多人少、案多钱少的矛盾日益凸显。

三是实践中法律适用的不统一也会导致犯罪圈的扩张。以黑社会性质组织的犯罪为例，由于1997年《刑法》并没有明确界定“黑社会性质组织”的含义，因此在理解和认识这一概念上存在一定的分歧，导致实践中打击面和犯罪圈的扩大，也造成了一些错案和冤案，在一定程度上激化了社会矛盾，直至《刑法修正案（八）》明确规定了“黑社会性质组织”的概念，统一了理解和认识后，这一问题才得以缓解。同理，《刑法修正案（九）》增设了六种新的恐怖主义、极端主义犯罪，却并未对“恐怖主义”“极端主义”内涵和外延做出明确的界定，因而实践中同样出现了该罪因司法适用不统一而导致犯罪圈扩大的情况。

（2）刑罚处罚的力度影响刑事个案的司法资源。

刑罚处罚力度的变化与刑事诉讼中个案耗费的司法资源之间具有密切的关系。当刑法加大对某一类犯罪行为的刑事责任追究力度时，该类犯罪行为就需要占用更多的司法资源。在司法资源总量不增加的情况下，其他犯罪行为可用的司法资源必然减少。反之，当刑法减弱对某一犯罪行为的刑事责任追究力度时，该类犯罪行为在刑事诉讼中占用的司法资源就会减少，其他犯罪行为可用的司法资源则相应地增加。刑罚力度与刑事司法资源的关系如表2-3所示。

〔1〕 参见王志祥：《刑法问题探索》，中国法制出版社2016年版，第18页。

表2–3　刑罚力度与刑事司法资源的相互关系

刑罚力度	司法资源总量	某类犯罪占用的司法资源	其他犯罪的可用司法资源
加大	不变	增加	减少
减弱	不变	减少	增加

例如，近年来我国对贪污腐败犯罪的刑罚处罚力度一直在持续增加，为此，《刑法修正案（九）》增设了贪污受贿犯罪的终身监禁制度。被判处终身监禁的犯罪人不得通过减刑等途径缩短服刑时间。增设终身监禁无疑增加了对贪污受贿罪这一类特定犯罪的刑事司法资源的投入，需要国家在这类犯罪的惩罚和矫治方面投入较以往更多的人力、物力和时间。与之相应，在国家每年可投入使用的司法资源总量不变的情况下，对贪污受贿罪司法资源投入的增加就意味着其他犯罪司法资源投入的减少。再如，受我国推进死刑制度改革的需要，刑法近年来逐步削减适用死刑的罪名，同时也提高了死缓罪犯执行死刑的条件，因此，国家需要投入在死刑复核、死刑执行等方面的司法资源就必然降低，刑事个案的办案期限也相应的缩短，当这些被取消死刑的犯罪所消耗的司法资源减少时，其他犯罪可使用的司法资源则会相应的增加。

2.受制于部门法的独立性

刑法与刑事诉讼法之间产生紧张性、相斥性竞争关系的另一原因是因为刑法与刑事诉讼法在本质上属于相互独立的两个部门法，其实施任务、运行原则都存在较大的差异，当适用一方的法律规范违反另一方的原则或制度规范，就会产生相互排斥的关系。具体表现在以下几个方面。

(1)受刑法的目标及罪刑法定原则的影响产生竞争关系。

刑事诉讼中发现的与刑法中规定的犯罪行为具有同质性,即具有同等社会危害性、侵犯同一法益的行为,不能都被认定为犯罪。例如,近年来我国屡屡发生幼儿园、养老院、医院等单位的工作人员虐待被监护、看护的儿童和老人以及病人且情节恶劣的情况,我国刑法规定,虐待罪只适用于家庭成员间的虐待行为,因此司法机关对实践中发现的这类案件和行为人往往无法处罚。直至《刑法修正案(九)》在第260条增设虐待被监护、看护人罪后,才弥补了原刑法在这一规范上的缺陷。相似的还有对强制猥亵男性的行为无法定罪的问题,实践中该类案件的增多也推动《刑法修正案(九)》第237条将强制猥亵的对象由妇女修改为"他人",由此将男性包括在内。

(2)受刑事诉讼的目标及程序法定原则影响产生竞争关系。

刑法中犯罪成立要件的形成是立法者从大量具有同质的、重要的事件中筛选出的、可用于刑法上恰当且合乎目的的共同基准。但刑事诉讼法并不是按照一一对应的关系将刑法所确立的基准移植到现实当中,而是附加了其他的选择标准,其中最为重要的方面就是作出有罪判决必须具备诉讼法上有关的证据和证明的要求。当刑事诉讼法中的某些法律规则或程序性规范的设置侧重于体现保障人权和程序公正时,将会使刑法的适用遇到更多的障碍。当被指控的犯罪行为未满足程序规范的要求或者违反相关程序规范的要求时,即使犯罪事实和犯罪行为现实存在,也可能无法得到刑法制裁,从而制约刑法打击犯罪的力度与效果。例如,2012年《刑事诉讼法》修改后，为了保障程序公正，加大了对被告人诉讼权利的保护，设置了非法证据排除规则，规定法庭不得采纳侦查、起诉机关非法获取的言词证据以及部分无法补正的实物证据，这一规定的实施必然导致一些案件因证据被排除的原因而无法对被告人适用刑法，追究其刑事责任。

（3）当刑法偏重打击犯罪时，往往会给刑事诉讼的推进造成压力，影响刑事程序公正的实现。

当刑法和刑事诉讼法的一些法律规范过于偏重追求某个价值理念时，往往会给另一方带来一定的压力，从而影响诉讼公正的实现。例如，《刑法修正案（九）》出于严厉打击拐卖妇女、儿童犯罪行为的需要，修改了第241条第6款，扩大了处罚范围并加重了处罚力度。对收买被拐卖的妇女、儿童，按照被买妇女的意愿，不阻碍其返回原居住地的，对被买的儿童没有虐待行为，不阻碍对其解救的，从原《刑法》规定的"可以不追究刑事责任"修改为一律给予定罪处罚，即对收买被拐卖儿童者可以从轻处罚；对收买被拐卖妇女者可以从轻或减轻处罚。但是，刑法的修改存在"实际上并不利于对此种犯罪的侦破，整体上看也不利于保护被害人的利益"的问题。[1]因为，从可以不受刑事追究到一律定罪处罚，反而容易造成收买人为了逃避责任做出阻碍解救、伤害被害人或隐瞒情况等不利于刑事诉讼侦查程序推进的行为。可见，刑法和刑事诉讼法的立法或修改需要适当考虑是否会给另一方的适用造成压力或障碍，如果忽

〔1〕 参见全国人大常委会法工委刑法室编：《地方人大和中央有关部门、单位对刑法修正案（九）草案的意见》（法工刑字〔2015〕1号，2015年1月4日）。

视刑事法的整体性，单方面的修改变动可能并不会给被害人带来福音，反而造成一定的利益损害。

第二节　刑法与刑事诉讼法在定罪量刑中的交叉适用

刑法与刑事诉讼法在司法实践中相互作用的领域众多，从立案侦查、侦查起诉到审判执行阶段，刑法与刑事诉讼法均有相互作用的关系。看清事物需要聚焦，刑事审判阶段正是刑事诉讼程序中的核心环节，是各类诉讼参与人与各种国家机构集中参与的阶段，也是决定刑事案件裁判结果的重要阶段，因而是刑法与刑事诉讼法之间相互作用最为集中、彼此牵涉、关联状态最为复杂的阶段。因此，本书将研究视阈聚焦在刑事审判阶段，聚焦刑法与刑事诉讼法在定罪与量刑中的相互关系，将其作为研究两者宏观、整体关系的基础点，进而从定罪与量刑两个不同阶段分别展开进一步阐述。“刑法的问题就是定罪量刑”，[1]定罪与量刑是刑事审判中两个最基本、最重要的环节，也是融刑法和刑事诉讼法为一体的动态的法律适用活动，刑法与刑事诉讼法在刑事审判阶段的相互作用又直接体现在定罪与量刑活动中。

---

〔1〕 王作富：《“疑案精解”别致、新颖》，载《人民检察》2006年第12期。

定罪与量刑在本质上是司法活动，是具有实体法和程序法双重意义、跨越刑法和刑事诉讼法两个部门法的交叉地带。无论是在刑法还是刑事诉讼法理论中，都需要对定罪与量刑进行深入地研究。就刑法角度而言，定罪与量刑是依据刑事实体法律规范对涉案的犯罪行为所进行的思维认知与逻辑判断，是依法对行为的性质（定性）及犯罪行为所应承担的刑事责任作出评价的一种活动，是将案件事实与刑事实体法规范进行同一性认定的行为。从刑事诉讼法的角度来看，定罪与量刑是特定的国家机构在刑事诉讼法授权范围内，通过法定的程序，调查并核实具体案件中的事实与证据并将刑法规范适用于特定的行为、人或组织的活动。因此，定罪与量刑既是由国家专门机构根据刑法规范认定犯罪嫌疑人、被告人的犯罪行为是否构成犯罪以及是否承担刑事责任的活动；也是遵循刑事诉讼程序，根据证据材料判断案件事实是否符合刑法中的犯罪构成、是否需要承担刑事责任以及如何承担刑事责任的活动。司法机关在定罪与量刑的过程中围绕案件事实和法律依据，必须交叉适用刑法与刑事诉讼法才能顺利地推进诉讼进程。所以，通过对定罪与量刑活动运行特点及运行机理的认知与分析，研究刑法与刑事诉讼法在其中的交叉适用状态，是考察刑法与刑事诉讼法之间关系的一种有效途径，也是从两者之间的局域性关系折射整体性关系一种研究思路。

一、交叉适用的功能

刑事司法的任务是在刑法已经划定的犯罪圈内，用既有的定罪量刑标准衡量具体的案件事实，与刑事立法中可以将有罪行为转变为无罪行为的非犯罪化、或者将无罪行为转变为有罪行为的犯罪化的情况具有本质的区别。刑事司法中的入罪与出罪都是适用刑法的结果，是依法对具体案件事实进行衡量后的结果。刑法与刑事诉讼法同是定罪量刑法律依据的渊源，对定罪量刑活动发挥着非常重要的作用。以普通刑事一审程序为样本，可以将其刑事审判过程划分为如下三个阶段：第一阶段是“案件审理”，指从提起公诉开始直至审判终结的过程。第二阶段是“判决宣读”，指审判结束到法官宣读判决书为止的过程。第三阶段是“判决确定”，指判决宣读后到宣读的判决确定为止的过程。普通刑事审判一审程序如图2-2所示。

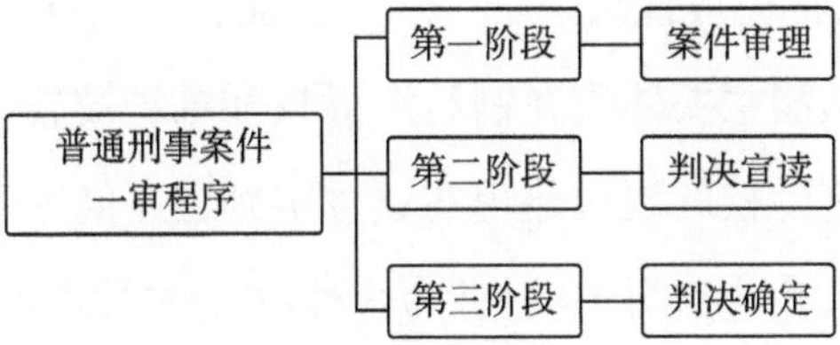

图2-2　普通刑事审判一审程序

从图2-2可见，刑事审判一审程序的三个阶段所承担的任务各不相同，但其所发挥的实体法方面的功能是基本相同的。一方面，一审程序具有实体法功能。实体法功能主要体现在认定案件事实和决定适用的法律这两个方面。一审程序之外的其他审判程序诸如二审程序、再审程序等，主要是通过对一审程序和结论的审查和判断，从法律救济的角度间接地体现这些功能。一审程序中，法院要经过法定程序审理和调查其所受理的案件，按照法定的证明标准认定案件事实是否存在。同时,法院还需要结合案件事实决定在刑事裁判应当适用的具体的法律。刑事法庭是具体行使定罪权和量刑权的组织,通过适用有关被告人是否有罪、应否处刑以及判处何种刑罚的刑事实体法以及一些程序性法律规定,对所受理的案件既可以作出有罪判决,也可以作出无罪判决。与审前程序中对案件事实的确定相比,法院在一审程序中所作出的定罪判决具有最后的法律效力。侦查机关在侦查终结后对其认为不构成犯罪的行为终结侦查程序、对构成犯罪的案件移送起诉以及检察机关对对其认为不构成犯罪的行为终结刑事诉讼程序或不起诉、对构成犯罪的案件移送法院审理的行为也可以视为某种意义上的定罪,但这并不具有像定罪判决那样的终局的法律效力,仅具有程序上的意义而不具有实体上意义的阶段性结论。[1]另一方面,一审程序具有程序法功能。程序法功能主要体现在制约追诉权和维护被告人诉讼权利两个方面。对追诉权的制约体现在通过审判程序规则和证据规则的适用,对侦查、审查起诉和提起控诉行为的合法性进行审查,违反法律规范的行为需要承担相应的法律后果。对被告人诉讼权利的维护集中地体现在刑事一审程序当中,作为诉讼主体,被告人享有以辩护权为核心的一系列诉讼权利,并且贯穿整个审判过程,而是否尊重被告人的诉讼主体地位、充分保障被告人的诉讼权利是判断一个国家刑事一审程序是否公平公正的主要标志。作为刑事裁判的法律

---

〔1〕 审前程序中侦查机关和检察机关的无罪结论在符合一定条件的情况下,可以被推翻。例如,我国《刑事诉讼法》规定的公诉转自诉就是这种情况,法院对自诉的受理实际上推翻了审前程序中不予追究刑事责任的结论。

依据，刑法与刑事诉讼法在定罪量刑中交叉适用的具体功能主要体现为三点。

（一）行为规范的功能

刑法是诉讼当事人据以判断其行为性质和结果的行为规范法，具有预测的功能。在审判过程开始之前，诉讼双方当事人包括检察官、被告人及其辩护人、被害人等就能够以刑法为衡量标准判断自己的行为是否违反刑法当中一般性、抽象性的法律规范，进而对其将要参与的审判结果作出相应的预测。刑事审判过程是各种刑事诉讼主体（法官、检察官、被告人及其辩护人、被害人及其代理人）在“诉讼场所”即刑事法庭这一空间内，基于刑法（抽象性规范）和刑事诉讼法的程序性法规（形式性规范）所进行的诉讼行为。从这个视点来看，“诉讼场所”可以看作各种诉讼主体对刑法（抽象性规范）和刑事诉讼法（形式性诉讼规则）的个别化、具体化的实践场所。因此，刑事诉讼法也具有诉讼主体行为规范的功能。

（二）审判规范的功能

刑法与刑事诉讼法能够发挥规范刑事审判活动、防止审判人员恣意裁判的重要功能，这主要体现在审判过程的第二阶段。在事实认定的基础上，刑法的抽象性规范是审判的实体法依据，法官必须在解释刑法和适用刑法的基础上，结合个案的具体情况，得出判决的理由。刑事诉讼法则是法官进行审判活动的基准，其中有关审判管辖、回避、证据与证明制度、不同审判阶段作出有罪、无罪判决的理由以及免除刑罚的判决理由等都是法官作出裁判应当遵循的具体标准。

（三）生成具体法的功能

在审判过程的第二阶段，审判人员必须依据刑法、刑事诉讼法以及刑事司法解释等相关规定就提起诉讼的刑事案件作出刑事判决书，判决书是刑法与刑事诉讼法相互融合的结果，具有将一般法（刑法规范）适用于具体的刑事个案进而形成具体法的功能。

二、交叉适用的意义

定罪量刑是交叉适用刑法和刑事诉讼法的过程，刑法为定罪与量刑提供判断案件事实性质、评价行为人罪与责的基本准则；刑事诉讼法为定罪与量刑提供法定的方法和手段。刑法与刑事诉讼法必须在这一过程中以正确的方式相互作用，不按照刑事诉讼法既定的程序或者不遵循刑法既定的罪责标准，都不能产生公正的定罪量刑结论。

（一）推动定罪与量刑活动从启动逐步走向结束

定罪与量刑过程中，刑事司法者需要不断地往返于"事实和规范之间"，[1]发挥其主观认知能力，根据逻辑规律和司法经验，剪裁其所掌握的事实，使之从刑法规范中静态的、抽象的、文本上的事

---

〔1〕 参见张明楷：《刑法分则的解释原理》，中国人民大学出版社2004年版，"序说"第Ⅷ页。

实转换为刑事司法审判中动态的、具体的、现实的定罪事实或量刑事实。正是通过这种在事实与法律规范之间反复的、动态的往返与确认的过程，使刑法与刑事诉讼法交叉适用，进而彼此之间相互影响、相互作用，推动定罪与量刑活动逐步走向终端，获得具有定性意义的犯罪事实、找寻到最恰当的法律依据，得出犯罪是否成立、如何承担刑事责任的最终结论。定罪与量刑活动的运行可以划分为三个基本的步骤，在每一个阶段，刑法与刑事诉讼法都处在一种交叉适用的情形当中，相互作用、相互影响，为定罪与量刑活动的顺利进行提供了相应的法律依据及法律控制。具体来说：

第一步是筛选并剪裁案件事实。在刑事审判活动之初，审判人员面对的是指控事实和辩护事实，而定罪量刑所需的事实或情节尚未清晰地呈现出来，这就需要通过刑事审判活动，对具体的案件事实进行筛选和剪裁，寻找对定罪与量刑具有决定意义的相关事实。刑法为审判人员筛选并剪裁事实提供了目标和范围，例如，寻找定罪事实就需要从所有案件事实中筛选出与犯罪成立要件相关的事实。刑事诉讼法则为审判人员认定定罪与量刑的事实提供了以证据证明为主要方式的认定方法。

第二步是寻找法律依据。在明确认定了定罪与量刑所需的事实或情节之后，审判人员要做的就是根据事实的性质、内容等相关要素寻找定罪与量刑中适用的法律依据。刑法（刑事实体法）为定罪与科处刑事责任提供了定罪与量刑的标准；刑事诉讼法（刑事程序法）明确了定罪与量刑活动的开展及推进的程序模式，也提供了刑事审判中一些特殊情况下的裁判规则，例如，事实真相不明时需要依据刑事诉讼法规定的证明责任进行裁断的规则。

第三步是得出定罪与量刑的结论。在审判人员依法确认了定罪与量刑的事实、寻找到了定罪处刑的法律依据后，就需要在事实与法律规范之间进行综合性的判断，最后得出具体的结论。理论上来说，由于罪与刑之间具有因果关系，定罪是量刑的前提，所以刑事审判中应该先得出定罪结论，再得出量刑结论。[1]这一因果关系在英美法系定罪与量刑程序分离的模式下体现得非常清楚，但在我国以及大陆法系定罪与量刑程序合一的模式下，定罪与量刑的结论同时体现在刑事裁判当中。但无论是否先作出定罪结论，可以确定的是，量刑的基础必须是被告人的行为已经成立犯罪。在做出定罪与量刑的结论即刑事裁判的过程中，刑法是刑事裁判中文本内容的依据，它为评价特定被告人罪与非罪、此罪与彼罪、刑事责任承担方式、刑罚轻重提供了具体的判断标准；刑事诉讼法为刑事裁判文本的产生及生效提供程序性依据，它明确刑事裁判的名称、种类、制作主体、宣告、送达以及生效的期限等具体的性事宜。例如，死刑判决必须经过死刑复核程序的全面核查复审，才能发生法律效力。

（二）为实现定罪与量刑的公正提供了实体与程序的双重保障

定罪量刑中刑法与刑事诉讼法的相互作用与交叉适用，既是刑事审判的现实需要，也为刑事审判的公正提供了实体与程序的

〔1〕 先有定罪结论后有量刑结论有时与司法实践中的实际情况不一致。有学者认为，实践中普遍存在以刑制罪的情况。参见孙道萃：《刑事一体化视野下的以刑制罪问题研究》，载《安徽警官职业学院学报》2012年第4期。

双重保障。正确的定罪与量刑建立在定罪与量刑的主体、过程、方式以及结论准确的基础之上，任何环节的错误都有可能导致对定罪量刑活动“合法性”的质疑。定罪量刑的目的是使犯罪人承担刑事责任、避免无罪的人受到错误的刑事追究，定罪不准或量刑不当，不能达到惩治犯罪的效果，也可能会侵害无辜者的合法权益，最终损害社会公众对刑事正义的期待和认同。保障定罪量刑所有环节正确的前提就是正确适用刑法与刑事诉讼法有关定罪量刑的法律原则和具体规范。刑法（刑事实体法）以其罪刑法定原则即“法无明文规定不为罪、法无明文规定不处罚”为如何界定犯罪行为、犯罪行为应当承担怎样的刑事责任（刑罚处罚）设置了明确的底线，为刑事司法者在具体案件中的定罪与量刑活动提供了规范与价值判断的基本标准。刑事诉讼法（刑事程序法）以其程序法定原则为被追诉人和其他诉讼参与人的权利保障设置了最低标准，“无罪推定”“疑罪从无”等体现正当法律程序理念的原则成为衡量刑事程序公正、公平的重要依据；同时，作为程序法有机组成部分的证据制度及证据规则还为犯罪事实与量刑事实的认定及其证明提供了方法和途径。“实体和程序通常被认为是密切相联的，而且程序法的目的之一（但不是唯一的目的）是增强法院判决符合实体原则的可能性。此外，与实体对程序的影响比较，程序对实体和结果有更多的影响。可用的实体原则受到司法权和法律强制程序的限制”。[1]因此，刑法和刑事诉讼法以实体法与程序法的控制方式，

---

〔1〕［美］迈克尔·D.贝勒斯：《法律的原则——一个规范的分析》，张文显等译，中国大百科全书出版社1996年版，第19页。

为定罪的准确和及时、量刑的均衡和公正提供了法律保障。如果定罪量刑结论正确但方式或过程存在问题，或者方式、过程都正确但结论错误，都不能称为公正的定罪与量刑，或者说这样的定罪与量刑活动存在被二审程序或再审程序等救济程序否定的可能。正是刑法与刑事诉讼法从实体和程序两方面为定罪与量刑活动提供的双重保障，才能够在保障诉讼参与者诉讼权利的前提下，通过合法的主体以可预测的、科学的、公开的、公正的方式获得公正的结论。

（三）促进国家刑事政策的实现

刑事政策是国家为惩罚、预防犯罪而制定的各种措施的综合，与刑事立法、刑事司法均是期望通过惩罚犯罪、预防和抑制犯罪达到维护社会秩序的目的。因而，刑事政策具有指导刑事立法和刑事司法的功能。“刑事政策给予我们评价现行法律的标准，它向我们阐明应当适用的法律。它也教导我们从它的目的出发来理解现行法律，并按照他的目的具体适用法律”。[1]因此，在定罪量刑中，除了严格依据法律、遵循法定程序之外，在一些特殊的刑事案件中，接受刑事政策的指导，有利于明确方向、合理量刑，促进国家特定时期刑事政策及相关观念的实现。

当前，我国基本的刑事政策是“宽严相济”，这对我国刑事司法

---

〔1〕［德］弗兰茨·冯·李斯特：《德国刑法教科书》，徐久生译，法律出版社2000年版，第2页。

实践中的定罪量刑具有重大的影响。[1]“刑罚执行方式因所追求的刑罚效果的不同而不同。尤其是在罪犯身上所想达到的效果(特殊预防)决定了个案刑罚的内容和范围。刑事政策的要求在于充分利用刑罚的功能作为达到目的的手段,并根据个案的实际需要来调整刑罚的强度”。[2]在很多情况下,刑事个案的定罪量刑要考虑刑事政策的要求,根据个案的具体情况,选择最适合的罪名和刑罚。因为宽严相济刑事政策的核心就是区别对待,也就是要求司法实践中的定罪与量刑根据犯罪的社会危害性、主观恶性以及案件的社会影响,具体情况具体分析,实现法律效果与社会效果的统一,促进社会和谐和稳定。以死刑案件为例,受宽严相济刑事政策的影响,我国开始在立法上逐步削减死刑,在司法中严格控制和慎用死刑。定罪与量刑中严格限制死刑的适用条件,是为了确保死刑只适用于极少数“罪行极其严重”的犯罪人。针对死刑案件设置严格的程序规则,确保死刑案件的审判质量及定罪量刑的准确性成为践行刑事政策的必然要求。就我国近年来平反的一些冤假错案如聂树斌案、呼格吉勒图案等来看,在诉讼证据和程序规则方面均体现出了国家严格控制死刑的刑事政策,也表明从诉讼程序方面对死刑进行控制的效果是较为理想的。但从我国刑法有关死刑的实体法规范来看,死刑适用标准仍然具有模糊性和抽象性,在司法适用中也存在一定的

---

〔1〕 宽严相济主要是指对待不同的犯罪要有宽有严,宽严适度,寻求宽与严的平衡。2006年的《中共中央关于构建社会主义和谐社会若干重大问题的决定》规定,“实施宽严相济的刑事司法政策,改革未成年人司法制度,积极推行社区矫正”,正式确立了该刑事政策。

〔2〕 [德]弗兰茨·冯·李斯特:《德国刑法教科书》,徐久生译,法律出版社2000年版,第7页。

主观任意性。以贾某龙案为例，该案在当时一度引起了社会各界广泛的争议。[1]引发争议的主要原因就在于刑法中适用死刑的标准存在很大的不确定性，而学界广泛议论的问题诸如判处贾某龙死刑是否违背我国慎用死刑的刑事政策？最高人民法院核准贾某龙案是否影响今后我国死刑案件的办案趋势等。可见，刑事法律的交叉适用除了为定罪与量刑提供法律依据之外，对于促进刑事政策的落实也具有相应的效果，公正的刑事裁判是刑事政策宽与严的有机统一体，对于化解社会纠纷和矛盾，较少对抗、促进社会和谐具有重要的现实意义。

三、交叉适用的结果

（一）产生刑事裁判

刑法规范经过在刑事诉讼程序中的司法适用后，从抽象性的文本规范转变成了包含特定主体与特定权利与义务的具体法律关系，在这个转换过程中，刑法与刑事诉讼法之间产生了相互作用及彼此的融合。刑法与刑事诉讼法相互作用、交叉适用的产物是刑事审判的结果即刑事裁判。“由于发动刑事诉讼程序，目的本来在于确定对于起诉案件（被告就其被诉之犯罪事实）到底有无实体刑罚及其

---

〔1〕 贾某龙是河北省石家庄市长安区北高营村村民。2015年2月19日，因自己的婚房被北高营村村委会拆除，持射钉枪将其所在村的党支书何某华杀害。河北省石家庄市中级人民法院判决贾某龙犯故意杀人罪，判处死刑，剥夺政治权利终身。2016年11月15日，贾某龙被执行死刑。

范围如何的程序，因此，实体判决应该就是关于本案诉讼目的的裁判”。[1]刑事诉讼开启后，最主要的目的就是要确定是否能够行使刑法中的刑罚权，刑事实体裁判就是对这一结果的明确宣告。有罪判决是国家有权依据刑法对被告人行使刑罚权的明确宣告；无罪判决则宣告国家不能对被告人行使刑罚权。刑事案件经过起诉和审判之后，会形成具有实体确定力、既判力和执行力的判决结果（例外情况参考我国《刑事诉讼法》第15条）。[2]刑事裁判结果围绕具体的案件产生具体的、现实性的效力，是刑法与刑事诉讼法相融合的结果，并由此生成具体法，这个具体法既不是刑法（实体法），也不是刑事诉讼法（程序法），而是通过具体的审判过程所生成的具体法，抽象性的刑事法生成具体法。[3]

根据我国由宪法所确立的法律体系和立法权限，无论审判过程中产生多少具体法，都不可能成为制定法。因为，如果审判中所生成的数量庞大的具体法可以成为制定法（刑法、刑事诉讼法），就违反了宪法和立法法。但是，这些具体法日益成为具有重要参考价值的判例法是不可忽视的事实和发展趋势。审判中形成的具体法能够让民众和审判者提高对审判的预见和预测概率，而这是与现代法治国家保护公民对法律的知悉权密切相关的重要问题。因此，刑法与刑事诉讼法的相互融合在刑事审判过程中体现为生成针对

---

〔1〕 林钰雄：《刑事诉讼法–上册–总论编》，中国人民大学出版社2005年版，第455页。

〔2〕 例外情况主要指审判过程中由于出现特定情形而终止审理的情况（此时作出的是终止审理的裁定），以及依照我国《刑事诉讼法》作出的刑事和解协议书。

〔3〕 参见［日］渡邊網吉：《刑法と刑事訴訟法の相互關係》，载《法学研究》（日本）1999年第41卷第1号。

具体个案事实的刑事判决结果，刑事判决结果是刑法（实体法）与刑事诉讼法（程序法）相互作用的结果，是两者在刑事司法中的融合。融合是刑法与刑事诉讼从形式到内容两方面的相互结合，其相互结合的结果是刑法与刑事诉讼法都失去各自的独立性，结合为新的法，也就是具体法，这一具体法既不是刑法也不是刑事诉讼法，它存在于个案的判例之中，可以称为“刑事审判法”或者刑事判例法。

需要指出的是，并不是每一个刑事案件都会经历整个刑事诉讼程序并产生刑事裁判。实践中，总有一些刑事案件在侦查或审查起诉阶段就因撤销案件、不起诉等各种原因而被过滤掉了，这些被过滤的案件虽然没有经历完整的刑事诉讼程序，但同样获得了相应的实体结果。所以，刑法的实现并不要求所有的刑事案件均要经过定罪量刑后作出刑事裁判，没有刑事裁判或者被认定为没有犯罪行为也是刑法实现的一种方式。

（二）评价刑事裁判

既然刑事裁判是刑法与刑事诉讼法交叉适用、相互融合的结果，衡量刑事裁判是否正确就应从结果是否合乎实体正义、过程是否合乎程序正义两个方面进行综合考察。如果刑事案件只注重审判结果而忽略办案程序的正当、合法及严谨，或者案件程序虽然公正、合法但审判结论丧失实体正义，都不能称为公正的刑事审判，其裁判中的结论也往往难令当事人和社会公众信服。

以快播公司传播淫秽物品牟利案为例，该案在全社会产生了重大影响，虽然案件以被告人即快播公司的认罪认罚得到解决，但对该案判决结论的质疑并没有因此而停止。从刑法角度来看，关于快播公司是否构成传播淫秽物品牟利罪、其传播淫秽物品的行为方式（作为还是不作为、不作为中特定义务的来源）、是否存在以淫秽物品牟利的行为、因传播行为获利数额的认定、主观方面的故意内容（直接故意还是间接故意、当事人是否具有非法牟利的目的）等问题，控辩双方、社会公众以及法学研究者均对此存在一定的争议。从诉讼法来说，关于案件是否在程序上存在重大违法行为、对犯罪对象"淫秽物品"的司法鉴定（包括鉴定材料、鉴定主体、鉴定程序等）是否合法；立案程序是否合法、庭审是否应当公开审理、证据能否公开展示、认证、质证等问题，也同样存在各种争议。〔1〕

当然，并不是说案件的裁判结论存在争议就否定其裁判的正确性，但是，公正的刑事裁判应当对审判中的实体及程序争议问题给予合理的说明和阐释，明确法官定罪与量刑的事实和法律依据，只有这样，才能树立司法裁判的权威并使人信服。快播案的刑事裁判从整体上来说，在对控辩双方主张的分析、定罪量刑事实的析取及认定、证据的采纳与采信、适用法律依据的阐释等方面进行了层次分明、逻辑清晰的论证，较为完整地展现了审判以及作出判决的心证过程；体现了刑法与刑事诉讼法交叉适用的较好状态。但是，该案的判决还存在尚待完善的空间，问题主要集中在刑事诉讼法的适

〔1〕 有关快播案的争议问题参见该案判决书：北京市第一中级人民法院刑事裁定书，(2016)京01刑终592号。

用方面。判决书指出“执法机关在这些工作（调查取证）过程中虽有瑕疵”，但仍然据此认定“鉴定检材合法有效，可以作为证据予以确认”。[1]显然，这种既未对瑕疵即调查取证存在的不合法问题予以说明，也未明确执法机关已发生的程序违法行为是否应承担相应的法律后果的回避态度，实际上是对程序性违法行为的放任，更不利于案件定罪量刑公正的实现。

---

〔1〕 此处所说该案的瑕疵主要是指根据程序法要求，刑事诉讼中的司法鉴定意见应由两人签名，而该案中的鉴定意见上虽然有两名鉴定人员签名，但其中一人是由另一人代为签名。由此也引发实际上是否只有一人进行鉴定的合理怀疑，而一人所为的鉴定将可能因鉴定程序不合法导致鉴定意见不被采信。

第三章　定罪事实的认定及其证明

定罪是“认定犯罪”的简称。定罪不仅是单纯的刑法问题，而是一个超越刑法范畴，涉及刑事诉讼中事实查证、证据认定等相关问题的范畴。刑法所规定的犯罪事实，只有在刑事诉讼中得到证明才能作为定罪的依据。“最广义的定罪，是指调查、核实、确定行为的事实情况以及根据法律对行为的性质作出判断的一切活动。广义的定罪，是指司法机关依法认定被审理的行为是否构成犯罪以及构成什么犯罪的活动。狭义的定罪，是指司法机关依法认定被审理的行为构成什么犯罪的活动。最广义的定罪概念包含了事实查证与刑事诉讼程序等方面的问题，超越了刑法学研究的范围，故刑法学通常不采用该种含义”。〔1〕这表明，传统观念之所以不采用最广义的定罪概念，并不是这种概念本身存在什么问题，只是囿于研究领域的限制。而本书要探讨的正是这种在传统观念上尚未进行深入研究的，包含刑法与刑事诉讼法双重领域的、最广义范围的定罪活动。当然，这种范围的扩大只涉及与定罪活动密切相关的审判领域，并不包括审前阶段或审后的执行阶段等其他刑事诉讼环节。

〔1〕 苏惠渔主编:《刑法学》(第5版)，中国政法大学出版社2012年版，第145页。

从司法定罪的动态性、实践性着眼，定罪是指审判机构依照刑事诉讼程序查证事实、认定证据，以刑法所规定的犯罪成立条件为法律标准，认定犯罪嫌疑人、被告人的行为是否构成犯罪以及构成何种犯罪的活动。在这个意义上，定罪是交叉适用刑法与刑事诉讼法的司法活动，兼具结果与过程的双重意义。定罪既是司法机关对已经提交审判的被指控的案件事实是否符合刑法所规定的犯罪成立标准进行判断的司法活动，也是国家权力机关启动刑事诉讼程序，在各类诉讼参与人的参加下，收集、审查核实犯罪证据材料，认定案件事实和行为人，判断行为是否属于刑法所界定的犯罪行为的诉讼活动。定罪活动的基本内容是事实评价和法律适用，既包括运转刑事诉讼程序调查案件事实，识别和评价案件事实的事实认定活动，也包括根据刑法所设立的定罪标准判断某一具体行为是否构成犯罪的法律适用活动。定罪受到案件事实和法律规定两个要素的影响和制约，是一个认定案件事实与寻找法律依据同步进行的过程；需要证明主体发挥主观能动性在事实与法律规定之间进行同一性认定，然后得出入罪或出罪的结论。定罪活动主要涉及三个重要的问题：定罪事实的认定（确认犯罪事实和情节）、寻找定罪的法律依据（寻找衡量案件事实的法律标准）、得出定罪的结论（做出案件事实是否与定罪标准相符合的判断）。为了确保定罪公正，必须做到在实体上适用准确的定罪标准得出正确的定罪结论；在程序上查清定罪事实和定罪证据。因此，通过对定罪事实的认定和适用定罪法律标准的具体司法行为的认识和分析，有助于我们深入了解刑法与刑事诉讼法在定罪活动中相互交织、共同作用的基本情况。

第一节　定罪事实及其认定

定罪是审判机关以刑法上设定的定罪标准衡量客观上发生的案件事实的司法活动。定罪的前提和基础是确定定罪的事实依据，也就是被定罪标准所衡量的案件事实，只有先确定了案件事实，才能应用定罪标准。定罪的事实是刑事诉讼过程中需要发现、收集和查证核实的、据以判断刑事案件性质的客观事实，主要包括犯罪事实与非犯罪事实。〔1〕犯罪事实由符合犯罪成立条件的事实和有关被告人处刑轻重的事实构成。〔2〕非犯罪事实是与被告人无罪相关的案件事实。在犯罪构成要件当中，只要其中某一个要件被否定，那就不符合犯罪的成立条件，被告人的行为也就不构成犯罪，因此整个案件事实也都是非犯罪事实。可见，案件事实的范围大于犯罪事实，犯罪事实是经过定罪阶段对案件事实甄别和确认后缩小的范畴。

---

〔1〕 本章对定罪事实在广义和狭义两个方面使用，广义的定罪事实是指作为定罪事实依据的事实，包括犯罪事实和非犯罪事实。狭义的定罪事实仅指犯罪事实，包括构成要件事实和定罪情节。

〔2〕 对于犯罪事实的范围在理论上有不同的观点，狭义的犯罪事实主张犯罪事实只包含犯罪的客观情况，即危害行为、危害后果、犯罪时间、地点等情况。广义的犯罪事实主张犯罪事实还应包括主观方面的事实。

一、定罪事实及其分类

（一）案件事实与案外事实

刑事案件中的事实是与案件相关的一切真实发生的情况，是一个范围非常广泛的概念。根据不同的标准，可以将事实划分为很多种类。根据事实发生的时间不同，可以将事实区分为案前事实、案中事实和案后事实。案前事实诸如累犯、前科等都可以作为量刑的事实，案中事实主要是案件发生过程中的事实，案件事实一定是案中事实，但案中事实并非全部都是案件事实。案后事实主要是诸如立功、自首等量刑情节（见图3-1）。

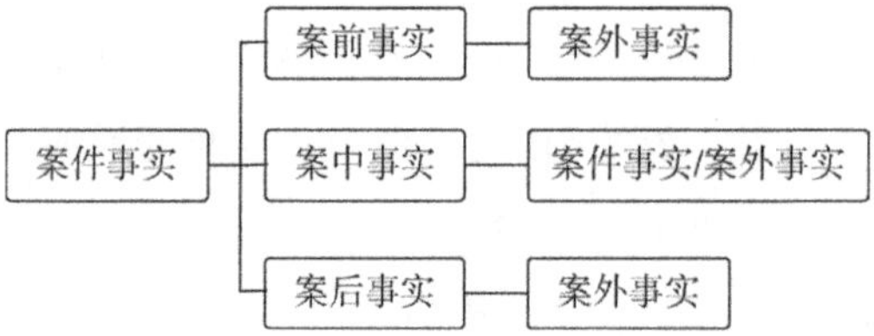

图3-1　案件事实的分类

根据事实是否属于定罪量刑的根据，又可以将事实区分为案外事实与案件事实。案外事实的范围非常广泛，所有案件事实之外能够表明行为人社会危险性以及与行为人教育、改造难易程度等问题相关的事实都是案外事实。案外事实不是定罪的依据，但有些案外事实可以成为量刑的依据。案件事实则是一个具有实体法和程序法双重含义的范畴，属于刑事诉讼中的证明对象，是作为待证事实

（定罪与量刑事实）的实体法事实。案件事实也是作为证据使用的事实，是作为证明手段的具有证据法上意义的事实。正如有学者所说，“证据事实是证明案件事实的事实，即所谓事实之事实”。以事实为根据，同样应当从证据法的角度加以理解，它是实体法上的事实与证据法上的事实的统一。〔1〕

案件事实是一个具有丰富内涵的概念，从不同的角度可以进行不同的理解。如果我们从刑事诉讼中法院的审理对象来看，案件事实是由刑事诉讼中控诉方提出的指控事实和辩护方提出的辩护事实共同构成的特定事实。指控事实和辩护事实是定罪与量刑的审理对象（认证对象），只有经过审判机构查证属实后才能作为定罪与量刑的基础。所以，这种意义的案件事实更多的受当事人的立场和法律的制约。如果从案件事实包含的内容来看，案件事实是一个既包含实体法事实，也包含程序法相关事实的概念（见图3-2）。

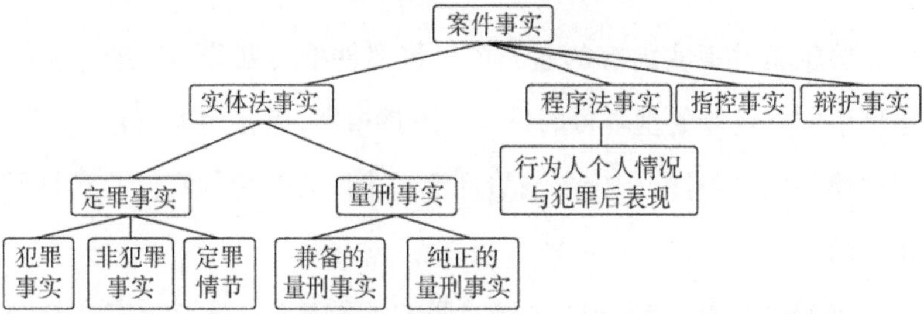

图3-2　案件事实的内涵

〔1〕 参见陈兴良：《刑事法治的理念建构》，载《刑事法评论》第6卷，中国政法大学出版社2000年版，第15页。

实体法事实主要包括有关犯罪成立条件的定罪事实、有关判处刑罚轻重的量刑事实和一些有关行为人个人情况和犯罪后表现的事实，例如，行为人的年龄、职业、身体情况、犯罪后是否有自首、坦白等悔改表现都是与定罪与量刑有关的实体法事实。程序法事实是指对解决刑事诉讼程序问题具有法律意义的有关程序方面的事实，主要包括作为诉讼条件的事实、作为诉讼行为要件的事实、证据证明能力和证明力的事实以及其他诉讼法上的事实。[1]例如，关于回避的事实、违反法定程序的事实、影响采取某种强制措施的事实等。此外，行为人的个人情况中的一些事实也是对程序的正常进行具有意义的程序法事实，例如，行为人是未成年人，讯问时应法应当通知法定代理人到场，应当或可以不公开审理等都属于程序法事实。

（二）定罪事实与量刑事实

根据案件事实内容的差异可以将案件事实划分为定罪事实与量刑事实。定罪的基本目的是查明案件事实，这是定罪与量刑中适用法律的先决条件，但定罪与量刑活动中所要衡量的案件事实是不相同的。

定罪事实是与犯罪成立相关联的案件事实，量刑事实是与判处具体刑罚相关联的事实。“定罪情节影响罪质，量刑情节影响罪量。”[2]在定罪阶段，司法者要确定的是一个具体的案件是否构成

---

〔1〕 参见［日］田口守一：《刑事诉讼法》，刘迪等译，法律出版社2000年版，第220页。

〔2〕 赵秉志等：《刑法学》，北京师范大学出版社2010年版，第349页。

犯罪以及构成什么犯罪，其所衡量的是那些有关犯罪成立必不可少的案件事实。司法者在量刑阶段是判断已经在定罪阶段被确认为犯罪的案件事实是否需要判处刑罚以及判处何种刑罚，其所衡量的是有关犯罪人处刑轻重的事实。正是定罪与量刑在功能定位上的差别，决定了司法者在定罪与量刑中面对的案件事实具有不同的性质。定罪的事实依据由犯罪事实和非犯罪事实组成，犯罪事实包括犯罪构成要件的事实和定罪情节。定罪是以刑法上规定的犯罪成立条件即犯罪构成要件为定罪标准，认识并判断现实发生的案件事实是否成立犯罪。在我国，犯罪构成是定罪的标准，这与大陆法系国家三阶层或英美法系国家双层定罪标准结构不同。[1]犯罪事实是与犯罪成立相关的反映行为社会危害性即罪与非罪、此罪与彼罪、一罪与数罪的各种事实，包括主体、行为、结果、主观故意或过失以及目的、动机等心理状态，以及表明行为违法性的事实。因此，定罪事实是一个有机的整体，并不是某一个个别的构成要件。量刑事实是有关刑罚轻重的事实，其所涵盖的范围相对广泛，不仅包括犯罪事实中影响刑罚轻重的事实，也包括犯罪事实之外影响刑罚轻重的事实，还可以包括与行为人社会危险性以及教育、改造难易程度等相关的案外事实。定罪事实与量刑事实的内容及关系如表3-1所示。

---

〔1〕 三阶层犯罪论中，定罪是对构成要件该当性、违法性和有责性事实的层递性考察，表明符合构成要件的、违法的、有责的事实均是定罪事实。英美双层次犯罪论中，定罪是对本体要件和责任充足要件事实的考察。

表3-1　定罪事实与量刑事实

种类	内容		性质
定罪的事实依据	犯罪事实	犯罪构成要件的事实	案件事实
		定罪情节	
	非犯罪事实		
量刑的事实依据	属于犯罪事实的量刑事实	既影响定罪，又影响量刑的量刑事实	犯罪事实
		不影响定罪、只影响法定刑加重或减轻的量刑事实	
	犯罪事实以外的量刑事实	犯罪事实之外的反映被告人情况和表现的事实	案外事实

对于定罪事实与量刑事实之间的关系，我国刑法理论上有不同的观点。有学者认为，定罪事实与量刑事实之间是一种相互交叉的关系，有的犯罪事实既有定罪的功能，也具有量刑的作用。[1]有学者认为两者之间是包含关系，即量刑情节可以包含定罪情节，案件事实中的一切情节都必然属于量刑情节。[2]也有学者认为两者之间是并列关系，即定罪事实与量刑事实互相独立，不存在重合部分。[3]本书比较赞同交叉关系说，因为定罪与量刑虽然具有时间的先后顺序，但犯罪事实中有的事实是具有定罪与量刑的双重功能的，是无法与定罪事实本身相分离的。例如，我国《刑法》第201条第1款规定，“纳税人采取欺骗、隐瞒手段进行虚假纳税申报或者不申报，逃

〔1〕 参见高铭暄：《刑法问题研究》，法律出版社1994年版，第273页。
〔2〕 赵秉志主编：《刑法争议问题研究》（上），河南人民出版社1996年版，第699页。
〔3〕 赵廷光：《刑法情节新论》，载《检察理论研究》1996年第3期。

避缴纳税款数额较大并且占应纳税额百分之十以上的，处三年以下有期徒刑或者拘役，并处罚金；数额巨大并且占应纳税额百分之三十以上的，处三年以上七年以下有期徒刑，并处罚金”，其中，“数额较大并且占应纳税额百分之十以上的”就是构成要件事实，属于定罪事实，但其同时也具有确定量刑轻重的作用，裁判者只能在这一情节对应的法定刑“三年以下有期徒刑或者拘役，并处罚金”以内判处相应的刑罚。

定罪事实与量刑事实同为案件事实的组成内容，两者之间的界限并非严格不可跨越，在一定条件下定罪事实可以向量刑事实转化。这种转化主要表现为两种情况：一是在具有多个法定刑档次的罪名中，可能出现同一事实既是定罪事实也是量刑事实的情况。在刑事诉讼过程中，定罪在前而量刑在后，当同一案件事实先在定罪环节中作为定罪事实被评价，然后又在量刑中作为量刑事实受到评价时该事实就由定罪标准转化为量刑标准。这种情况出现的原因在于刑事立法中将同一事实同时设定为了定罪标准与量刑标准。有学者指出，在我国刑法中这种情况只能出现在多个法定刑档次的法条中。[1]例如，《刑法》第238条非法拘禁罪，该条规定的非法拘禁行为的轻伤结果首先起的作用是定罪，因为没有造成任何伤害或时间不足立案标准的非法拘禁行为就不能构成该罪，在认定了犯罪的情况下，轻伤结果又是量刑时必须考虑的因素，因为该罪有三个由轻到重，相互衔接的法定刑档次，依次为情节一般也就是轻

---

〔1〕 参见夏勇：《定罪与犯罪构成》，中国人民公安大学出版社2009年版，第73页。

伤等结果、致人重伤和致人死亡。可见，轻伤结果是既影响定罪又影响基准刑的量刑事实，而重伤和死亡结果则是确定犯罪性质之后在量刑中影响刑罚的事实。二是定罪剩余的犯罪构成事实可以转化为量刑情节。有学者指出，“有些犯罪构成具有若干选择要件，有些构成要件则包含若干选择要素，只要具备其中任何一个选项便可满足定罪的法律要求，于是这类犯罪构成所涵盖的主客观事实情况便多于定罪的需要，因此，凡是用以充足犯罪构成起码要求的那些事实情况都是定罪情节，定罪剩余的那些犯罪构成事实，应当转化为量刑情节”。[1]例如，《刑法》第306条规定的辩护人、诉讼代理人毁灭证据、伪造证据、妨害作证罪明列了三种行为方式，只要具备其中一种行为就可以构成犯罪，当不同的行为人实施的行为数量不同时，行为数量的多少就反映了行为社会危害性的差别，同时实施三项行为的社会危害性就比只实施一项行为的危害性更严重，因此，在以其中一项行为定罪之后，剩余的定罪事实应当转化为量刑事实。

（三）本体事实与相关事实

根据案件事实的特点即相互关系，可以将其区分为本体（基本）事实和相关（关联）事实。本体事实是具有独立性且不依赖其他任何事实而存在的案件事实，“相关事实则是与本体事实相关的其他案件事实，而其间的相关性具有单向性和不可逆性”。[2]相关事实包

---

〔1〕 赵廷光：《量刑公正实证研究》，武汉大学出版社2005年版，第162页。

〔2〕 夏勇：《定罪与犯罪构成》，中国人民公安大学出版社2009年版，第57页。

括说明本体事实性质的属性事实和说明事实发生条件的条件事实。属性事实与本体事实具有非常紧密的依附性缺乏自身的独立性，而条件事实在存在形态上具有一定的独立性。例如，盗窃行为是秘密窃取他人财物的客观行为，是本体事实，盗窃的方法、手段和次数等是依赖于盗窃行为存在的属性事实，盗窃的时间、地点和工具等则属于条件事实。

本体事实和相关事实都是对于某种犯罪的认定和处罚具有实际意义的事实，因此可以直接成为独立的构成要件或量刑情节。例如，非法捕捞水产品罪中的“在禁渔区、禁渔期或者使用禁用的工具、方法”就是条件事实作为独立的定罪事实；而抢劫罪中的入户抢劫、抢劫银行等是条件事实作为独立的量刑情节。票据诈骗罪中的数额较大、破坏交通设施罪中的“足以发生危险”是属性事实作为定罪事实中的客观要件；盗窃罪中的多次盗窃、扒窃、数额巨大等则是属性事实作为量刑事实。

定罪事实与量刑事实中的本体事实与相关事实的存在状态具有差异。定罪事实中必须存在本体事实，量刑事实则可以不包括本体事实，仅由相关事实构成。需要注意的是，任何一个犯罪构成要件中都应当包含本体事实，不能仅有相关事实而没有本体事实。定罪时需要先确定作为构成要件事实的本体事实，以确定行为的基本性质，然后在此基础上进一步判断哪些是相关事实以及其所发挥的是定罪还是量刑的作用（见表3-2）。

表3-2　案件事实的存在状态

事实类型	存在状态
定罪事实	本体事实+相关事实
	本体事实
量刑事实	本体事实
	相关事实
	本体事实+相关事实

（四）犯罪构成要件事实与定罪情节

在我国刑法中，定罪情节也属于定罪的事实依据，是能够独立的影响犯罪成立与否的事实情况，其地位相当于犯罪构成要件。我国刑法大量采用定罪情节设立犯罪构成要件，犯罪的成立要求具备一定的情节的犯罪称为情节犯，情节犯所规定的事实情况的共同特点是“具有概括性和不确定性”，[1]我国刑法中使用的“情节严重”“情节恶劣”等很多含义具有模糊性的定罪情节都体现了这一特点。这主要是由于定罪情节往往包括多方面的事实情况，难以一一列明，因而刑法综合地将其作为一个构成要件。与量刑情节相比，量刑情节可以表述为概括性或不确定性的情节，如“情节特别严重的，处……”，但也可以表述为某个特定的事实情况，如抢劫罪的八种加重处罚情节，每一种都是具有特定内容的事实情况。

犯罪事实由犯罪构成要件事实和定罪情节共同组成。犯罪构成要件事实是犯罪构成要件中的基本事实，反映的是主要的、特定

〔1〕 夏勇：《定罪与犯罪构成》，中国人民公安大学出版社2009年版，第312页。

的事实情况，其内容是固定不变和封闭的，各要件事实具有互相独立的存在形式，如客观要件事实、主观要件事实等，其认定需要将各要件事实结合起来综合判断。定罪情节属于补充犯罪构成要件的事实，反映的是补充性的、辅助性的、不确定的事实情况，具有灵活可变及开放性的特点，可包括多方面的事实情况。定罪情节一般被概括的、综合的描述为犯罪构成要件事实，但定罪情节的认定主要关注的是情节本身的事实性，可以独立或选择性地进行认定。具体内容如表3-3所示。

表3-3　犯罪构成要件事实与定罪情节的比较

犯罪事实种类	概述	特点	存在形式	认定方法
犯罪构成要件事实	基本的、主要的、特定的事实	固定、封闭性	各自独立	互相结合（关联性）
定罪情节	补充性的、辅助性的、不确定的事实	灵活、开放性	概括、综合性	可独立/选择性

二、定罪事实的认定

（一）定罪事实认定的原则

定罪是审判机关运用控诉方和辩护方所提交的证据材料证明案件事实的活动。在这个过程当中，司法机关需要运用刑法来衡量证明对象，也即与犯罪嫌疑人、被告人罪刑相关的待证事实，还需要严格遵循刑事诉讼法确立的法定程序，使用法定的证据方法、证据材料、证据调查程序以及证明标准，准确地做出被告人有罪与无罪的判断。因此，定罪是一个交叉适用刑法与刑事诉讼法的动态过程；是一个识别、评价事实与寻找法律依据同步进行的过程；也是一个证明主体充分发挥主观能动性在事实与法律规定之间进行同一性认定，判断入罪或出罪的过程。

定罪事实的认定必须遵循证据裁判原则。证据裁判主义是现代刑事审判的基础，强调法官认定事实必须依据证据，除证据之外的其他客观现象均不能作为认定事实的根据。"刑事裁判，应凭证据，即采所谓证据裁判主义，已成近代刑事诉讼之一定则。故无证据之裁判，或仅凭裁判官理想推测之词，为其裁判之基础者，均与证据裁判主义有违。"〔1〕证据裁判主义是对诉讼历史上神明裁判的否定，〔2〕要求法官必须以理性的、可靠的方法认定事实，不能仅凭主观印象或推测判断事实，体现了现代刑事诉讼对法官定罪量刑活动的规范意义。当然，证据裁判主义并不是完美的，因为证据在构建案件事实方面最大的弱点在于证据并不能完整地反映全部案件事实。"证据作为案件发生之后遗留下来的一丝蛛丝马迹，就像一个花瓶打破后的有限的碎片，正如你无法找到所有碎片，从而重新拼起一个完整的花瓶一样，凭借这些事实的碎片重构的案件事实与客观事实之间或多或少的差异总是不可避免。"〔3〕

定罪的实体标准由刑法规定，但如果没有司法人员将具体案件

---

〔1〕 陈朴生：《刑事证据法》(第3版)，台北，三民书局1979年版，第13页。

〔2〕 神明裁判是指司法人员以神的意志作为依据裁断案情。例如，欧洲中世纪审判中盛行热铁审（令被告人触摸烧红的烙铁后查看伤痕恢复的情况，如果在限定期限内愈合则证明无罪）、水审（投入水中依被告人沉浮的情况判处罪责）等方式。

〔3〕 汪建成、孙远：《自由心证新论——"自由心证"之自由与不自由》，载《证据学论坛》2000年第1期。

中发生的事实与刑法中的犯罪标准进行比对和认定，刑法的规定将没有现实意义，所以，司法活动对犯罪事实的认定具有决定性的意义。正如哈耶克教授所指出的，“在这些事实中，没有任何物质标准能告诉我们是事实的一部分以及它们是如何结合一起的。任何对它们加以定义的尝试都必定采取某种思想重建的形式，或某种模式的形式，而可理解的个体态度是这些形式中的要素”。〔1〕犯罪事实的认定可能会受到人的主观态度的影响。犯罪是已经发生的事实，对犯罪事实的认定是一种回溯性调查活动，在这个过程中，对认定事实所依据的证据材料的收集、判断、审查与取舍，证据关联性与证明力的判断等方面均离不开司法人员的主观认识和理解，“犯罪事实的司法判断过程就是一个对犯罪事实进行司法重建的过程”。〔2〕因此，定罪事实的认定虽然依赖证据客观性的支撑，但也掺杂着司法者的主观意见和观点。

（二）定罪事实认定的特点和结构

定罪事实必须运用证据加以证明，但证据本身则受到两个因素的限制，即证据能力和证明力的限制。证据能力是指证据能否满足定罪对证据的基本要求，解决的是某个证据是否具备进入诉讼的“准入资格”的问题。证据能力主要考察证据的关联性与合法性，审查判断的是证据能不能被采纳。例如，对于被告人在庭审外的供

---

〔1〕［英］F.A.冯·哈耶克:《个人主义与经济秩序》，邓正来译，三联书店2003年版，第67页。书中论述的是历史事实。

〔2〕罗国良:《论证据与定罪》，中国政法大学2001年博士学位论文。

述证据，判断并审查口供的证据能力问题就十分重要。法官无法直接看到被告人作出供述时的情况，为了防止追诉机构强迫被告人提供虚假的口供或者不当地侵犯被告人的权利，大多数国家的法律对被告人庭外供述都要求具备自愿性，严格限制缺乏自愿性的被告人庭外供述的证据能力，受到强迫或者采用暴力、虐待、欺骗、诱导等违法方法获得的口供被予以排除。我国《刑事诉讼法》第56条第1款明确规定，“采用刑讯逼供等非法方法收集的犯罪嫌疑人、被告人供述和采用暴力、威胁等非法方法收集的证人证言、被害人陈述，应当予以排除”。可见，以非法方法获得的言词证据，不论其是否具有证明力，都将因证据能力的缺失而遭到排除，不得作为定罪的依据。

证明力是指证据对案件中的待证事实所起到的证明效果以及是否能够达到法定证明标准地证明定罪事实，解决的是某个证据能否作为定罪依据的问题。证明力主要考察证据的真实性和证明价值，审查判断的是证据是否可信，是否具备足以作为定罪根据的证明价值。同样以被告人庭外供述证据为例，如何判断口供的可信性，正确地评价其证明力是定罪时非常复杂的问题。法官必须在考虑供述的时间、对象、形式等各种客观情况和影响因素的基础上进行综合判断。当被告人在庭审时的供述与庭外供述不一致、反复变更供述内容、供述缺乏能够证实其内容的证物等情况下就需要谨慎地认定该证据的证明力，而口供的补强规则就是对口供证明力的限制。例如，《日本刑事诉讼法》第319条第2款规定，“无论是否是在公审庭上的自白，当该自白是对其本人不利的唯一的证据时，不得认定被告人有罪”。[1]之所以限制口供的证明力，是因为审判人员容易轻信口供、依赖口供草率地作出判决，进而造成冤案，因此要求口供之外的补强证据，为防止误判设置安全装置。

定罪中的认定事实是一种溯源性的复杂过程。由于案件事实的发生先于司法证明，所以司法证明是一个“由果索因”的追本溯源的过程。同时，刑事诉讼的控诉方与辩护方之间的对抗性和证明的时效性都增加了事实认定的难度。刑事案件事实复杂多样，证据也是复杂多样的，一般案件中，能够不借助其他证据，“一步到位”地直接证明案件主要事实的直接证据来源较窄且数量较少，收集和提取都比较困难。例如，很多案件没有目击证人，也没有事发时的监控录像等视听资料，犯罪行为究竟是如何实施的只有行为人自己知道。当定罪缺乏直接证据时，先需要运用间接证据证明间接事实，再从间接事实推理出要件事实。间接证据大多只能从某个侧面反映案件的某一事实或情节，需要借助于其他的证据，使用推理的方法才能证明案件的主要事实，其证明的过程也相应地变得非常复杂。日本学者松尾浩也使用树形图（见图3-3）描述了从间接事实向要证事实的推论过程，对于理解事实认定的结构非常直观形象，从中可以发现，诉讼中一个直接事实的证明往往需要在很多间接事实的基础上才能完成推论。[2]松尾浩也用树形图展现了间接事实向要证事实的推论关系。

---

〔1〕《日本刑事诉讼法》，宋英辉译，中国政法大学出版社2000年版，第73页。

〔2〕参见［日］松尾浩也：《日本刑事诉讼法》，张凌译，中国人民大学出版社2010年版，第10页。

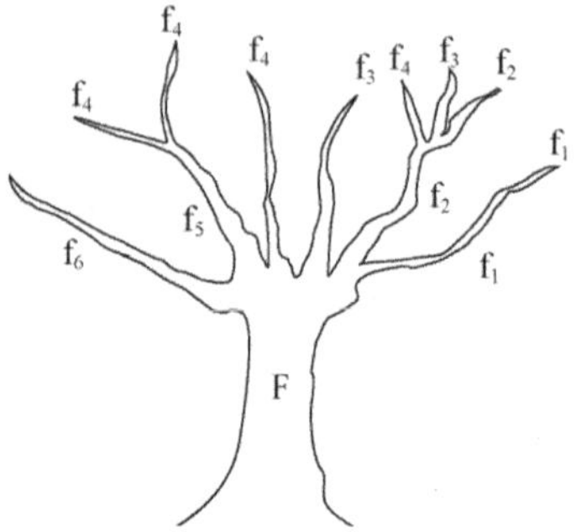

图3-3　树形图

注：在树形图中，F为要证事实，其余若干f为案件中的间接事实，推论的过程由小树枝到大树枝，由大树枝到树干，最后到达要证事实。

（三）定罪事实的认定方法

定罪事实的认定除了采用证据证明的方法之外，还有逻辑、经验、推定和认知等常用的认定方法，但是，有关这些方法的含义、适用范围和作用等还没有非常系统的研究。

在我国定罪事实的认定中，有明确法律规定的主要是推定和司法认知。推定是法律预先设定两种事实之间常态因果关系的证明规则。根据推定规则，司法机关一旦查明某一事实，即可直接认定另一事实；主张推定的一方当事人对基础事实的存在承担举证责任，而反驳推定的一方当事人对基础事实和推定事实的不存在都应当承担举证责任。推定对于刑事审判中认定案件事实具有特殊作用。推定不同于证明，主要是以经验常识为基础，其对于事实的认定只达到具有较大可能性的程度，准确性比证明低。因此，推定一般赋予相对方反驳并推翻推定的权利，以确保推定的准确性。推定在本质上是影响证明责任分配的规则，我国刑法中的巨额财产来源不明罪就是包含推定的特殊罪名。该罪中包含对于财产来源非法的推定和明知犯罪故意的推定，即明知自己持有巨额来源不明财产的故意。这种推定减轻了控诉方的证明责任，具有简化证明程序、提高诉讼效率的作用。

司法认知是审判机关在事实调查过程中直接宣告对某一事实的认定，是提高诉讼效率的一种认定事实的方法。一般来说，法院可以对明显不具有争议性的事实采取司法认知，其适用范围主要有众所周知的事实、自然科学定律、官方统计数据、日历等事实。例如，1940年英国的马克奎科诉哥德达得骆驼伤害赔偿案就是有关司法认知的典型案件，法院采取了司法认知的方法认定了案件的事实。[1]

（四）定罪事实认定的结果

定罪中对于事实的认定由审判人员进行，不同国家的事实认定由成文法或不成文法设定了一定的框架，审判人员必须在严格遵守这些规则的前提下完成对定罪事实的认定。从定罪事实的性质来说，它是行为人在实施行为时所发生的客观事实，具有确定性。但当这种客观事实进入诉讼领域作为证明对象时，由于司法证

〔1〕 参见高家伟等：《证据法原理》，中国人民大学出版社2004年版，第158页。骆驼案的主要案情是指原告在被告的公园中被骆驼踢伤，原告为获得赔偿，主张骆驼是野生动物，因为根据英国的相关法律，骆驼的主人（被告）如果不能证明对骆驼伤人的本性尽到了足够的注意，应当承担绝对的赔偿责任。双方当事人就骆驼是驯化动物还是野生动物产生了分歧，一审法院的法官对骆驼是驯化动物的事实就采取了司法认知，认定骆驼是驯化的动物，后上诉法院也肯定了原审法院的意见。

明过程的特殊性，又体现出主观见之于客观的特点。定罪事实的认定受认识主体的认识能力、认知时间、认识方法、法律规定以及其他复杂因素的限制，不再是单纯的、原始的客观事实，具有动态性和不确定性。因此，不同诉讼主体所认识的事实会因各种因素的影响而具有差别，甚至完全不同，出现司法实践中事实不清、事实存疑等情况。总体来说，案件事实经刑事诉讼中的司法认定后，将出现三种情况，即犯罪事实存在、犯罪事实明显不存在和事实存疑。

（1）犯罪事实存在。当认定犯罪事实的所有证据在质和量方面完全符合证明标准的要求时，比如符合证据“确实、充分”的标准；或者达到“排除合理怀疑”的要求，就可以确认犯罪事实存在。犯罪事实存在是定罪的事实依据，也是定罪活动中判断罪与非罪、此罪与彼罪、一罪与数罪、罪重与罪轻的事实基础。离开犯罪事实，定罪活动都将无的放矢。

（2）犯罪事实不存在。犯罪事实明显不存在，行为在性质上不构成犯罪，也就是说，行为原本就在犯罪圈之外。当所有在案的证据证明被指控的犯罪行为未曾发生；或者证明被告人不具有犯罪的可能；或者证据之间存在矛盾、无法相互印证；或者证明犯罪事实的证据被依法排除适用时，将得出犯罪事实不存在的结论。犯罪事实不存在是评价行为非罪的事实依据。

（3）事实存疑。定罪事实经过认定后，犯罪事实全部或部分是否存在不能得到证明，就属于事实存疑。定罪必须以事实为依据，而事实必须由证据来证明。认定犯罪的证据因质的“不确实”而存有疑问；或者因量的“不充分”属于孤证；或者所有在案证据没有形成完整的证据锁链，其间存在链条断裂的情形；或者不能彻底排除无罪的证据时，都属于事实存疑的情形。在事实存疑的情形中，被告人被指控的犯罪行为因事实存疑成为疑罪，对于疑罪，根据无罪推定原则的要求，应当作出无罪的认定。

第二节 定罪证明

一、定罪的证明对象及证明方法

（一）定罪的证明对象

定罪中的认定事实是以证明特定事实为目的的活动，特定事实是定罪中的证明对象，也称为待证事实，是刑事诉讼中需要运用证据加以证明的案件事实。诉讼中的证据也需要认定，但认定证据不同于认定案件事实，认定证据是认定案件事实的手段，认定事实则是认定证据的目的。认定证据是确认用来证明案件事实的证据材料是否具有证据能力和证明力的活动，是服务于认定案件事实的，即使证据都得到了确认，也不等于完成了对案件事实的认定。

定罪事实认定的出发点是明确证明对象及其范围。证明对象是证明活动的目标，只有明确证明对象才能进一步确定举证和证明责任承担的范围，准确、及时地查明与诉讼相关的事实。定罪中的证明对象是与被告人定罪有关的案件事实，属于未知的或有争议的案件事实，“未知”是说将要接受证明的人或作出裁判的人尚不知道。在刑事程序中基本上是起诉书所控诉的案件事实，全部的证明活动都是围绕起诉书所指控的事实是否存在这一目标而展开。

定罪中的证明对象以实体法事实为主，也包括一些程序法事实，因为有关程序的请求也需要有事实依据，需要用证据加以证明。定罪的实体法事实包括被指控犯罪行为构成要件的事实和排除行为违法性的事实。在我国，被指控犯罪行为构成要件的事实一般是指犯罪客体、犯罪主体、犯罪的客观方面和主观方面。每一种犯罪行为都有其构成要件，被指控的犯罪不同，证明对象所包含的要件事实也不相同。具体来说，有关犯罪行为成立的共同的要件事实主要有被告人的真实身份；被指控的犯罪行为是否客观存在；被指控的行为是否为被告人所实施；实施行为的时间、地点、手段、后果及其情节；被告人有无罪过，行为动机和目的；被告人的责任及其与同案人的关系等。排除行为违法性的事实主要是刑法中规定的正当防卫、紧急避险等事实。

（二）定罪事实的证明方法

在刑事审判中，无论是实体法事实还是程序法事实的证明，都涉及采用何种证明方法的问题。定罪事实的证明方法与审判程序的种类以及待证事实的性质具有直接的关联。

在普通审判程序中，定罪事实的证明原则上必须采用严格证明的方法。“严格证明。系指犯罪事实之证明与调查，必须使用法定之证据方法，并且遵守法定之调查程序”。[1]严格证明是相对于自由证明的一种证明方法，其与自由证明的主要区别在于是否给予审判人员运用证据证明案件事实的自由，即在证明活动中是要求审判人员完全遵守法律明确规定的证据采纳、证据审查判断的标准，还是允许审判人员根据具体情况，自由审查判断是否采纳证据材料。对定罪事实原则上要求严格证明的原因在于，定罪是为了行使国家刑罚权，刑罚权涉及公民的生命与自由等重大权利，为了制约定罪权、防止恣意定罪并保障人权，定罪证明必须慎重。

在严格证明之下，证据方法及调查程序受到双重限制：一是受法定证据种类的限制。审判中对于犯罪事实的调查和证明，必须依照法律的规定，使用具有法定形式的证据种类和具有证据能力的证据。这明确了定罪事实的证明只能运用法律规定所准许的范围内的证据材料，不属于法定证据种类的证据材料则不具有证据能力。例如，我国《刑事诉讼法》规定的法定证据种类只包括八种，即物证；书证；证人证言；被害人陈述；犯罪嫌疑人被告人供述和辩解；鉴定意见；勘验、检查、辨认、侦查实验等笔录；视听资料、电子数据。因此，不属于法律明确规定的证据材料均不具有证据能力，不得用于证明犯罪事实，比如使用测谎仪获得的测谎结果就不属于法定的证据种类，不能作为定罪的证据。二是受法定调查程序的限制。在严格证明下，法定证据种类的证据材料还必须经过法定的调查程序之后才能取得证据能力，作为认定事实和刑事裁判的依

[1] 林钰雄：《刑事诉讼法-上册-总论编》，中国人民大学出版社2005年版，第345页。

据。法定调查程序包括各个证据种类特定的调查程序和共通的调查程序。各个证据种类的调查程序都是在刑事审判中进行，必然受一些共通的审判程序审判原则的制约，如大陆法系普遍实行的直接、言词以及公开审理原则；英美法系的传闻证据排除原则等。[1]也就是说，证据的调查程序必须合乎法定的调查程序如直接、言词及公开审理等原则的要求，证据材料才获得证据能力。有一些证据种类有其特定的调查程序，如物证的调查应采用公开展示的程序，书证的调查应进行宣读、鉴定人意见应进行质证等调查程序方面的要求。

在简易审判程序中，定罪事实认定的方法与普通程序相比主要是简化了证据调查的程序和方式。比如，我国《刑事诉讼法》第219条规定，适用简易程序审理案件，不受第一审普通程序中关于送达期限、讯问被告人、询问证人、鉴定人、出示证据、法庭辩论程序规定的限制。这种证据调查的简化是由简易程序追求诉讼效率、节约司法资源的性质所决定的。有些国家还会适当放宽对证据能力和证明力的限制，如日本刑事诉讼法对简易审判的证明规定中，“对于传闻证据，除当事人提出异议外，承认传闻证据的证据能力（第307条之2，第320条第2款），同时，对于为了争辩证人等陈述之功能明力的证据，即对弹劾证据也放宽了传闻证据的限制（第328条）。这

[1] 直接言词原则要求对案件作出裁判的法官必须直接对证据进行审查认定案件事实，而庭审调查过程中的举证、质证都必须以言词（口头陈述）的方式进行，以确保程序的公正和诉讼当事人的合法权利。传闻证据排除规则要求各种证言必须以口头言词的方式在法庭上直接提出，并接受对方律师的交叉询问，以确保审查判断证据的公正性。

些规定是严格证明的变通形态，只不过是扩大了自由度而已”。[1]由于其他国家简易程序种类繁多且运行机制完全不同与我国的简易程序，如英美法系国家的简易程序主要表现为辩诉交易和有罪答辩，因此本书在此不作讨论。

二、定罪的证明标准及证明责任

（一）定罪事实的证明标准

证明标准是司法证明必须达到的程度，是衡量证明结果的准则。与民事诉讼法等其他诉讼法相比，刑事诉讼法对于定罪事实的证明要求通常最为严格。例如，美国证据法理论中将证明标准分为九等，其中“排除合理怀疑”（Beyond Reasonable Doubt）是刑事案件作出定罪裁决所要求的证明标准，也是诉讼证明方面的最高标准，而民事判决则采用“清楚和有说服力的证据”或“优势证明”的标准。[2]德国刑事诉讼法对于定罪事实要求进行严格证明，即“使法官对所陈述之事实产生确信”，而对程序性事实如法官的回避等则只要求进行释明即达到“使人相信其具有可能性即可”的程度。[3]

定罪中需要认定的事实是以被告人的犯罪行为是否成立为主要内容的实体法事实，包括犯罪事实和不存在违法阻却事由的事

---

〔1〕［日］松尾浩也：《日本刑事诉讼法》，张凌译，中国人民大学出版社2010年版，第13页。
〔2〕参见程荣斌主编：《外国刑事诉讼法教程》，中国人民大学出版社2002年版，第435页。
〔3〕参见［德］克劳思·罗科信：《刑事诉讼法》，吴丽琪译，法律出版社2003年版，第207页。

实。犯罪事实主要是构成要件的事实，既有客观事实，也有主观事实。当起诉书所指控的犯罪事实经过证明后达到了法定的刑事证明标准时，犯罪事实就得到认定；相反，则不能认定犯罪事实。例如，以受贿罪被起诉的被告人甲，他是否接受了行贿人乙的金钱贿赂？被告人甲在实施犯罪时是否具有国家机关工作人员的身份？这些犯罪构成要件事实的证明如果不能达到作出有罪判决的证明标准，甲受贿的犯罪事实就无法得到确认，法院就无法依据事实作出有罪判决。

犯罪事实能否得到证明，其判定的尺度和标准就是证明标准。刑事证明标准作为衡量定罪证明是否达到要求的法定尺度，是指导和规范办案机关证明活动的行为准则。“证明标准是整个刑事证明活动的指南针，对证据的收集、审查和认定起着导向性作用，直接影响案件的实体处理结果。”[1]证明标准的高低，对犯罪事实能否得到认定以及定罪是否正确具有直接的影响。

我国定罪事实的证明标准是“案件事实清楚、证据确实、充分”，这是法官作出有罪判决的唯一标准，适用于所有的刑事案件，无论是重罪案件还是轻罪案件。1996年修改的《刑事诉讼法》中并没有对这一证明标准进行明确的解释，因此有关如何理解并适用我国刑事证明标准的争论和分歧一直存在。此后刑事诉讼法再修改时，借鉴了英美法系“排除合理怀疑”的证明标准，补充完善了“证据确实、充分”的成立要件，使刑事证明标准更具可操作性，更便

〔1〕 李昌盛：《刑事审判：理论与实证》，中国民主法制出版社2015年版，第133页。

于办案人员的把握。“排除合理怀疑”要求控诉机关对其所指控的犯罪事实的证明必须排除辩护人、被告人及其犯罪嫌疑人指出的合理怀疑，当合理怀疑无法排除时，法庭应当依照无罪推定原则作出被告人无罪的认定。“排除合理怀疑”是一种以试错法和反证法阐述证明标准的表述，是刑事诉讼无罪推定、疑罪从无基本原则的体现，强调“宁纵勿枉”的办案理念。也就是说，虽然有一定的证据表明被告人具有犯罪嫌疑，审判人员或合议庭也并非完全确信被告人的清白无辜，但只要辩方对控诉方的指控证据材料提出了无法排除的、有理有据的疑问，法庭就不应判决被告人有罪。刑事判决关系被告人的人身自由乃至生死存亡，尤其是死刑案件，即使已经有清晰且相当数量的指控证据表明犯罪事实的发生和被告人所具有的重大作案嫌疑，但只要控诉方无法就辩方所提出的任何一项怀疑给出合理的解释，证明中存在的疑问没有被合理的排除，法庭就必须慎重行使裁判权。所以，定罪事实的认定只有恪守证明标准，才能确保刑事案件的质量。如果因为证明标准的要求过高，转而去适用与法定证明标准不同的自律标准，必然会给案件的质量埋下隐患，产生冤假错案。

虽然排除合理怀疑是作出有罪确信的前提，也是保障无罪推定原则的基础，但这一证明标准并不像尺子那样客观清晰，其本身就是一种具有不确定性的概念，无法为实务中的定罪提供具体明晰的基准，同时也掺杂着主观判断的因素。因为法官对于证据是否达到证明标准、足以作出有罪裁判的判断本质上就是证据证明力的评价，属于法官自由心证的领域。所以，要求法官在判决书中详尽阐述证据是否符合证明标准的理由，可以起到制约证明标准认定中主观因素影响的作用。

（二）定罪事实的证明责任

被告犯罪事实必须达到法定的证明标准，法院才能作出有罪判决。由谁承担证明的责任即证明责任要回答的问题。“证明主体为使自己的主张成立而收集、提供证据并运用证据证明其主张成立的责任。如果证明主体不能履行这种责任，将承担主张不能成立的风险”。[1]刑事证明责任是为了帮助法官解决刑事案件在事实不明时如何作出裁决的诉讼法规则。当案件经过刑事审判达到审理最后时点，如果有关被告人的犯罪事实已经明确，法官自然应该以明确后的犯罪事实为基础进行裁判；如果仍然没有查明相关事实，此时法官也不能以事实尚未查明而拒绝裁判，在这种情况下，证明责任就是法官作出裁决的法律依据。当证明主体即刑事诉讼中的控辩双方不能提出证明自己主张的证据或者提出的证据达不到法律规定的标准，将要承担其主张不能成立的后果。换言之，当案件经过审理后，面对证明主体提供的证据，法官仍然未能形成明确的心证时，承担证明责任的证明主体就要承担败诉或对己方不利的结果。

在我国，公诉案件中被告人有罪的举证责任由人民检察院承担，自诉案件中由自诉人承担。在公诉案件中，被告人一般不承担

---

〔1〕 龙宗智、杨建广主编：《刑事诉讼法》（第3版），高等教育出版社2010年版，第159页。

证明责任，没有提出证据证明自己无罪的义务。在自诉案件中，被告人同样不负证明责任，如果被告人在诉讼中提出反诉，应对反诉的主张和事实承担证明责任。同时，如果被告人对一些程序法事实提出主张，如申请审判人员回避，也需要就其主张说明理由并提供相应的证据。

第四章　定罪中刑法与刑事诉讼法的交叉适用

第一节　定罪中刑法与刑事诉讼法的关系

一、定罪的法律依据

（一）刑法与刑事诉讼法同为定罪的法律依据

法律渊源是指法的表现形式，就定罪的法律依据的表现形式而言，不同国家因法律文化和传统而有所区别。在英美法系，定罪依据的法律渊源主要是衡平法和判例法。不过近现代以来，因为受英美法系与大陆法系相互融合趋势的影响，英美法系一些国家的刑事法也逐渐制定了很多成文法。大陆法系定罪依据的法律渊源主要是成文法，判例一般只能作为法官定罪时的参考而不具有约束力。我国属于大陆法系的法律传统，定罪依据的法律渊源主要表现为成文法的形式，包括刑事实体法和刑事程序法。其中，刑事实体法主要包括刑法、刑法修正案、单行刑法、附属刑法和立法解释；刑事程序法则包括刑事诉讼法典、刑事诉讼法修正案和司法解释。如表4-1所示。

表4-1　我国定罪的法律依据及渊源

定罪的法律依据	法律渊源
刑事实体法	刑法典（含刑法修正案）
	单行刑法
	附属刑法
	刑事立法解释
刑事程序法	刑事诉讼法（含刑事诉讼法修正案）
	刑事司法解释

刑事实体法是定罪最基本、最主要的法律依据，为定罪提供实体上的法律标准。刑法是定罪内容系统化和条理化的最基本的法律依据。我国《刑法》自1979年正式颁布实施至今，已陆续颁布了11个修正案，刑法的持续修订使其能够迅速对社会需要做出反应，从而使定罪标准也得到不断的完善和更新，确保定罪的合理与公正。除此之外，单行刑法、附属刑法以及立法解释也是定罪的实体法依据。[1]刑事程序法也是定罪活动中必须遵循的法律规范，程序

〔1〕 单行刑法是立法机关以决定、规定、补充规定、条例等名称颁布的某一类或某种犯罪及其刑罚或刑法特殊事项的法律。我国1997年《刑法》修订之前，先后颁布并实施了23个单行刑法，后15个被废止，现行有效的单行刑法还有1个即《全国人民代表大会常务委员会关于惩治骗购外汇、逃汇和非法买卖外汇犯罪的决定》。此外，有观点认为我国民族自治地方的刑法规范也应列入单行刑法。附属刑法是规定于民法、经济法、行政法等非刑事法律中的刑法规范。立法解释是立法机关就刑法中某个概念或问题进行解释和说明的规范性文件。

法通过确立刑事审判中的定罪程序、证据和证明制度、上诉、抗诉等程序救济机制来实现对定罪活动的程序控制。刑事诉讼法为定罪中案件事实的认定提供了认定方法、原则、手段和具体规则，也为一些特殊情况下审判机构作出出罪、入罪的结论提供了处断方式，如诉讼过程中被告人死亡等特殊情况。刑事诉讼法以其独特的内在价值保障审判机关定罪的准确性和公正性，尤其是在案件事实经过认定后属于疑罪的情况下，定罪活动就必须遵循刑事诉讼法提供的“疑罪从无”原则，此时定罪的直接法律依据就是刑事诉讼法。在我国，刑事司法解释也是定罪的重要法律渊源。在英美法系国家，由于是判例法传统，定罪的一个重要来源就是法官对于法律的解释。随着国际交流的发展与融合，大陆法系国家在奉行成文法传统的前提下，判例的作用也越来越受到关注。我国的法律解释权由全国人民代表大会常务委员会、最高司法机关、国务院及主管部门以及地方人民代表大会常务委员会和地方人民政府主管部门享有。在刑事诉讼过程中，最高人民法院和最高人民检察院做出的司法解释是有权解释，是审判机关定罪时最主要的法律渊源，其中对具体应用法律问题所作的解释和说明具有普适性，为定罪提供具体、明确的依据。在我国，由于法官个人不能在个案中行使法律解释权，近年来，最高司法机关也在大力推进案例指导制度，通过发布典型案例的方式，为广大法官审理类似案件提供参考案例，以确保同类案件法律适用和裁判尺度的统一，规范和限制司法自由裁量权，促进定罪与量刑的公正。

(二)定罪法律依据的内容

定罪标准是定罪的法律依据,定罪的内容不同,定罪标准的具体内容也不相同,因此,需要根据定罪需要的具体内容来确定定罪标准的具体内容。

1.罪与非罪的定罪法律依据

罪与非罪的认定包括有罪认定和无罪认定,有罪认定的法律依据是犯罪的构成要件。在我国,有罪认定的法律依据由刑法总则和分则共同规定,刑法总则规定的是各种犯罪的共同的要件,刑法分则规定各种具体犯罪的犯罪构成要件。因此,在认定具体犯罪时,应以刑法总则的规定为指导,根据刑法分则对案件事实逐一认定,得出是否有罪的结论。

犯罪构成也可以视为无罪认定的法律依据,当案件事实不符合法定的犯罪构成时,则不能定罪。此外,无罪认定还有其他的法律依据。刑事案件中的无罪认定包括三种情况:一是确定无罪的情况,包括因犯罪事实不存在而不负刑事责任和依刑法规定不追究刑事责任的情况;二是对情节显著轻微、危害不大,不认为是犯罪而做出的无罪认定;三是因证据不足而作出的无罪认定。第一种情况的法律依据是一般犯罪构成,只要在认定时否定一般犯罪构成中的一个要件就可以认定为无罪。例如,精神病人实施了刑法上的危害社会的行为,因为不具备犯罪主体必须具有刑事责任能力的要件而认定无罪。第二种情况的法律依据是我国《刑法》第13条的但书条款,即“但是情节显著轻微危害不大的,不认为是犯罪”。但书的规定是对我国刑法中犯罪概念的补充，从反面强调了犯罪的内涵。第三种情况的法律依据则比较特殊，并不是由实体刑法规定，而是来自程序法，我国《刑事诉讼法》第200条第3项规定："证据不足、不能认定被告人有罪的，应当作出证据不足、指控的犯罪不能成立的无罪判决"，这是一种在实体上无法明确界定行为性质时，由程序法提供法律依据作出无罪认定的特殊情况。

2.一罪与数罪、此罪与彼罪的定罪法律依据

在有罪认定的情况下，还涉及一罪与数罪、此罪与彼罪的认定。如果被告人的行为只有一个，将不存在罪数的认定问题；当被告人具有数个犯罪行为时，则涉及数罪的认定。我国刑法有关罪数认定的法律依据包括总则中有关罪数认定的一般规定和分则中具体犯罪的犯罪构成。[1]例如，对非法拘禁行为的定罪，需要结合刑法总则中有关继续犯的规定以及刑法分则中关于非法拘禁罪的犯罪构成来综合认定。[2]

在认定了一罪与数罪后，还需要区分此罪与彼罪，也就是对犯罪行为进行定性，此罪与彼罪的认定依据主要是刑法分则中基本的犯罪构成。基本的犯罪构成是指刑法条文就犯罪的基本形态所设定的犯罪规格，主要通过刑法分则的罪状形式表现出来，但不排除刑法总则中的假定规范。当某个犯罪行为与其他犯罪行为有所相

---

〔1〕 罪数的认定标准有很多不同的学说，我国刑法界一般认为，行为所符合或具备的犯罪构成个数，是区分一罪和数罪的标准，即行为具备数个犯罪构成的为数罪。

〔2〕 刑法总则有关继续犯的规定是指《刑法》第89条第1款：追诉期限从犯罪之日起计算；犯罪行为有连续或者继续状态的，从犯罪行为终了之日起计算。

似时，基本的犯罪构成是进行判断的具体标准，根据犯罪事实与哪一个基本的犯罪构成要件完全吻合来最终认定行为的性质和罪名。

3.基本犯罪与重罪和轻罪、未完成罪、共同犯罪定罪的法律依据

基本犯罪是相对于特殊犯罪的一般形式，是犯罪是行为人单独实施的、表现为既遂状态的犯罪的一般形式，其定罪的法律依据是刑法分则中的基本的犯罪构成。

重罪与轻罪是在犯罪行为的严重程度上的特殊形态，是相对于标准犯罪而言处罚减轻或加重的形态。重罪与轻罪的定罪法律依据属于派生的犯罪构成，是指以标准的犯罪构成为基础，因为具有较轻或较重的法益侵害程度，而从标准的犯罪构成中派生出来的犯罪构成，也称“加减的构成”。例如，《刑法》第266条规定：“诈骗公私财物，数额较大的，处三年以下有期徒刑、拘役或者管制，并处或者单处罚金；数额巨大或者有其他严重情节的，处三年以上十年以下有期徒刑，并处罚金；数额特别巨大或者有其他特别严重情节的，处十年以上有期徒刑或者无期徒刑，并处罚金或者没收财产。”其中，前半段的表述是诈骗罪的标准的犯罪构成，后半段表述中“数额巨大或者有其他严重情节的”以及“数额巨大或者有其他严重情节的”属于诈骗罪的派生（加重）的犯罪构成。

未完成罪与共同犯罪的定罪法律依据属于修正的犯罪构成，是指以基本的犯罪构成为基础并对其进行补充、扩张所形成的犯罪构成。未完成罪是故意犯罪的未完成形态，属于犯罪过程的特殊形态，包括犯罪预备、犯罪未遂和犯罪中止。未完成罪的定罪法律依据包括刑法总则中关于未完成罪的一般规定（《刑法》第22～24

条）以及刑法分则中具体犯罪的基本的犯罪构成。共同犯罪是犯罪结构上的特殊形态，源于共同犯罪主体要素的非单一性，共同犯罪的定罪法律依据同样由刑法总则有关共同犯罪的一般规定（《刑法》第25～29条）及刑法分则具体犯罪的基本的犯罪构成。

二、定罪标准

刑法的基本结构是犯罪与刑罚，在刑事诉讼中与之相对应的就是认定犯罪与科处刑罚的定罪与量刑活动。刑事立法者界定犯罪与刑罚的内容和标准，而刑事司法者解决依据什么事实认定犯罪、科处刑罚的问题。定罪根据由刑法设定定罪标准，司法者的任务在于运用刑法所设立的标准去准确地认定犯罪以及公正地判处刑罚。

（一）定罪标准的含义及特点

1.定罪标准的含义

定罪标准是立法者事先在刑法中所确立的有关犯罪成立的要件。定罪是以刑法规定的犯罪成立要件衡量案件事实、判断行为适法性的司法认知活动，必须依据一定的标准进行，失去标准的司法者将无法得出结论并终结刑事诉讼程序。定罪标准源于刑法，运用于刑事诉讼的整个阶段，也是刑法中罪刑法定原则在司法活动中的体现和运用，司法者没有选择或擅自改变定罪标准的权力，只有执行定罪标准的任务。在定罪标准设定的空间内，司法者仍然具有能动地适用定罪标准的余地，“刑事案件中的实体形成，是以某种特定的犯罪构成要件为指导形象进行的。在案件的发端，构成要件有时确实未必是特定的，但是假定其间没有某种构成要件做指导，就不一定是所说的刑事案件。在严格的意义上讲，案件是先于'诉讼'存在的，在侦查的阶段里，已经有了案件。依据侦查结果在某种程度上搞清楚它的轮廓之后，通过检察官提起公诉，嫌疑案件就变成了被告案件。此后，案件以被追诉即检察官与被告人及辩护人间攻击与防御的形式向前发展，直到对被告案件的判决确定下来，作为诉讼物体的案件才结束"。[1]可见，定罪虽然是以犯罪构成要件为"指导形象"的追求案件事实真相的活动，但是这种事实真相的探寻是在诉讼程序中循序渐进地开展推进的，不可能从一开始就获知事实全貌，它不同于依靠生产线上的机器就能快速识别某项商品是否达到合格标准的机械的判断活动，而是一种司法者主观认识见之于客观事实的、复杂的认知活动，会受到司法者的主观意识、对法律特定条款的不同理解、职业素质和办案经验等多种外在因素的干扰。所以，要认识到定罪标准不同于商品的质量检验标准，并不是一种完全客观的判断标准，而是存在一定程度主观性和不确定性的标准。对于国家而言，定罪标准是司法机关认定案件事实、评价被追诉人的行为是否属于犯罪行为的法律标尺，在定罪标准所圈定的范围内，司法机关可以动用刑罚来惩处犯罪行为，这个范围也同时界定了刑罚权的权力边界，意味着刑罚的适用是受到严格限制的，司法机关无权动用刑罚来惩罚无辜。这为普通公民不遭受任意的、非法的刑罚惩罚提供了基本的法律依据，如果超越定罪标准设定的

〔1〕［日］小野清一郎：《犯罪构成要件理论》，王泰译，中国人民公安大学出版社1991年版，第118～119页。

界限或范围定罪，就必须承担相应的法律责任。因而，定罪标准还具有遏制刑罚权滥用、保障公民权利和自由的重要意义。

定罪标准由刑法总则与分则共同形成，就特定的犯罪而言，具体的定罪标准主要规定在刑法分则具体犯罪的条款中，罪状所规定的犯罪构成及其要件就是定罪的标准。罪状是刑法分则条文对具体犯罪概念与构成要件特征的描述，是正确定罪的法律根据。在确定罪名的基础上，要进一步确定罪行是否成立。不同的案件事实反映不同的罪行，不同罪行的犯罪构成互不相同。我国刑法中有单一罪名和选择罪名之分，单一罪名的犯罪构成内容单一且具体，只反映一个犯罪，如抢劫罪、贪污罪等。在选择罪名中，其所包含的犯罪构成的具体内容较为复杂，反映的是多种犯罪，因此，需要依据具体的犯罪事实来决定定罪的罪名。例如，《刑法》第177条之一规定的“窃取、收买、非法提供信用卡信息罪”就包含了三种罪名，如果行为人实施的只是窃取行为，罪名就是窃取信用卡信息罪；如果行为人实施了全部的三种行为，罪名则是窃取、收买、非法提供信用卡信息罪。不同的罪名具有不同的构成要件，我国刑法中，往往一个罪名可以包括多个罪行，但不同的罪行则对应独立的犯罪构成及其要件，罪行不同也决定了量刑上的差别。

2.定罪标准的特点

定罪标准是在司法实践中判断罪与非罪所运用的界限，与立法上确立的犯罪的成立标准具有一定的区别，它主要服务于司法的目的和任务，因而体现出下列特点：其一，法定性。法定性是指司法定罪遵循的标准是刑法已经预先设立的规定，定罪标准是刑事立法的结果，刑事立法已经为司法定罪确立了衡量案件事实和行为性质的标准，司法者的任务就是将既定的定罪标准运用于司法实践，不能再选择其他的标准进行定罪，也不能改变定罪标准的内容或使其发生变化，所有定罪活动的开展只能以立法预设的定罪标准为依据。其二，整体性。定罪标准是具有逻辑性、体系性的判断犯罪成立的综合体，由若干要素排列组合构成，每一个要素从不同的角度反映犯罪行为某方面的本质特征，由于其中的某一个要素在衡量罪与非罪的问题上并不全面，不能单独决定犯罪的性质，因而只有将全部要素结合起来，才能认定案件事实的性质，做出罪与非罪的判断。定罪活动的目标就是区别罪与非罪，实践中总会发生案件事实符合这些要素却不符合那些要素，导致最终不能符合定罪标准的情况。这就反映了定罪标准的整体性，在只满足定罪标准中的部分要素时还无法确定犯罪的性质，只有满足全部要素，整体上符合定罪标准的要求，才能判断构成犯罪。以我国刑法犯罪构成理论中的四要件为例，只要有一个要件不符合，就不能认定构成犯罪。这也可以明确，无罪与疑罪的实质就是不符合定罪标准的全部要素，没有达到定罪的整体性要求。面对这种情况，刑事诉讼中的“无罪推定”“疑罪从无”等原则，解决了案件事实在只符合部分定罪要素、但不符合全部定罪要素时如何处理案件的问题。其三，特定性。相对于刑法中概括性、抽象性的犯罪标准来说，司法者在定罪过程中面对的是具体的案件事实和行为人，因此司法过程中的定罪标准是特定又具体的，是与那些需要办理的案件事实以及特定的罪名密不可分的。每一个刑事案件中的定罪标准离不开具体犯罪的特定标准，需要在结合具体案件事实中特定的人、行为、心理状态、结果、时空背景等因素的基础上，综合考量后才能做出最终的判断。因此，从这个角度来说，定罪标准在具体的案件中又是特定且不同的。

（二）定罪标准的理论体系

1.国外的犯罪论体系

罪刑法定原则作为一项现代世界各国和地区普遍认同的国际性的刑法原则，它的确立使大多数现代国家都将犯罪成立的要件明确地规定在其刑法当中。正如著名刑法学家贝卡里亚所言，“只有法律才能规定惩治犯罪的刑罚……超出法律范围的刑罚是不公正的。因为它是法律没有规定的一种处罚”，“当法典中含有应逐字适用的法律条文，而法典加给法院的唯一职责是查明公民行为并确定它是否符合成文法的时候，当所有公民——由最无知的人一直到哲学家——都应当遵循的关于什么是正义的和不正义的规则是毫无疑义的时候，国民将免受许多人的微小的专制行为”。〔1〕犯罪的成立要件明确了一个国家犯罪的基本类型、具体特征、构成要件以及刑事责任。刑法中有关犯罪的成立要件的刑法规范在具体刑事案件中的适用需要司法者按照一定的路径和方法将其与案件事实相连接，这种连接事实与刑法之间的路径和方法就是犯罪论体系。近现代以来，秉着高度概括和总结的宗旨，刑法学建构起了有关犯罪成立的理论体系即犯罪论体系，使其具有识别犯罪、认定犯罪的功能。

---

〔1〕［意］切萨雷·贝卡里亚：《论犯罪与刑罚》，黄风译，中国大百科全书出版社1991年版，第10～14页。

犯罪论体系又称犯罪成立要件体系或犯罪构成理论，是有关犯罪成立的一般理论，也就是“将各种成立犯罪的要素按照一定的原理进行系统化之后的东西就是犯罪论体系”。〔1〕犯罪论是刑法所规定的犯罪成立的基本要素的总和，概括了成立犯罪的一般条件，是对具体犯罪行为进行高度概括和抽象化后的共同条件，具有体系化、逻辑化的特征。“犯罪论作为一种基于刑法规范规定而在理论上创设的一个概念模型或分析工具，为文本规范中规定的各种各样散乱而碎片化的有关成立犯罪所必须具备的条件，描绘出了一种相对清晰的类型轮廓，从而为裁判过程中规范与事实的对接、匹配提供一个直观的导引图像”。〔2〕犯罪论为司法者提供了使用刑法规范评价特定案件事实与行为的普遍性标准，成为一种识别犯罪的思维方法和认知路径。不同国家的犯罪论体系受其法律传统、立法理念以及国家政治情势等因素的影响，在内容和形式上都存在一定的差异，即使是同一法系的国家，也有着不同程度的差别。

在大陆法系，犯罪论体系呈现出多元化的状态。其中，德、日刑法的三阶层犯罪论体系影响最为深远，近年来在我国也得到一些学者的赞同。三阶层犯罪构成要件包括符合性（或该当性）、违法性和有责性。符合性是指行为在形式上符合具体犯罪的构成要件。这是对犯罪类型的一种抽象的、定型的判断。违法性是指行为违反法律、为法律所禁止，德、日刑法理论中的主流观点认为实质的违

〔1〕［日］大谷实：《刑法总论》，黎宏译，法律出版社2003年版，第71～79页。

〔2〕张心向：《刑事裁判思维中的犯罪构成论——一种方法论意义上的思考》，载《东方法学》2014年第6期。

法性是指法益侵害性，即“犯罪成立除了符合构成要件之外，还要求行为具有违法性。一般认为，违法性是个别的、具体的、非定型的、客观的判断”。[1]“由于符合构成要件的行为通常具有违法性，所以，在违法性阶段，并不是积极地判断符合构成要件的行为是否具有违法性，而是研究符合构成要件却又排除（阻却）违法性的事由（如正当防卫）”。[2]有责性是指非难可能性，即能够就符合犯罪构成要件的违法行为对行为人进行非难、谴责。有责性属于具体的、主观的判断。例如，对行为人没有故意与过失的行为就不能进行责难。因此，三阶层犯罪论主张，行为符合构成要件并不当然构成犯罪，还需要具有违法性和有责性才能成立犯罪。这三个阶层之间是一种递进式的逻辑关系，为定罪设置了阶梯式的评价标准，是一种“由客观（外部）到主观（内部）、由抽象（一般）到具体（个别）、由定型到非定型的逐层递进判断。有利于克服适用刑法的恣意性，有利于检验个案，既可以节省精力，也可以避免遗漏应当检验的要件”。[3]其中，符合性是基本的层次，包括客观与主观要件，其任务是原则性地确定犯罪的类型。在确认案件事实符合该当性的基础上，方能进行违法性的评价。违法性是确认是否存在违法阻却事由，如果不存在，将进入有责性的评价，审查是否存在责任阻却事由，如果不存在，才能得出犯罪成立的最终结论。在定罪中运用三阶层犯罪论的优点表现在它为定罪活动清晰地指明了方向，各要件

〔1〕 张明楷：《刑法学》（第4版），法律出版社2011年版，第98页。
〔2〕 张明楷：《刑法学》（第4版），法律出版社2011年版，第97页。
〔3〕 张明楷：《刑法学》（第4版），法律出版社2011年版，第98页。

之间明显的层次递进性，使司法者对案件事实的评价是在既定的、有层次的结构下稳步推进、逐步深入，如果前一阶层的要件得不到认定，就不用继续进行下一阶层的判断和审查，这符合认识事物的规律，也具有诉讼的经济性。

大陆法系国家的犯罪论体系还有两种比较典型的代表，一种是意大利的二元犯罪论体系，另一种是法国的犯罪论体系。二元犯罪论体系是意大利传统的犯罪论体系，自18世纪以来延续至今，虽然德国的犯罪论体系在意大利也有很多支持者，但传统的二元犯罪论在意大利仍具有重要的影响。该体系认为犯罪成立的一般要件包括客观要件和主观要件两方面。客观要件指客观事实，是人的外在举止；主观要件是任何犯罪都存在的心理因素。〔1〕法国刑法理论中犯罪成立的一般条件包括“法有规定、事实要件和心理要件”三个方面。〔2〕其中，法有规定实际上是对罪刑法定的论述，因此判断犯罪成立的要件主要是事实要件和心理要件，事实要件属于客观要素，心理要件则是主观要素。反观三阶层犯罪构成要件，其中违法阻却以及责任阻却事由被视为排除行为人刑事责任的主要根据，违法阻却事由属于不负刑事责任的客观原因，责任阻却事由则属于主观原因。

英美刑法的犯罪构成要件包括本体要件和责任充足要件两部分，被称为双层次犯罪构成理论。本体要件包括犯罪行为和犯罪意图，指犯罪行为的客观特征和主观心态两部分，属于实体意义上的

---

〔1〕 参见陈忠林:《意大利刑法纲要》，中国人民大学出版社1999年版，第76～78页。

〔2〕 参见［法］卡斯东·斯特法尼等:《法国刑法总论精义》，罗结珍译，中国政法大学出版社1998年版，第212、314页。

犯罪要件；责任充足要件指合法的抗辩事由，是在本体要件基础上具有独立性的另一个犯罪要件，强调成立犯罪必须排除合法辩护的可能，属于程序意义上的犯罪要件。责任充足要件的内容主要包括正当性事由和可原谅事由两种类型，如“正当防卫、紧急避险、未成年、错误、精神病、醉态、胁迫、警察圈套、安乐死等”。[1]犯罪本体要件是第一层次的要件，是对各种具体罪行的抽象，满足控诉方对犯罪行为进行积极评价的需要；责任充足要件是第二层次的要件，合法抗辩事由是对诉讼实践中各种辩护理由的总结和归纳，满足辩护方对被指控行为从反驳、否定的角度进行消极评价的需要。

英美刑法的双层次犯罪论体系与欧陆国家犯罪论体系的最大区别在于它充分考虑了定罪的实际需要，其理论体系的设计是与其控辩式的诉讼模式相辅相成的，双层次的犯罪要件满足犯罪认定过程中控辩双方基于诉讼角色、诉讼职能的差异而产生的实际需要，控诉方举证犯罪本体要件，从正面论证犯罪的成立；辩护方举证抗辩事由，从反面排除犯罪的成立。辩护方抗辩事由的提出以本体要件的提出为前提，但在具体内容上并不完全依赖控诉方所证明的要件内容，抗辩事由的举证具有一定的独立性，可以与控诉方的举证同时进行。

犯罪论体系是指导司法定罪实践的理论，犯罪论的多元化表明任何一个国家都可以根据实际情况选择最适合的理论体系用于指导定罪活动，不同体系之间的差别主要源于刑法理论逻辑归纳方法

---

〔1〕 陈兴良、周光权：《刑法学的现代展开》，中国人民大学出版社2006年版，第85页。

的不同，进而形成其宏观结构的差异。但从微观层面上看，不同体系之间的要素是具有相通性的，比如都有客观行为、主观过错等要素，正是这种在价值取向、功能及其实现方式上所具有的共性，决定了运用不同犯罪论体系指导的定罪模式在面对相同的案件事实时所做出的结论并不会相径庭。国外犯罪论体系值得我们思考的是，定罪并不是一种司法者独自按照三段论即可得出结论的简单认知活动，而是一种在多方参与下，对案件事实和法律适用问题持续进行阐明和论证的复杂诉讼活动。刑事诉讼中的控辩双方处于完全相反的立场，控诉方承担着证明犯罪行为成立的证明责任，辩护方则要提出与控诉方完全或部分相反、相斥的主张以证明违法阻却事由或者责任阻却事由的存在。可见，定罪过程是一个多方诉讼主体之间反复的互动过程，这就需要定罪标准与刑事诉讼结构和实践相契合，定罪活动如果能对正反方的主张都进行充分的考察和判断后再得出结论，则更有利于结论的周延和准确，也更有助于惩罚犯罪和保护人权机能的实现。

2.我国的犯罪构成体系及其要件

我国刑法中有关犯罪成立意义上的犯罪论体系主要是来自苏联的刑法理论，但并未使用其犯罪论体系的概念，而是采用“犯罪构成”的概念。“犯罪构成是分清罪与非罪、此罪与彼罪界限的具体标准，是依照我国刑法的规定，决定某一具体行为的社会危害性及其程度而为该行为构成犯罪所必需的一切客观和主观要件的有机统一。”[1]我国的传统刑法理论和司法实务界基本上都是根据犯

〔1〕 高铭暄、马克昌主编:《刑法学》(第5版)，北京大学出版社2011年版，第49页。

罪构成理论阐释刑法规范并确定具体犯罪的犯罪成立要件。

犯罪构成要件是刑事司法认定犯罪成立必须具备的实体条件。根据我国的犯罪构成理论，犯罪构成由客体、客观方面、主体、主观方面四大要件构成。就每一个犯罪构成要件的具体内容来说，犯罪客体包括一般客体、同类客体和直接客体；客观方面包括危害行为、危害结果、行为对象、因果关系、危害行为的时间、地点、方法和状况等；犯罪主体主要指自然人、单位以及特殊主体；主观方面包括故意、过失、目的与动机。我国犯罪构成的四要件之间是一种共存关系，是客观要件与主观要件的统一，每一个要件对于认定犯罪都应当具有相对独立的作用，各要件之间彼此不能被相互替代。如果一个要件被其他要件取代后同样能够认定犯罪，那就说明该要件缺乏独立的可以体现犯罪本质的特性。因此，有学者认为，“这种构成要件之间具有封闭式、自我完结式逻辑结构。因而被称为闭合式的犯罪构成体系”。〔1〕定罪则需要全部要件齐备，不能遗漏任何对定罪具有独立作用的实质性要件。

第二节　定罪中的法律适用

在定罪过程中，由于刑法规范在一些条款上存在模糊、抽象或

〔1〕 陈兴良、周光权：《刑法学的现代展开》，中国人民大学出版社2006年版，第86页。

粗疏的情况，刑法规范中的犯罪概念以及具体犯罪的罪状并不能保证认定犯罪的准确性，其在具体刑事案件中的适用有待于公安、司法机关的办案人员进一步理解与阐释。由于定罪是在特定的时空环境和主体参与下进行的活动，这其中往往会存在一些可能会对定罪产生影响的不确定因素，如不同地域或年代、经济发展水平、刑事政策、司法人员对法律的理解和认知等。因此，既需要从实体法上明确定罪的标准，也有必要从程序法上对定罪活动加以规范和制约，以确保定罪法律依据的准确适用和定罪的公正、公平的实现。

一、刑法的适用

（一）定罪标准（犯罪构成体系）的适用

我国犯罪构成体系是在苏联刑法学犯罪构成的理论上形成的，近年来，随着德日刑法犯罪论体系在我国的广泛研究，越来越多的学者对我国传统犯罪构成理论提出了批判，主张借鉴德日的犯罪论体系对我国犯罪构成体系加以彻底的改造，虽然围绕这一问题的争论尚未尘埃落定，但一个非常重要的不容忽视的现实是，几十年来，我国司法实务部门对犯罪的认定一直都是依据犯罪构成体系，并且缺乏参与改造的热情。但是，从司法定罪的需求和视角来审视我国犯罪构成体系及其在实践中存在的问题尤为重要。当前，我国犯罪构成体系在司法定罪主要存在以下问题。

1.犯罪构成并不是定罪的唯一标准

犯罪构成是犯罪本质特征的综合体现，应当是判断行为是否构成犯罪的唯一标准，对决定犯罪成立与否具有实质性意义。但事实上，犯罪构成并不是定罪的唯一标准，因为，即使依据犯罪构成可以确认犯罪成立，还要考虑刑法有关“但书”和排除犯罪性的行为的相关规定。一方面，我国刑法规定了但书条款，即“情节显著轻微、危害不大的”不成立犯罪。这意味着仅依据犯罪构成还不能定罪，即使是符合犯罪构成的行为，也可能会因为情节轻微、社会危害程度不足而不被认定为犯罪，也就是说，虽然依照犯罪构成可以确认犯罪成立，还可能需要进一步对其情节以及社会危害性进行评价，如果符合但书条款，就可能否定之前依据犯罪构成得出的犯罪成立的结论。由此可见，在特定情况下，犯罪构成并不是唯一的定罪标准。另一方面，我国刑法在犯罪构成之外还规定了正当防卫、紧急避险这类排除犯罪性的行为。这意味着已经符合犯罪构成要件的犯罪事实还不能直接定罪，需要进一步认定是否成立正当防卫或紧急避险，只有否定这类排除犯罪行为的成立，才能最终定罪。受上述两方面因素的影响，往往造成案件事实已经符合犯罪构成但最终认定无罪的逻辑悖论。

2.犯罪构成要件法定化，不能对超法规的正当行为进行司法评价

超法规的正当行为是指刑法规定以外的应予阻却违法的事由，包括依照法令而为的行为；业务正当行为；被害人的承诺；业务冲突行为以及自救行为等。从国外刑法来看，超法规的正当行为一般可以成为排除犯罪性的事由。例如，德国刑法中将违法阻却事由区分为法定的违法阻却事由与超法规的违法阻却事由，主张采用宽泛的态度对待合法化事由。在司法实践中，德国旧刑法没有规定紧急

避险，但后来通过帝国法院的刑事判决，紧急避险作为合法化事由得到承认，终至现行刑法明文规定。[1]日本刑法中，“从正当化（违法性阻却）事由是否在刑法中有所规定的形式的观点出发，一般区分为：刑法中规定的正当化事由（刑法第35条及第37条中的基于法令的行为、正当业务行为、正当防卫、紧急避险），以及刑法中没有规定的超法规的正当化事由（例如自救行为、基于被害人的承诺的行为、安乐死等）”。[2]由于人们所处的社会始终处于快速发展和变化的状态，立法者难以在刑法中毫无遗漏地涵盖所有的合法化事由，新的合法化事由必然会不断产生，如果一概否定超法规的正当化事由，不采用具有开放性特点的立法态度，必然会使一些案件的裁断有失公允。因此，在法定的违法阻却事由具有局限性时，给予司法者对超法规的正当行为适当的司法裁量权，允许其对具体刑事案件中超法规的正当行为进行司法评价，是符合法治要求和社会发展规律的。我国刑法仅仅规定了正当防卫和紧急避险两种正当行为，范围过于狭窄，对于刑法没有明文规定但实质上不具备违法性的行为，如被害人承诺、安乐死、自救行为等，往往只能因缺乏刑法明文规定而被定性为犯罪行为。事实上，承认超法规的正当行为体现了刑法具有出罪的精神，这是与刑法的谦抑原则及有利被告原则相契合的，有利于缓解立法与司法之间的紧张关系，实现精准定罪。

---

〔1〕 参见张明楷：《外国刑法纲要》，清华大学出版社1999年版，第152页。

〔2〕 ［日］野村稔：《刑法总论》，全理其、何力译，法律出版社2001年版，第231页。

3.犯罪构成要件倾向于入罪化

我国犯罪构成要件体现的是一种基于控诉方立场的“控方”思维模式，对辩护方的立场和需求有所忽视，因而具有一定的片面性，主要表现在全部构成要件只体现了入罪化的特点，只从正面规定了犯罪成立的积极的、肯定式的要件，体现出对行为的谴责和否定性评价的过于关注，以及对追诉犯罪、惩罚犯罪目的的追求。就各构成要件来说，犯罪客体是强调被指控行为所侵害的特定的社会关系；客观方面强调被指控行为及其所造成的危害结果所体现的社会危害性；主观方面关注的是行为人所持有的故意或过失的罪过心理；主体要件则强调行为人具备承担刑事责任的能力。可见，设定犯罪构成要件的主要思维模式是：什么是犯罪？行为符合什么条件构成犯罪？这表明，构成要件并不能从被追诉者的角度解答什么行为不是犯罪？什么行为可以被排除在犯罪行为之外？所以说，我国犯罪构成要件缺乏“辩方”思维，没有从反面考虑犯罪不成立的否定性要素，缺少消极的、否定性的犯罪构成要件。反观我国刑事司法实践，各地普遍存在重控诉、轻辩护、辩护难、有罪判决率过高等客观现实，而这与我国犯罪构成的这种入罪化倾向不无关系。因此，犯罪构成适当地体现“辩方”思维，具有一定的出罪功能，是非常必要的，其原因是：犯罪构成的适用环境是在刑事诉讼中，是一个由控、辩、审三方所主导的动态过程，控方基于其追诉犯罪的立场主张认定犯罪的成立，辩方基于辩护的立场则必然否定或反驳犯罪的成立，所以，审判方在面对针锋相对的观点和立场时，持有正反双向的思维模式极为必要，唯此才能保持其客观、中立的立场，全面考察案件事实，重视处于弱势的辩方的主张和需求，避免因思维或视野的片面造成定罪错误。

（二）定罪中适用刑法的完善思路

我国刑法中犯罪构成体系体现的是立法者的态度和思维方式，立法者将具有社会危害性的行为规定到刑法中，使之具有了刑事违法性，这种违法性通过犯罪构成要件被描述出来。而正当行为、但书中的危害不大的行为等，因其不具有社会危害性则被规定在犯罪构成之外。但这种立法设计不太符合司法定罪的规律和过程。因为，刑事案件中的行为尚未定罪之前，往往难以辨别其是否具有社会危害性以及危害的具体程度，也很难分清某一行为或事实是犯罪还是正当行为，而这些需要随着诉讼进程的持续推进，依靠司法者的抽丝剥茧，去逐步查清和确认。因此，我国犯罪构成体系的完善需要重视司法实践的需求，视角和思维方式要面向司法定罪。

要解决犯罪构成在我国司法定罪适用中存在的上述问题，一方面要从刑法方面完善犯罪构成的理论体系，确保犯罪构成是定罪的唯一标准。这不仅是司法定罪的现实要求，也是节约司法资源、实现诉讼经济的要求。犯罪构成的设计应当关注定罪中的程序性因素，切实考虑被告人及其辩护的需求，增加犯罪构成体系的出罪机制，将排除犯罪性行为纳入犯罪构成，成为独立的、消极性的构成要件，使犯罪构成体系成为具有正反双向思维的定罪标准。另一方面要完善刑事诉讼法中与犯罪认定相关的程序性规则，解决有些案件在定罪中遇到的困难。例如，对一些特殊类型的犯罪，由于其构成要件在主观方面要求认定犯罪人明知或以非法占有为目的，而主观方面的要件在实践中的证明往往非常困难，因而常造成犯罪难以认定，放纵犯罪的情况。对此，就可以考虑在刑事诉讼法中设置特殊的程序规则，比如推定规则来解决主观证明困难的问题。再如，在网络犯罪或非法利用计算机或信息网络犯罪等高科技犯罪案件的认定中，往往存在因犯罪行为隐秘而造成的证据收集困难、管辖界定难等问题，对此，可以设置特殊的取证规则或手段、特殊的管辖权规则等保障证据的及时收集和固定，解决犯罪认定难的问题。

二、刑事诉讼法的适用

虽然定罪活动的内容是由刑事实体法确定，但定罪活动本身属于刑事诉讼程序中的司法活动。因此，定罪必须依据刑事诉讼法所规定的程序进行，不遵守或违背法定程序的定罪，无论结论是否正确，都将使定罪的准确性、公正性以及裁判的有效性受到质疑甚至否定，加之重实体、轻程序又是我国传统的司法理念和现实，因此，强调定罪的程序法控制具有非常重要的现实意义。

（一）证据规则的适用

证据是定罪的依据，证据法上的证据规则是准确定罪的基本依据。由于证据证明力的判断属于法官自由心证的范畴，法官主要依靠逻辑、经验法则等对是否采信某种证据材料所进行的价值评判。所以，定罪中在证据法方面主要是证据能力的运用而非证明力的判断。证据能力是证据材料有无成为定罪依据即定罪证据的"资格"问题，是能够通过法律直接规定加以限制的范围。刑事诉讼法可以强行排除某些证据材料，如刑讯逼供获取的被告人供述；可以要求法官严格遵守证明规则，对未遵循证明规则收集的证据不得采纳，如传闻证据等。

在刑事审判证据的认定方面，越来越多的国家采用法定认证与自由认证相结合的方式，即在证据能力方面通过证据规则的制定和细化对法官的定罪实现制约，而在证明力方面则实行自由心证，保留法官必要的自由裁量权。"无论是大陆法系国家还是英美法系国家，其法律对法官认定证据的活动都不是毫无约束的，法官在审查判断证据时也都不是毫无自由的。换言之，当今世界主要国家的证据制度都是两种认证模式的结合，只是不同国家对二者的侧重有所不同。英美法系国家的法律中有很多具体甚至繁冗的证据规则，但是它在评断证据价值上仍然给予法官或陪审团很大的自由裁量权，因此它也是'法定认证'模式与'自由认证'模式的结合，只不过更倾向于'法定认证'而已。以法国和德国为代表的大陆法系国家虽然保持着'自由心证'的传统，但是也在不断吸收英美法系证据制度的作法，如证据排除规则等带有'法定认证'色彩的内容，而且用'公开心证'等措施对法官的自由裁量权加以限制。由此可见，'法定认证'与'自由认证'的结合代表了当今世界各国证据制度的发展趋势。"〔1〕近年来，我国刑事诉讼法也制定了以非法证据排除为代

〔1〕 何家弘主编：《刑事审判认证指南》，法律出版社2002年版，第6页。

表的一些证据规则，有效地加强了对定罪活动的制约。

（二）证明标准的适用

证明标准是指导和规范审判机关证明活动的准则，恪守证明标准是从刑事程序法的角度保障定罪准确、防范冤假错案的基本途径。虽然刑事诉讼法对定罪的证明标准有严格、明确的要求，但实际上在司法实践中如何准确把握并加以运用是一个非常复杂的问题。如何防止审判人员在刑事诉讼实践中以低标准规避法律上的高标准，是需要予以高度重视的问题。因为近年来陆续平反的一些冤假错案表明，正是由于“案件事实清楚、证据确实、充分”这一高标准在某些案件中难以达到，一些办案机关和办案人员便放弃了进一步查证的努力，转而适用其他更容易达到、更容易实现的定案标准办案的情况。“两个基本”就是一种与法定的定罪标准不一致，但在司法实践中仍有适用、在理论上仍有学者赞成的定罪标准。

“两个基本”是我国严打时期，在当时刑事政策影响下产生的一种办理刑事案件的指导思想和证明标准，是“基本事实清楚，基本证据确凿”的简洁表述。虽然严打早已结束，“两个基本”也已经失去了适用的时代背景，但由于尚未明确废除，因而仍然有一些司法人员深受“两个基本”的影响，在工作实践中继续沿用这一办案思维。在以“两个基本”为定罪标准的情况下，一些案件中对基本事实和基本证据之外的疑点、破绽或瑕疵没有开展进一步调查和核实；一些司法人员在对案件某些事实或证据存有疑问的时候选择了视而不见的消极态度，采取了疑罪从有、疑罪从轻的定案方式，造成了一些不可挽回的、无法挽救的冤假错案。例如，浙江的张氏叔侄强奸杀人案、[1]河南的杨某涛杀人案、[2]甘肃的陈某琴故意杀人案等。[3]案件中被告人都曾被多次判处死刑，上级法院其后又多次作出裁定撤销原判，发回原审人民法院重新审判。造成冤案的主要原因就是办案机关没有对基本事实和证据之外的疑点进行彻查和澄清，在事实存疑的时候选择了"疑罪从有、疑罪从轻"。在理论上，有学者认为，"两个基本"虽然在司法实践中存在被误读和曲解的可能，也存在由此造成冤假错案的真实情况，但这只是源于误读，并非其本身的错。[4]笔者不赞同这种说法。既然"两个基本"确实存在被误读或曲解的真实情况，仍然认为错不在"两个基本"本身，不仅过于理想化，更欠缺能够说服我们相信"两个基本"今后将不再被继续误读的正当理由。如果忽视"两个基本"被误读的消极影响，允许适用不同于现行法律要求的法定证明标准，必将损害法治的统一性和规范性。

定罪必须建立在扎实的事实和证据之上，只有经得起当事人和社会公众的合理质疑与反复推敲的定罪，才能真正树立司法的公信力。冤假错案会严重损害司法公信力，给蒙冤者以及国家造成难以

---

〔1〕 浙江张某、张某平叔侄奸杀案于2004年以强奸罪判处张某死刑、张某平无期徒刑，后二审改判张某死刑缓期执行、判处张某平有期徒刑15年，2013年再审则宣告张某、张某平无罪。

〔2〕 河南杨某涛强奸、杀人碎尸案，杨某涛先后三次被判处死刑，2014年以撤销起诉而告终。

〔3〕 陈某琴故意杀人案中，被告人5年中先后两次被判处死刑缓期执行，最终被改判无罪并获得国家赔偿。该案改判的主要原因正是证据没有达到证明标准。参见张倩：《甘肃命案冤犯坐牢5年无罪释放　申请84万国家赔偿》，载《北京青年报》2014年11月23日。

〔4〕 参见朱孝清：《刑事诉讼法实施中的若干问题研究》，载《中国法学》2014年第3期。

弥补的损害。因此，审判机关不能因为定罪的刑事证明标准过于严格就退而求其次，选择那些要求较低、容易实现的标准去办理刑事案件，让一些事实不清、证据不足的案件“带病”进入刑事诉讼程序，埋下冤假错案的隐患。

（三）审判程序对定罪的影响

1.国外的审判程序

在大陆法系，传统上定罪与量刑程序是一体化模式。一体化模式是指法庭审判不区分定罪与量刑程序，由同一主体不间断地进行审理并得出裁判结论。定罪的主体既可以是职业法官，又可以是职业法官与陪审员共同组成，职业法官和陪审员共同听审、共同审判、共同对定罪和量刑问题作出判决。定罪解决的是犯罪是否成立的问题，定罪的证据主要是与犯罪构成要件相关的证据材料；量刑解决的是刑事责任问题，量刑的证据则是与科处何种刑事责任相关联的证据材料。定罪与量刑阶段在内容和功能上不同，因而在证明责任和证明要求上也有所区分。但在一体化的模式下，定罪与量刑程序遵循同样的证据规则，证明标准大多是“内心确信”。例如，《德国刑事诉讼法典》第261条规定：对证据调查的结果，由法庭根据它在审理的全过程中建立起来的内心确信而决定。[1]在定罪的救济机制方面，普遍设置第二审程序用以预防并纠正第一审程序的错误定罪，一般倾向于全面审查，以确保裁判实体上的正确性。

---

〔1〕 参见《德国刑事诉讼法典》，李昌珂译，中国政法大学出版社1995年版，第106页。

在英美法系，定罪与量刑程序是相互分离的模式。相互分离的模式是指法庭审判将定罪与量刑区分为两个不同的审判程序，由不同主体、在具有一定时间间隔的情况下分别进行审理得出裁判结论。英美国家一般在审前程序根据被告人是否认罪将刑事案件区分为被告人已经认罪的案件和被告人未作有罪答辩的案件，对于被告人已经认罪的案件将不再进行定罪审理而是直接进入量刑程序。对被告人未作有罪答辩而进行正式审理的案件中，定罪与量刑是相互分离的两个不同的审判程序。在有陪审团参与的审判中，陪审团只负责听审和判定被告人是否有罪，法官只负责适用法律。定罪结束之后案件进入量刑程序，由法官就量刑作出裁决。由于定罪和量刑程序相互分离，因而在证据规则、证明责任和证明标准上都不尽相同。定罪受证据规则的严格限制，必须遵循沉默权规则、非法证据排除规则、传闻证据规则等各种证据规则的严格约束，而量刑程序对有关证据能力的要求一般没有定罪程序中严格，比如允许使用传闻证据和意见证据，有关被告人犯罪前科的证据材料也可以作为量刑证据等。定罪的证明标准也要高于量刑，有罪判决必须达到“排除合理怀疑”的证明要求，而量刑事实一般只要求达到“优势证明”的标准即可。在定罪救济机制方面，第二审程序可以起到纠正第一审程序中错误定罪的作用，但与大陆法系不同的是，英美国家的第二审程序一般倾向于部分审查，大多仅限于审查当事人在上诉状或复审申请书中申明不服的内容，对未涉及的内容一般不做审查，即使审查也是以法律审查为主。

2.我国的审判程序

我国与大陆法系国家基本一致，刑事诉讼法确立的是定罪与量刑合一的刑事审判模式。刑事审判方式有独任制和合议制两种方式，合议庭中既可以全部由审判员组成，也可以由审判员和人民陪审员共同组成。在有人民陪审员的审判中，陪审员和审判员拥有同等的定罪权和量刑权。在法庭审理过程中，控辩双方可以将有关定罪的事实、证据和量刑的事实、情节等一并向法庭提出。由于定罪与量刑程序不分，因而证据规则和证明标准也不做区分。

我国刑事诉讼法确立的审判程序以定罪为主，法庭调查、法庭辩论都主要围绕定罪问题展开，没有明确的量刑证明程序，也没有为量刑设置符合其特点和需求的证据规则和证明制度。这使法庭审判过于注重定罪，挤占了量刑的空间和司法资源，量刑活动没有得到应有的重视。实践中，审判者经常不将量刑纳入法庭调查和法庭辩论的范围，量刑成了定罪之后的附带问题。量刑程序被忽略的直接后果就是法官的量刑权长期缺乏有效的制约，量刑不公、滥用量刑权等问题普遍存在。在被告人做无罪辩护的案件中，由于定罪与量刑程序不作区分，造成辩护人难以进行量刑辩护的逻辑悖论，因为在无罪辩护的前提下，被告人的罪与非罪问题尚不明确，要求辩护人在无罪辩护的基础上再进行量刑辩护，在逻辑上无疑是自相矛盾的，然而，如果不做量刑辩护，一旦被告人被认定有罪，就再没有机会提出有关量刑方面的辩护意见。

在定罪的救济机制方面，我国第二审程序的提起属于自然启动，即上诉、抗诉必然引起第二审程序，当事人、检察机关都可以对第一审的定罪裁判提出上诉、抗诉;第二审程序实行全面审查原则,需要对一审判决所认定的事实和法律适用进行全面的审查,不受上诉、抗诉范围的限制。同时,我国还专门设置了死刑复核程序,是所有死刑案件的必经程序,以确保死刑判决在定罪上的准确性,防止错杀无辜。除此之外,我国还设有审判监督程序,用以纠正已经生效的裁判在定罪上存在的错误。

第五章　司法定罪的实然展开

定罪是一个让案件事实融入法律规范，用法律规范解读案件事实并形成刑事司法裁判过程，是一个认定事实的过程，也是一种适用法律的活动。就实体法而言，定罪是刑法规范的解释和适用，是司法者运用犯罪成立体系甄别个案中具体的犯罪行为是否符合刑法相关的法律规范，判断和确认具体行为人的行为是否符合刑法规定的犯罪的成立标准的活动。就程序法而言，定罪是一个司法过程，要经过刑事诉讼的侦查、起诉和审判三个阶段后，才能对行为人的行为做出罪与非罪的判断和评价。刑法的文本规范只是静态地规定了犯罪行为的基本类型、特征和法律后果，定罪正是司法者运用特定方法或路径认知犯罪，借助一定的方法、程序和思维方式，通过对静态的刑法规范的解释与适用，对纷繁复杂的案件事实进行适法性的认知和确定的活动。“这种识别犯罪的方法或路径是指特定法域下运用刑法甄别具体事案从而厘定犯罪的思维模式及相应操作程式”。[1]定罪以被提起公诉或自诉的案件事实为对象，以刑法

〔1〕 许玉秀：《犯罪阶层体系及其方法论》，台北，成阳印刷股份有限公司2000年版，第7页。

和刑事诉讼法为法律依据，在法律规定与案件事实之间进行相互一致的认定，也即“定罪是法律规定与案件事实的耦合过程”。[1]犯罪构成总体来说具有抽象性和概括性，但犯罪行为又体现出具体性、独特性，刑法中没有犯罪构成完全相同的罪名，每一种犯罪行为的犯罪构成都各不相同，因此，适用犯罪构成评价行为的定罪活动就是一项非常复杂的认识活动。审判人员的认识必须建立在大量的司法实践活动之中，使其对行为的认识与实际情况相符合。本章试图从实然的层面，研究法官如何定罪，如何将抽象的、文本上的定罪标准适用于具体的、现实中的刑事案件。

第一节　定罪结论

定罪的过程是审判人员判断被告人被指控的行为是否与定罪标准相符合的认识过程。定罪在经历查明并认定案件事实、确定行为的整体性质和具体内容后，要分析具体事实的各个方面是否符合犯罪成立的条件。经过审判人员审慎的判断分析，认为被指控的行为符合犯罪成立条件的，要做出有罪认定即入罪；认为被指控的行为不符合犯罪成立条件的，则做出无罪认定即出罪。

---

〔1〕 陈兴良：《定罪之研究》，载《河南省政法管理干部学院学报》2000年第1期。

一、入罪

定罪是司法者将案件事实与法律规定进行同一性认定的过程，在经过审判后形成对案件事实的最终认定后，需要比照《刑法》中规定的犯罪构成要件做出案件事实是否符合基本的犯罪构成的判断，得出被告人被指控的行为是否构成犯罪的结论。在有罪判决的情况下，还需要准确地认定罪名、罪数。司法定罪与立法设罪不同，司法定罪是实现立法所设之罪的过程。司法者的主要任务是在已经由刑法勾勒出的犯罪圈内，解释和适用法律，然后作出某种行为是否成立犯罪的裁决，这就决定了司法总体上是一种实现立法既有规定的行为，并不以创设法律规范为主旨。

“司法定罪的过程是一个形式理性终于实质理性的过程”。[1]司法定罪包括两种截然相反的处断方式，即入罪和出罪。入罪须秉持罪刑法定精神，以形式理性的判断为主；出罪则注重以实质理性的判断。我国刑法通说认为，犯罪的本质是其社会危害性，在针对排除犯罪性行为以及符合刑法“但书”规定行为的场合，其行为的判断应该以实质理性为主，对表面上具有刑事违法性但是实质上不具有社会危害性的情况，不能认定为犯罪行为。

司法定罪意义上的入罪，是指案件事实经过认定后，确认犯罪事实存在并且符合刑法规定的犯罪成立条件，从而判定被告人有罪

---

〔1〕 杜辉：《刑事法视野中的出罪研究》，中国政法大学出版社2012年版，第40页。

的情况。司法入罪与立法上的入罪不同。立法入罪是指立法者通过立法活动将某种具有社会危害性或者侵害法益的行为作为犯罪规定到刑法中；司法入罪则需要从犯罪成立的意义上理解，并受制于罪刑法定原则，“法无明文规定不为罪”就是对司法活动在刑法规定之外入罪的严格限制。入罪的途径是单一的，在实体法上必须符合犯罪成立的条件，在程序法上必须经过法院的审判和裁决。

由于刑法中一些犯罪的构成要件具有模糊性和抽象性，且刑法一经颁布之后就具有滞后性，使司法定罪中的法外入罪情况往往难以避免。同时，受我国司法权运行机制的影响，一些司法解释对审判机关的定罪活动常常具有非常重要的影响。事实上，司法解释对某些犯罪行为的入罪标准通常会进行扩大解释，因而导致在一些具体的案件中，审判机构会做出有违罪刑法定原则的司法入罪。

二、出罪

我国学界对出罪的概念存在几种不同的学说，每种学说对出罪的界定有所相同。〔1〕相较于入罪的单一途径而言，出罪则具有多种途径。在我国，多个司法机关都有出罪的权力，比如侦查机关的撤销案件，检察机关的不起诉都可以达到出罪的效果。本节对出罪的探讨主要指司法审判活动中的司法出罪，即审判机关依据法律或法理，通过终止审理或无罪判决，对已经被提起控诉的犯罪行为最终

〔1〕　参见杜辉：《刑事法视野中的出罪研究》，中国政法大学出版社2012年版，第8～12页。我国关于出罪概念的学说有非犯罪化说、排除犯罪性行为说、实体出罪说、程序出罪说。

做出不追究刑事责任的结论的司法活动。出罪的原因主要包括以下三种。

(一)犯罪不成立意义上的出罪

司法定罪角度的出罪,可以在犯罪是否成立的意义上使用,指当审判机构经过对案件事实的认定,发现犯罪事实明显不存在或案件事实不符合构成要件,确认被指控犯罪不成立,作出被告人无罪的判决。这种情况下,被告人被指控的犯罪行为经过审判机关的判断,被认定为不构成犯罪,也就是说,被告人的行为是不属于犯罪圈内的行为。犯罪不成立意义上的出罪情形主要包括:其一,行为不符合刑法规定的犯罪构成要件。在我国,犯罪构成要件是判断犯罪成立的标准,如果行为不符合构成要件,则不能认定为犯罪。因此,行为不符合犯罪构成要件的结果即出罪。其二,行为属于排除犯罪性的行为。我国刑法规定的排除犯罪性行为包括正当防卫和紧急避险,如果行为属于正当防卫或紧急避险也是出罪的途径之一。其三,行为符合刑法的"但书"规定。我国《刑法》第13条规定,"依照法律应当受刑罚处罚的,都是犯罪,但是情节显著轻微危害不大的,不认为是犯罪"。因此,"但书"也具有出罪的功能。

(二)非犯罪化意义上的出罪

非犯罪化意义上的出罪是指司法者通过司法方法把原本构成犯罪的行为不作为犯罪处理,即对原本属于犯罪圈内的有罪行为进行的非犯罪化处理。司法出罪主要体现在这种意义上。司法出罪不同于立法上的出罪。立法出罪是通过立法修改活动，将某种已经被刑法规定为犯罪的行为进行删除或修改，将其由犯罪转变为非罪。司法出罪则不能擅自改变刑法中规定的具体犯罪的定罪标准，将已经构成犯罪的行为归为无罪，只能在严格遵循定罪标准的前提下，对符合特定条件的行为进行非犯罪化处理。

根据出罪的法律依据不同，可以将出罪划分为实体性出罪和程序性出罪。实体性出罪的法律依据是实体法，程序性出罪的法律依据是刑事诉讼法。虽然理论上可以作出这种划分，但实际上，一些制度是同时具有实体与程序双重意义的出罪。具体而言，我国有关司法出罪的规定主要包括下列情形。

1.实体法上的出罪

(1)追诉时效制度：追诉时效是依法追究犯罪人刑事责任的有效期限，超过法定追诉期限的，不得再追究犯罪人的刑事责任。追诉时效的出罪意义：审判机关在追诉时效期限之内都可以定罪，但当超过法定期限后，审判机关就丧失了定罪权，即使是犯罪行为也不得再认定为有罪。我国《刑法》总则第87、88、89条围绕追诉时效的期限、延长、计算与中断进行了规定。追诉时效强调的是已经成立的犯罪受到司法追究的时效性，其适用的前提是行为符合犯罪成立条件。

追诉时效的计算时间以及时效的中断和延长等制度是在刑法中规定，而时效届满产生的法律后果即程序终止则规定在刑事诉讼法中。所以，时效制度具有双重的性质。从实体上来说，时效制度的创设是因为犯罪行为对法秩序所造成的危害已经随时间的流逝而逐渐修复；从程序法来说，时效的规定则主要是出于因时间的流逝所造成的证据收集和诉讼证明困难的考虑，也有合理配置司法资源的考虑。因此，需要强调的是，时效制度也具有程序性出罪的功能，也可以说是程序性出罪的事由。〔1〕

（2）赦免：赦免是国家对犯罪人免除罪或刑的一种制度，是国家体现对犯罪人的宽容，感化犯罪人、缓和社会冲突、发挥法律衡平功能的一项制度。赦免包括罪的赦免与刑的赦免两项内容，据此区分为大赦和特赦。大赦是国家对于不特定多数犯罪人的普遍赦免，同时消除罪与刑。因此，如果在被追诉后、判决未确定之前获得大赦，审判机关的定罪权与量刑权都归于消灭，具有出罪的效果。特赦是对特定的犯罪人免除其刑罚的执行，即只赦免犯罪人的刑，不赦免其罪。例如，《白俄罗斯共和国刑法典》第95条规定了大赦制度，"1.大赦依据白俄罗斯共和国法律适用非个别确定范围之人。2.基于大赦，对实施犯罪的人，可以免除刑事责任；对被判决有罪的人，可以全部或部分地免除主刑和附加刑、附条件地免除刑罚、以较轻刑罚替代其剩余刑期或撤销前科"；第96条规定了特赦，"1.特赦由白俄罗斯共和国总统针对个别特定的人适用。2.基于特赦，对被判决有罪的人，可以全部或部分地免除主刑和附加刑、附条件地免除刑罚、以较轻刑罚替代其剩余刑期或撤销前科"。〔2〕

---

〔1〕 时效制度只是犯罪发生后时间长短的判断，与是否成立犯罪没有关联，主要考虑的是诉讼的可行性与经济性。时效届满并不是从实体上否定犯罪性，只是从程序上否定诉讼进行的必要性。

〔2〕《白俄罗斯共和国刑法典》，陈志军译，中国政法大学出版社2016年版，第51页。

我国《宪法》中规定了全国人大常委会的特赦权，但赦免制度并没有相应地规定在刑法当中。因此，根据我国现行宪法和实践中的赦免情况，我国只有特赦制度。[1]特赦只可免除刑罚的执行，并不影响定罪。我国刑事诉讼法也同时规定，对于经特赦令免除刑罚的，公安机关应当撤销案件或人民检察院应当作出不起诉决定。因此我国的赦免制度是刑事诉讼意义上的出罪。

（3）战时缓刑：我国《刑法》第449条规定："在战时，对被判处三年以下有期徒刑没有现实危险宣告缓刑的犯罪军人，允许其戴罪立功，确有立功表现时，可以撤销原判刑罚，不以犯罪论处。"战时缓刑是我国刑法一个实体性的出罪规定，属于特例，对符合特定条件的行为人，审判机关只能做出非犯罪化的处理。

2.程序法上的出罪

程序法上的出罪是指在刑事诉讼程序中，审判机构对某些刑法上已经构成犯罪的情况按照无罪处理。程序性出罪与实体性出罪的区别在于，行为已经构成犯罪是其出罪的前提条件，也就是说，审判机关仍然具有定罪权，只是因为具备特定条件而不再作为犯罪处理。

（1）不追究刑事责任：我国《刑事诉讼法》第16条规定，"有下列情形之一的，不追究刑事责任，已经追究的，应当撤销案件，或者不起诉，或者终止审理，或者宣告无罪：（一）情节显著轻微、危

---

〔1〕 我国现行《宪法》只规定了特赦而没有规定大赦，实践中没有实行过大赦，只实行过特赦，因此，我国《刑法》第65、66条提及的赦免均指《宪法》所规定的特赦。

害不大，不认为是犯罪的；（二）犯罪已过追诉时效期限的；（三）经特赦令免除刑罚的；（四）依照刑法告诉才处理的犯罪，没有告诉或者撤回告诉的；（五）犯罪嫌疑人、被告人死亡的；（六）其他法律规定免予追究刑事责任的”。因此，在定罪过程中，如果发生犯罪已过追诉时效期限；经特赦令免除刑罚和犯罪嫌疑人、被告人死亡这几种事实情况时，审判机关终止审理或宣告无罪的，属于程序性出罪。

（2）刑事和解：刑事和解是指在犯罪发生后，被告人通过认罪、赔偿以及道歉等方式与被害人达成谅解，国家专门机关因此而不再追究加害人刑事责任或对其从轻处罚的刑事案件处理方式。司法机关不再追究已经与被害人达成刑事和解的被告人刑事责任时，刑事和解就具有出罪的功能。例如，《俄罗斯联邦刑法典》第75、76条规定：“初次实施轻罪的人，如果在犯罪之后自首，协助揭发犯罪，赔偿所造成的损失或者以其他方式弥补犯罪造成的损失，则可以被免除刑事责任；初次实施轻罪的人，如果他与受害人和解并弥补给受害人造成的损失，则可以被免除刑事责任。”司法机关对补偿了被害人损失、被害人表示不再追诉的某些犯罪做出罪的处理，是对被害人意志在一定程度上的尊重，同时也是诉讼经济、节约司法成本的考虑，对于轻微犯罪和解后的非犯罪化处理，有利于提高诉讼效率。我国刑事诉讼法也规定了刑事和解，《刑事诉讼法》第290条规定：“对于达成和解协议的案件，公安机关可以向人民检察院提出从宽处理的建议。人民检察院可以向人民法院提出从宽处罚的建议；对于犯罪情节轻微，不需要判处刑罚的，可以作出不起诉的决定。人民法院可以依法对被告人从宽处罚。”因此，对于双方当事人达成和解协议，审判机构认为犯罪情节轻微不需要判处刑罚的，就可以免予刑事处罚，从而实现出罪。

（三）“疑罪从无”原则下的出罪

案件事实经过认定后，因犯罪事实全部或部分是否存在不能得到证明，也即事实存疑时，审判机构必须遵循刑事诉讼法上的裁判规则作出最终的判决。在不同诉讼制度下，疑罪的处理模式有所不同。封建纠问式诉讼制度下，受封建司法制度的局限性以及定罪者思维模式的制约，即使无法查明犯罪事实，也很难认定被告人无罪，“疑罪从有”是普遍的司法处断模式，一旦发现新的证据，就可以重新启动犯罪追诉活动。现代刑事诉讼制度要求认定犯罪事实必须依靠证据，当事实无法得到证明时，普遍确立了“疑罪从无”原则，即要求审判机构对存疑的犯罪行为不得作出有罪认定。我国《刑事诉讼法》第200条第3项明确规定，“证据不足，不能认定被告人有罪的，应当作出证据不足、指控的犯罪事实不能成立的无罪判决”。[1]疑罪从无是罪刑法定精神在司法适用中的体现，为司法者在事实存疑、证据不足的情况下提供了定罪的处断原则，能够实现出罪的功能，具有限制国家刑罚权、保障人权的重要意义。

---

〔1〕 2021年《最高人民法院关于适用〈中华人民共和国刑事诉讼法〉的解释》中规定，对于案件中部分事实不清、证据不足的，事实不清部分不予认定。这与疑罪从无的处理是一样的。

第二节　基于200份刑事裁判文书的定罪分析

尽管刑法为司法者判断犯罪是否成立提供了静态的定罪标准，但定罪是发生在刑事诉讼过程中、极具实践性的动态活动，面对立法预设的定罪标准以及刑法理论有关犯罪构成是否需要改造的种种困惑和疑问，我们需要将研究视角深入司法定罪实践活动中，用实然的态度，研究司法者如何定罪，分析定罪标准是否在实践中有效地发挥了认定案件事实的作用，这对于完善定罪标准、解决理论“瓶颈”问题都非常重要。

本节共选取200份我国人民法院的生效刑事裁判文书，作为分析我国司法实践中定罪事实的认定与证明及定罪标准适用情况的研究样本，其中，定罪事实的认定与证明共选取100份有关诈骗罪的案件；定罪标准适用选取100份有关挪用公款罪的案件。

一、定罪事实认定与证明的裁判文书分析

为分析实践中的定罪活动在事实认定方面的具体情况，本节先选取100份有关诈骗罪的刑事案件作为研究样本。诈骗罪属于高发的、常见的财产型犯罪，其犯罪构成要件内容比较具有代表性。“诈骗罪，是以非法占有为目的，使用欺骗方法，骗取数额较大

的公私财物的行为。诈骗罪(既遂)的基本构造为:行为人实施欺骗行为—对方(受骗者)产生(或继续维持)错误认识—对方基于错误认识处分财产—行为人或第三者取得财产—被害人遭受财产损害。"[1]就诈骗罪的犯罪构成来说,主体方面属于一般主体,涉案人员范围广泛,有不同职业、年龄、性别和社会群体的行为人,诈骗罪也属于有被害人的犯罪,受害人范围广,因而牵涉广泛的社会群体的利益。在客观方面,诈骗罪的既遂包含的要件内容比较全面,对危害行为、行为对象、危害结果及因果关系都有要求,既要求被告人实施了欺骗的行为,还要求受骗人在基于错误认识下的处分财产行为,且有数额较大的要求。主观方面诈骗罪要求有犯罪故意,并且有非法占有的目的。综上,诈骗罪的构成要件所包含的要件要素比较全面,有利于分析各要件内容在定罪事实中的认定及其对定罪所产生的影响。

中国裁判文书网公开的诈骗罪案例数量庞大,为尽可能全面地、真实地反映实践中有关定罪的问题,笔者在样本筛选时确定了两个条件:(1)随机选取100份北京、甘肃、广东、河南、浙江几个省市或地区有诈骗罪案件的裁判文书,使样本案件来源地具有一定程度的地域代表性,其中北京27份,甘肃18份,广东25份,河南10份,浙江20份。(2)选取的案例均为基层法院的一审生效判决书。基层法院是定罪活动中最主要、最活跃的主体,所处理的案件类型广泛并且数量庞大,因此,基层法院作出的裁判文书的数量也是最多的,

[1] 张明楷:《刑法学》(第4版),法律出版社2011年版,第889页。

其定罪模式以及思维方式也具有较为普遍的代表性和参考价值。

(一)定罪事实及其内容

定罪事实是构成要件的犯罪事实，主要有包括有关犯罪人的年龄、身份、人数、在共同犯罪中的地位和作用的事实；有关诈骗行为的方式、方法、手段、骗取财物价值或金额、行骗的时间、地点、次数等事实；有关诈骗主观心理状态的欺骗故意、非法占有的目的，犯罪的形态（未遂、中止）等事实。这些犯罪事实包括了控辩双方提出的犯罪事实和法院最终认定的定罪事实。

认定犯罪事实必须使用证据予以证明，这是现代刑事诉讼证据裁判原则的基本要求。定罪事实的证明遵循严格证明的方法，必须使用法律明文规定的证据种类，样本案例中使用的证据材料均为我国《刑事诉讼法》第50条规定的八种法定证据中的种类，包括物证；书证；证人证言；被害人陈述；犯罪嫌疑人、被告人供述和辩解；鉴定意见；勘验、检查、辨认、侦查实验等笔录；视听资料、电子数据。对不属于法定证据种类的证据材料，法院则不予采纳。例如，在李某、齐某等的诈骗案中，对被告人李某1的辩护人当庭出示的被告人李某1、齐某1、齐某2所在村委会出具的介绍信，法院认为“该介绍信不是证据的种类，内容亦与本案事实及定罪量刑无关，本院不予采用”。〔1〕

定罪事实是定罪活动中需要运用证据证明的证明对象，包括实体法事实和程序法事实两大类。以本节选取的样本案例为例，定罪

---

〔1〕 参见北京市丰台区人民法院刑事判决书，(2016)京0106刑初1163号。本章所分析的案例及判决书均是出于学术研究的目的，因此，对案件中涉及的人名均隐去其真实姓名。全书同。

事实主要包括以下几个方面。

1.实体法事实

实体法事实主要是指犯罪构成要件的事实，包括犯罪嫌疑人、被告人有罪或无罪的事实、罪轻或罪重的事实。具体来说：(1)与被告人身份相关的事实。用于证明的证据主要有被告人常住人口登记表、户籍证明，身份证、银行出具的开户信息资料、辨认笔录、嫌疑人违法犯罪记录查询登记表等。(2)与被指控的犯罪行为是否存在、是否为被告人所实施、实施行为的时间、地点、手段、后果等相关的事实。用于证明的这方面的证据数量较多、内容庞杂，不同案件中诈骗行为方式、方法的不同其相应的证据也具有较大的区别，总体可分为两类，一类是言词证据，主要是证人证言、被害人陈述、被告人供述及辩解。其中，被害人陈述与被告人供述大多为直接证据，能够直接证明犯罪行为的存在或实施。而证人证言大多为间接证据，往往需要多个证人证言之间相互印证，才能证明某个主要事实。另一类是实物证据，包括物证、书证、视听资料、电子证据、勘验、检查、辨认笔录、鉴定意见等，例如，被告人实施诈骗过程中所使用的作案工具如银行卡、手机、U盾、伪基站、电脑、服装、伪造的工作证、车辆、假古董、假保健品等。证明被害人受骗时双方通话的电话记录、手机短信、QQ、微信、树洞、探探、陌陌等聊天App上的聊天记录、截屏照片等；伪造的合同或票据等；证明被害人被骗资金流向的交易明细清单、汇款收据及客户凭单、快递单等；证明被告人取款的视频光盘或银行监控录像、ATM取款情况等。实物证据大多属于间接证据，不能直接证明主要事实，只能证明犯罪行为客观方面的某个事实或情节，需要与其他证据相互印证。(3)与被告人有无罪过、行为动机、目的等相关的事实。用于证明诈骗故意和非法占有他人财物的目的的证据主要是被告人供述、被害人陈述以及账户交易和取款记录等。(4)与被告人的责任以及与其他同案人之间关系的事实。由于选取的样本案例为共同犯罪，需要证明各被告人在共同犯罪中的地位和作用。主要使用的证据有被告人供述和辩解、被害人陈述、证人证言、账户交易明细、取款记录等。(5)与犯罪形态、被害人过错相关的证据。诈骗罪属于故意犯罪，存在犯罪的未完成形态，而犯罪形态与被害人的过错会对之后被告人的量刑发生影响，因此需要运用证据证明，主要使用的证据有被告人供述和辩解、被害人陈述、证人证言等。

2.程序法事实

程序法事实主要包括:(1)关于诉讼程序合法性的事实。包括与诉讼程序是否符合法律要求、是否超越法定期限、管辖是否正确等相关的事实。运用的证据主要来自办案机关提交的书证，如被害人的报案材料、受案登记表、立案决定书、立案侦查情况、补充侦查情况、辨认笔录等。例如，在陈某某、刘某某等诈骗案中，吴某的辩护人指出案件的办案程序违法(无立案)，缺少立案决定书等法定程序，认为案件完全不具备起诉的条件。[1](2)与对犯罪嫌疑人、被告人采取强制措施或羁押相关的事实。运用的证据如拘留证、逮捕证、抓获经过及羁押证明等。(3)与公安司法机关是否侵犯犯罪嫌

〔1〕 参见广东省茂名市电白区人民法院刑事判决书，(2016)粤0904刑初137号。

疑人、被告人诉讼权利相关的事实。运用的证据如讯问笔录、抓获经过、公安机关的侦查说明、情况说明等。

（二）定罪的证明标准及证明责任的司法适用

我国刑事裁判文书一般遵循固定的格式，首先阐明被告人的身份信息以及羁押等基本情况，再说明控方的指控事实与辩方的辩护理由，然后在“经审理查明”部分陈述已经查明的案件事实及经过庭审认证的证明案件事实的证据。在样本案例中，定罪事实和与量刑事实在判决书中都是统一论证，没有区分定罪证据与量刑证据，也没有区分定罪与量刑的证明标准，均适用《刑事诉讼法》规定的“案件事实清楚，证据确实、充分”的证明标准。

判决书在论证所认定的案件事实时，主要有三种陈述模式。第一种是先罗列证据材料，然后认定其符合证据的基本要求。例如，“上述事实，有公诉机关提供并经法庭质证、认证的下列证据予以证实：人口信息、归案经过、刑事判决书、刑事裁定书、情况说明、接受证据材料清单及聊天记录、转账截图、光盘、谅解书、证人秦某、王某2、杨某2、常某等人的证言、被害人李某1、王某1、曾某、李某2、罗某、李某3、杨某1、李某4、黄某、汪某、吴某、叶某、陈某、唐某等人的陈述、被告人洪某的供述与辩解等。上述证据符合证据的客观性、关联性、合法性要件，且证据之间能够相互印证，本院对其证明力予以综合确认”。[1]其中，“上述证据符合证据的客观性、关联性、

〔1〕 参见浙江省金华市婺城区人民法院刑事判决书，(2020)浙0702刑初547号。

合法性要件”的表述，体现出定罪证据应符合真实性、合法性和关联性三个基本特征的要求。第二种是罗列完证据材料后直接表明犯罪事实足以被认定。例如，“上述犯罪事实，被告人黎某某、向某某在开庭审理过程中无异议，且有受案登记表、被害人陈述、搜查笔录、扣押决定书、扣押清单及照片、检查笔录及照片、聊天记录、交易详情、银行账户明细、归案经过、收条、情况说明、违法犯罪经历查询证明、身份证明等证据予以证实，足以认定”。[1]其中，第一种模式中的“证据之间能互相印证”和第二种模式中的“上述事实有证据予以证实，足以认定”都是对定案证据符合“证据确实、充分”证明标准的表述。第三种主要是近年新增的认罪认罚案件中对案件事实的认定模式。这种判决书大多是先表明被告人已确认指控的犯罪事实，然后阐述经法院审查后认定的结论。例如，“被告人何某某对指控事实、罪名及量刑建议没有异议，同意适用简易程序，且签字具结，在开庭审理过程中亦无异议。经审理查明的事实、证据与公诉机关的指控一致。本院认为，被告人何某某的行为已构成诈骗罪”。[2]

证明责任是指由控辩双方承担的提出证据证明自己主张的责任，如果不能提出证据或者提出了证据但达不到法律规定的要求，承担主张不能成立的后果。在我国，公诉案件中被告人有罪的举证责任由人民检察院承担，自诉案件中由自诉人承担。因此，可以通

〔1〕 参见浙江省平湖市人民法院刑事判决书，(2020)浙0482刑初648号。

〔2〕 参见浙江省宁波市海曙区人民法院刑事判决书，(2020)浙0203刑初1133号。

过对样本案例判决书中对控辩双方的指控和辩护主张的处理来分析实践中定罪事实证明责任分配。在样本案例中，当控诉方提供充分的控诉证据证明其指控的犯罪事实并达到法定的证明标准时，法院会认定指控犯罪成立。例如，在林某某等的诈骗案中，法院在查明事实后认为，“公诉机关指控各被告人犯诈骗罪的事实清楚，证据确实充分，指控罪名成立”。[1]当控诉方提供的证据无法充分证明案件中的部分事实时，法院会遵照刑事诉讼法“无罪推定”和“疑罪从无”的原则，对该部分事实不予认定。例如，在李某、邱某强诈骗案中，公诉机关指控被告人李某非法组建推销保健品公司，雇用被告人曾某、邱某、沈某、肖某骗取受害人货款的行为构成诈骗罪。各被告人均对被指控的犯罪事实部分有意见，认为有产品交易的部分属于货款，不构成诈骗，其交易金额不应列为诈骗数额；同时，多名被告人均主张，被指控罪行中有部分事实因证据不足，只有客户报案，但没有证据证明具体事实不应承担责任。法院认定，“上述证据，经法庭认证、质证，被告人李某、邱某某、曾某甲、沈某甲、肖某对被害人的陈述部分有意见，认为是向这些被害人销售产品的。经查……综上，根据现有证据证实被告人李某、邱某某、曾某甲、沈某甲、肖某等人有销售产品给该部分被害人，没有证据确切证实被告人李某、邱某某、曾某甲、沈某甲、肖某等人有以销售产品为名诈骗被害人的故意，也没有证实五被告人实施了具体的诈骗行为。故

[1] 参见广东省茂名市茂南区人民法院刑事判决书，(2021)粤0902刑初911号。

此，公诉机关指控的该部分事实，证据不足，本院不予支持”。[1]可见，当控诉方承担证明责任的情况下，如果举出的证据未能达到法定证明标准，由其承担不利的后果，指控的事实（全部或部分）不能得到法院的认定。

被告人不承担证明责任，辩方既没有义务向法庭证明被告人有罪，也没有义务证明被告人无罪。但辩方可以举出证据证明被告人无罪或罪轻，此时证明责任将发生转移，辩方对其所主张的具体的事实要承担证明责任。辩护主张主要包括：（1）关于被告人责任能力如患有精神病等的事实主张；（2）关于被告人行为合法性或正当性的事实主张，如正当防卫等；（3）关于侦查人员等行为违法性的事实主张，如主张审讯人员刑讯逼供等；（4）关于被告人不可能实施指控犯罪行为的事实主张，如被告人不在犯罪现场；（5）关于被告人犯罪的数额、次数、性质与指控事实不一致的事实主张，如诈骗金额少于起诉书指控的金额等。

当证明责任向辩方发生转移后，辩方应承担证明责任，但是，对于辩方举证应达到的证明标准当前我国的刑事诉讼法及相关司法解释尚没有明确的规定。[2]以陈某某、刘某某、吴某诈骗案为例，被告人刘某某的辩护人认为公诉机关指控被告人参与的第一宗、第二宗诈骗事实不清，证据不足，不应认定。据此提出了相关的证据，

---

〔1〕 参见广东省怀集县人民法院刑事判决书，（2015）肇怀法刑初字第296号。

〔2〕 通常，基于控方与辩方的力量对比和攻防位置，法律对辩方举证的证明标准要低于控方的举证要求，也即辩方的证明不必达到证据确实、充分或排除合理怀疑的标准，一般使用“优势证明”标准，例如，只要证明被告人不在犯罪现场的可能性大于在犯罪现场的可能性就算完成了举证责任。

证明第一宗案件发生时被告人没有作案时间，认为第二宗案件被告人不承认，且仅有受害人的辨认笔录为证，并且受害人只是辨认出了同案犯，并没有辨认出被告人刘某某。同案被告人吴某的辩护人也主张指控吴某的诈骗事实不清，证据不足，不应构成犯罪。主要理由是控诉证据中的被害人的陈述及辨认笔录的内容互相矛盾，不能得出被告人吴某是参与其中的犯罪嫌疑人，并认为侦查机关在办案中存在严重违法违规的情形，证据存在严重的瑕疵。法院根据证据的具体情况最终认定“辩解理由不成立，本院不予采纳”。[1]可见，是否支持辩方的主张，一般由法院根据证据材料进行判断，当法庭认为辩方的证据不能动摇控诉证据或者不能产生合理怀疑时，辩方将承担举证不利的后果。

（三）定罪说理

我国刑事裁判的说理部分通常包括两部分，一部分是以“经审理查明”开头，阐明法庭经过查证属实后认定的犯罪事实，同时会详细列出证明定罪事实的相关证据的种类和内容。另一部分是以“本院认为”开头，依据具体犯罪事实和相关法律法规的规定，论证被告人是否构成犯罪，构成何罪、罪数以及量刑结果。对于共同犯罪的案件，一般会说明各被告人在共同犯罪中的地位和作用。对于控辩双方有争议的案件事实和法律适用问题，通常也在这部分进行分析说明。在对样本案例进行分析研读后，笔者认为，我国当前的

〔1〕 参见广东省茂名市电白区人民法院刑事判决书，(2016)粤0904刑初137号。

刑事裁判文书在定罪事实的认定说理中主要存在以下问题：

第一，一些案件尤其是被告人认罪认罚的案件中，只简单罗列定罪证据，不具体阐明某一项证据所证明的相应的犯罪事实。例如，在李某、齐某等诈骗案中，法院在“经审理查明”部分认定被告人于2016年3月至5月，在网站上发布虚假招聘广告以签订虚假中介合同、交纳伙食费、保险费等费用为手段骗取他人财物，简单罗列定罪证据后即作出有罪认定。判决表述为：“上述事实，被告人李某1、齐某1、齐某2在开庭审理过程中亦无异议，并有被害人李某等的陈述，辨认笔录，证人庞某证言，电脑截屏照片，收据，员工试用期合同，机动车信息查询截图……常住人口基本信息、破案报告、到案经过等证据，足以认定。”〔1〕同样，在朱某某、李某某诈骗案中，被告人对指控的事实、罪名没有异议，判决书在说明了公诉机关的指控事实及证据、辩护意见后，认定“经审理查明的事实、证据与公诉机关的基本指控一致”，即作出“公诉机关指控成立，本院予以支持”的定罪结论。〔2〕笔者认为，认罪认罚的案件中，由于被告人已经认罪，一般适用简易程序或者速裁程序，案件的审理程序已经大为简化，但这并不意味着判决书的说理也能因此而简化。我国的认罪认罚案件并不同于国外的辩诉交易制度，被告人认罪认罚并不等于一定会从宽处理，而法院对于公诉方指控的犯罪事实是否予以支持，对量刑建议是否接受，还需要经过法庭审理后，根据证据及辩

〔1〕 参见北京市丰台区人民法院刑事判决书，(2016)京0106刑初1163号。

〔2〕 参见浙江省浦江县人民法院刑事判决书，(2020)浙0726刑初415号。

护意见做出裁判结果。因此，对于是否支持指控事实和量刑建议，以及是否予以从宽处理，判决书说理部分正是展示法庭裁判逻辑的最好方式。

第二，部分案件对有争议的定罪事实未经详细地论证就得出结论。在一些案件中，被告人及其辩护人对控诉机关的指控罪名和犯罪事实具有异议，也提出了辩解的证据和理由，但法院在认定犯罪事实时，并没有阐明对辩护意见不予采纳的标准和理由，就直接得出了定罪结论。例如，在高某某、李某诈骗案中，高某某的辩护人对其被指控的五起诈骗行为持异议，认为高某某均打了欠条，没有非法占有的故意，不构成犯罪。判决书在对每一起指控简单罗列了证据后，没有分析证据之间是如何证明犯罪成立，辩护人意见如何不当，只简单回应为，“对被告人高某某的辩护人认为公诉机关的第一、三、四起指控，被告人高某某不构成诈骗罪的辩护意见，本院均不予采纳”。[1]

第三，有的案件判决书并没有回应辩方的异议。例如，在潘某等诈骗案中，公诉方指控潘某等人以免费为小区居民安装净水器并以收取押金的手段骗取他人财物，构成诈骗罪，潘某的辩护人则认为案件性质应认定为合同诈骗。该案中被告人存在与受害人签订合同、开立收据的行为，但判决书在“经审理查明”和“本院认为”部分均未对辩护人的意见作出回应。[2]

---

〔1〕 参见北京市朝阳区人民法院刑事判决书，(2015)朝刑初字第01906号。

〔2〕 参见北京市石景山区人民法院刑事判决书，(2016)京0107刑初244号。

第四，有的判决书没有对犯罪构成中的主观要件进行论证和说理。在样本案例中，诈骗罪的犯罪构成的主观方面要件是行为人存在诈骗的犯罪故意和非法占有他人财物的目的，有一些案件明确对被告人的主观方面进行了阐释。例如，在辛某某诈骗案中，辩护人认为辛某某主观上没有犯罪的直接故意，并进行了解释。判决书对此阐述为："根据被告人供述等证据，被告人辛某某制作专门话术，明知其员工无理财顾问资质，仍指导其员工使用话术采取散布虚假的股票交易盈利信息，承诺收益和专业分析师团队，隐瞒真实身份等手段虚构事实，骗取他人咨询服务费，故其辩护人关于其没有主观故意的辩护意见不予采纳。"[1]该说理围绕辩护人的意见和证据，对行为人的主观心理进行了分析，明确地阐述了犯罪的主观要件，比较可取。但也有很多案件的判决书并未对被告人主观上的犯罪故意进行论证，在展示证据后就直接作出了犯罪认定。例如，在周某某诈骗案中，判决书在罗列了各种犯罪事实和相关证据后，并未对主观方面进行阐述和说理，即认定犯罪事实成立，得出"本院认为，被告人周某某以非法占有为目的，采用虚构事实的方法，多次骗取公民财物，数额特别巨大，其行为已构成诈骗罪"的结论。[2]在王某某、张某某诈骗案中，对二被告人提出的没有共同骗取的故意和诈骗的故意的辩解，以及辩护人提出的罪名的异议，判决书均未阐明不采纳辩护意见的原因，在认定事实后列出证据，据此认定二

[1] 参见河南省禹州市人民法院刑事判决书，(2020)豫1081刑初950号。

[2] 参见河南省新蔡县人民法院刑事判决书，(2020)豫1729刑初224号。

人属于共同犯罪，指出“辩护意见均与审理查明的事实及法律规定不符，依法不予采纳”。[1]

（四）定罪事实证明和说理的完善思路

通过对上述样本案例的分析和研究，笔者认为可从两个方面着手完善定罪事实的证明和说理。

一方面，就裁判文书中存在的判决说理不充分的问题，要进一步加强刑事裁判文书对定罪的说理。虽然近年来刑事裁判文书在定罪说理方面已经有了非常明显的进步，大多数判决书都对是否采纳辩护意见作出了明确的回应。但是，在有关罪与非罪、此罪与彼罪、一罪与数罪等重要问题上，仍然有很多判决书的阐释与说理很不充分，甚至不如量刑说理更清晰、更具有说服力。对此，可以从两点加强定罪事实部分的认定说理：其一，加强对控辩双方有争议的犯罪事实的说理和阐释。如果案件中的控辩双方对具体的案件事实和罪名存在争议，法庭应以查证属实的证据和相关法律法规为依据，加强对争议犯罪事实是否存在、指控罪名是否成立的论证和解释。判决书应具体阐明争议事实由哪一项或哪几项证据所证实，如果查证属实的证据只证明部分事实存在的，应明晰不予认定的指控事实。如果辩方对指控罪名提出异议，判决书应当分析构成此罪而非彼罪的原因和法律依据，不能不作回应或简单表述为“与事实不符、不予采纳”。其二，加强对犯罪主观要件的说理。从样

---

〔1〕 参见甘肃省西和县人民法院刑事判决书，（2016）甘1225刑初44号。

本案例来看，能够详细分析阐明犯罪人主观心理状态的判决书非常少。犯罪的主观方面是犯罪构成必不可少的要件之一，由于行为人作案时的主观心理状态不像外在的客观行为那样可以感知和认识，其证明和认定原本就比较困难，因而更需要判决书结合证据、行为人的客观行为以及法律的相关要求，阐明法官心证所形成的理由和逻辑。尤其是在被告人对主观要件持有异议时，判决书对主观方面要件的阐释具有非常重要的作用，不仅有助于增强判决书的说服力，也能使当事人以及社会公众理解定罪的逻辑和理由。例如，在韦某诈骗案当中，韦某受雇于上家为诈骗人员提供通信传输技术，案件审理过程中，被告人辩称其不知道上家实施电信诈骗。法院指出，“经查，公安机关出具的办案说明证实犯罪分子可以隐匿在远处通过涉案设备拨打诈骗电话；被告人韦某归案后亦供认其知道上家实施违法犯罪，但仍按上家指示操作涉案设备，可见其对自身从事活动性质有明确的认识，结合国家多年反诈宣传等情况，足以认定被告人韦某对上家实施电信网络诈骗犯罪是明知的，其明知上家实施诈骗犯罪仍为其提供帮助，应以共同犯罪论处”。〔1〕可见，这种判决书就对被告人所持有的“明知”的认识因素进行了颇具说服力的说理。同时，诈骗罪不仅要求行为人具有诈骗的故意和非法占有的目的，还需要判断被害人的处分行为是否因被告人的欺骗行为而陷入错误认识所致。以李某某、陆某某等多人诈骗案为例，该判决对于主观方面要件的说理颇为翔实充分。李某某的辩护人对李某某

〔1〕 广东省中山市第二人民法院刑事判决书，(2021)粤2072刑初2250号。

的罪名持有异议，认为被告人是与被害人进行赌博，主观上并非直接占有公私财物的故意。同时，被告人将玩法及赔率告知被害人，被害人没有产生错误的认知。所以不构成诈骗罪而应当认定为开设赌场罪。对此，法院在定罪说理部分阐述为，“本案中，各业务员及小组长、团队经理，按照统一的聊天话术，虚构成功的单身中年男士身份，通过微信、QQ等聊天工具与女性受害者之间进行聊天对话，逐渐骗取受害者的信任，直至向受害者以‘投资’为名推荐‘某某商城’平台，并向受害者声称在此平台获利颇丰。尽管受害者可能知晓‘某某商城’平台‘猜金银’的玩法规则，包括赔率、手续费等，也清楚商城商品实际价格低廉，并且‘猜金银’的开奖结果不受人为控制，甚至部分受害者在遭受财产损失后都没有意识到自己被骗。但受害者假如知道所谓‘成果人士’背后其实是一些涉世未深的毛头小子；假如知道对方实际上就是‘某某商城’平台的运营方，自己的所谓‘投资款’通过反复竞猜落入对方腰包；假如知道所谓‘投资’盈利的截图均是伪造，这些受害者还会继续进行‘投资竞猜’吗？想必一个具有正常理性的普通人不需要借助于法律知识，仅凭自己的社会生活经验和朴素的伦理道德观念，但凡知道中间任一环节的真相，就必定不会在‘某某商城’平台继续充值。因此，‘某某商城’平台之所以能够获利，正是因为在被告人编织的谎言不断地诱导下，受害者陷入并持续处于认识错误之中，进而持续充值参与竞猜，最终利用概率论‘赌徒输光定理’，导致受害者资金亏损。综上，本案应当以诈骗罪追究各被告人刑事责任。故辩护人提出的本案应当认定为开设赌场罪的辩护意见，不予采纳”。〔1〕此外，对于共同诈骗来说，要求行为人之间具有共同的犯罪故意；对于诈骗的未遂犯、中止犯等未完成形态的犯罪，还应说明行为人预备犯罪、中止犯罪时的心理态度。

另一方面，要进一步增强被告人辩护权和获得法律帮助权的保障。当前我国刑事案件中辩护人的参与率已经大幅度提高，从样本案例来看，100起案件中76起案件均有被告人委托的辩护人或指定辩护人参与（包含共同犯罪人中有部分犯罪人无辩护人的情况）庭审，24起案件中没有辩护人参与庭审。其中，在北京的27起案件中，仅有3起案件没有辩护人参与庭审，表明其被告人辩护权和获得法律帮助权的保障程度较为充分。在有辩护人参与的案件中，辩护人普遍会针对指控事实和证据中存在的问题以及量刑方面的问题，提出对被告人有利的专业辩护意见，因而比较容易得到法庭的采纳或部分采纳，即使法庭未采纳辩护意见，也大多会从事实和法律的角度对辩护意见予以回应。例如，在李某某、刘某、王某甲、王某乙、胡某甲的诈骗案中，李某某、刘某及胡某甲对指控事实无异议，但王某甲、王某乙的辩护人则做了无罪辩护，最终法院也采纳了辩护意见，认定指控证据不足，判决王某甲、王某乙无罪。〔2〕在韩某某诈骗案中，辩护人针对公诉机关指控的几项犯罪事实提出了质疑，法庭经审查后在判决书中认定："韩某某的辩护人提出，公诉机

〔1〕 浙江省绍兴市上虞区人民法院刑事判决书，(2020)浙0604刑初428号。

〔2〕 参见甘肃省张掖市甘州区人民法院刑事判决书，(2015)甘刑初字第100号。

关指控的第2、3起犯罪，因韩某某的转账时间早于被害人的被骗时间，因此对该两起指控的数额不能认定为韩某某掩饰隐瞒的犯罪数额。指控的第13起犯罪，韩某某仅转账了33,900元，该起应以33,900元认定为韩某某掩饰隐瞒的犯罪数额。经查，辩护人提出的辩护意见与查明事实相符，辩护人的该部分辩护意见，理由成立，予以采纳。"[1]但是可以发现，一些采用普通程序审理的案件仍然存在没有辩护人的情况，如广东戚某某诈骗案、[2]甘肃李某诈骗案[3]等。在没有辩护人的案件中，被告人自己的辩解往往很难得到支持。例如，罗某、唐某等诈骗案，罗某、唐某均对第一项诈骗事实有异议，认为没有共谋，朱某则对三项指控均有异议，认为其没有参与诈骗。判决书对三被告人的抗辩意见均未采纳。[4]所以，刑事辩护人的参与对于案件中的事实的认定以及被告人权益的保障具有重要的作用。

从样本案例中可以发现，当前刑事案件辩护中存在的主要问题是很多辩护人只是就量刑方面提出辩护意见，很少有针对案件事实、罪名认定、无罪的辩护意见，即使有少数案件提出这类意见，一般也很难被法庭采纳。例如，在张某某诈骗案中，辩护人就张某某的行为提出无罪辩护，认为张某某不构成诈骗罪，理由是，"1.张某某没有诈骗的主观故意，也没有实施诈骗的客观行为；2.根据被害

[1] 河南省泌阳县人民法院刑事判决书，(2020)豫1726刑初351号。
[2] 参见广东省廉江市人民法院刑事判决书，(2021)粤0881刑初459号。
[3] 参加甘肃省临洮县人民法院刑事判决书，(2021)甘1124刑初149号。
[4] 参见广东省佛山市高明区人民法院刑事判决书，(2016)粤0608刑初559号。

人的陈述，其被诈骗的平台为‘领富’，诈骗的时间为2021年1月，但根据陈某、张某某的供述，李某的诈骗团伙从未用过‘领富’平台这个网络；3.张某某没有帮诈骗平台向某公司购买聊天工具用于诈骗，即便认定张某某支付了3600元，也与本案被害人被诈骗的行为没有任何的联系；4.某公司为正常经营的公司，其产品均为聊天机器人，该聊天机器人只是针对据已产生的数据进行分析后，自行进行回复，被害人根本不可能会对该聊天机器人回复的信息造成错误认识”。〔1〕法院对该辩护意见回应如下，“本院认为，张某某作为一名成年人，在明知李某系从事电信网络诈骗犯罪人员的情况下，在主观上就应当预料到李某让其代为购买四件套、聊天软件的行为系为了逃避侦查并将相关软件用于电信诈骗犯罪活动，但张某某仍选择帮助其购买用以完善诈骗平台的聊天功能。张某某虽未直接参与诈骗，但根据公安机关出具的情况说明，某公司聊天软件购买记录均有唯一的用户身份证明（User Identification），正是因为张某某帮助李某购买的聊天软件，导致相关被害人被骗并遭受巨额损失。综上，张某某主观上明知，客观上又为诈骗犯罪人员实施了帮助行为，理应构成诈骗罪的共犯，应当以诈骗罪追究其刑事责任，辩护人的无罪辩护意见与在案证据不符，本院不予采纳”。〔2〕

《法律援助法》已于2022年1月1日起施行，这表明我国刑事案件在审判阶段实现辩护律师全覆盖指日可待，这的确在一定程度上

〔1〕 广东省深圳市宝安区人民法院刑事判决书，（2021）粤0306刑初2615号。

〔2〕 广东省深圳市宝安区人民法院刑事判决书，（2021）粤0306刑初2615号。

提高了对被告人辩护权的保障，但如果仅仅停留在实现形式上的保障，满足于庭审有辩护律师的参与即可，是远远不够的，更需要关注的问题是如何提高辩护的质量、如何实现有效辩护以切实地增强被告人辩护权的保障问题。

二、定罪标准适用的裁判文书分析

在衡量案件事实之前，必须准确把握各罪的具体定罪标准，这是司法实践中实际定罪的基本前提。把握定罪标准的目的是实践中的应用，这是一个将刑事法的法律规定付诸于实践的过程，司法者需要在理解立法设定的定罪标准后，再将具体的案件事实与定罪标准之间相互匹配。

（一）定罪标准适用中的疑问

司法定罪的过程实质上就是运用定罪标准衡量案件事实的过程。当案件中的控辩双方对所指控的犯罪行为产生争议，对应用哪一种定罪标准发生歧义时，作为中立裁判者的法官要想作出公正的裁判，除了需要查明案件事实、审查核实相关证据外，还需要准确把握定罪标准，解决定罪标准应用中的疑问。

定罪标准的准确应用以准确把握实体法本身的内容为前提，尤其是在定罪标准本身存在疑问的情况。例如，《刑法》规定的强奸罪是否包括婚内强奸、是否包括男性？《刑法》规定的组织卖淫、强迫卖淫罪中的“卖淫”是否包括男性的卖淫行为？《刑法》规定的投放虚假危险物质罪中的“虚假危险物质”的范围如何确定等。定罪标准的疑问需要发挥刑法解释功能。我国的法律解释权属于立法机构和最高司法机关，法官的解释并没有法律效力，需要遵照已有的立法解释和司法解释的规定来解决定罪标准的疑问。当然，“司法者虽然要执行这些解释，但不能知其然，而不知其所以然，而应当力求对刑法规定的每个具体定罪标准做出合理的解释。如果有权解释不合理，司法者则应在主观上有保留地执行，并通过一定方式表达合理的解释，求得权威解释的修正和完善”。[1]

实践中，大多数定罪标准运用中的疑问主要是如何准确地在案件事实与定罪标准之间“对号入座”的问题。以王某某、张某某诈骗案为例，公诉机关指控被告人王某某、张某某犯诈骗罪，以利用中间人信任骗购农民半夏的手段骗取他人的钱财；而二被告人及辩护人对指控罪名和事实均有异议，认为两人没有共同骗取半夏款，被告人的行为不构成诈骗罪，而是构成非法侵占罪。[2]这里，对于被告人的行为到底是诈骗罪还是侵占罪，就是一个确定定罪标准的问题。由于诈骗罪与侵占罪原本就存在难以区分的一些情况，因此，在控辩双方对罪名产生争议时，就需要法官准确把握这两个罪名的界限。诈骗罪与侵占罪的区分关键在于侵占罪的行为对象是自己代为保管的他人财物，也就是说，双方之间具有委托而占有的关系。诈骗罪的被告人与被害人之间没有委托关系的存在，在“行为人出

〔1〕 夏勇：《定罪与犯罪构成》，中国人民公安大学出版社2009年版，第412页。
〔2〕 参见甘肃省西和县人民法院刑事判决书，(2016)甘1225刑初44号。

于非法占有目的，欺骗被害人，使其将财物交付给行为人‘代为保管’，进而非法据为己有的，应认定为诈骗罪”。[1]此案中，法院在查明的事实和证据的基础上，最终认定“被告人王某某、张某某，以非法占有为目的，采取虚构事实、隐瞒真相的方法，利用农户对中间人的信任，骗购农户的半夏，总价值158,650元，并将骗购的半夏低于成本价贱卖后断绝与农户的联系，数额巨大，其行为已构成诈骗罪”，但遗憾的是，该判决书并没有论证对被告人的行为定诈骗罪而不是侵占罪的具体理由，没有从两罪的定罪标准上进行区分，只简单地回应到，“辩护意见均与审理查明的事实及法律规定不符，依法不予采纳”。[2]

又如，在钱某某等人的诈骗案中，公诉机关认为钱某某等人利用互联网通讯工具，采用虚构事实或隐瞒真相的方法，骗取不特定多数人财物，构成诈骗罪。辩护人提出，该网络平台即“某某商城”以猜金银、猜红包的方式赢得了被害人的钱，且被害人对于自己在商城购物后的猜金银属于赌博是明知的，其开奖结果非人为控制，因此被告人实为通过平台召集人员赌博的行为，更符合开设赌场罪。该案判决书随后围绕案件事实和证据材料，对被告人的行为是否符合诈骗罪进行了较为深入的论证，揭开了被告人虽表面上利用赌博的形式，但实质上是行诈骗之实的行为本质，判决书在该部分论证到，“关于本案的定性问题，即本案是否构成诈骗罪？需要判断

---

〔1〕 张明楷：《刑法学》(第4版)，法律出版社2011年版，第906页。

〔2〕 参见甘肃省西和县人民法院刑事判决书，(2016)甘1225刑初44号。

各被告人围绕‘某某商城’平台实施的一系列行为是否符合诈骗罪的构成要件。通常来讲，诈骗罪在客观上表现为一个特定的行为模式，即‘一行为人实施了欺骗行为—对方陷入认识错误—对方基于认识错误交付财产—行为人取得财产—被害人遭受财产损失’。其中的欺骗行为，表现为向受害者表示虚假的事项，或者说向受骗人传递不真实的信息。虚假的事项，既可以表现为全部事项的虚假，也可以表现为部分事项的虚假。同时，欺骗行为与受害者的财产处分行为之间必须具有因果关系，即如果没有行为人的欺骗行为，受骗者便不会基于认识错误处分财产。换句话说，如果对方知道真相将不处分财产时，那么导致对方处分财产的行为就是欺骗行为。所以欺骗行为的实质就是使受骗者陷入或者继续维持处分财产的认识错误并进而处分财产”。[1]判决书在这里深入解析了诈骗罪的构成要件和行为模式，明确了诈骗罪与开设赌场罪的根本区别，然后再结合案件中被告人使被害人上当受骗，遭受金钱损失的具体行为方式、方法和主观心理，最终认定应当以诈骗罪追究各被告人的刑事责任。笔者认为，该案正是司法实践中准确运用定罪标准的代表性案件，准确地把握了不同犯罪的本质和构成要件，充分地展示了司法定罪的标准和思维逻辑，也很好地解答了被告人的质疑。

（二）定罪标准的适用过程

司法者是运用定罪标准的实际操作者，司法者在定罪中如何运

〔1〕 浙江省绍兴市上虞区人民法院刑事判决书，(2020)浙0604刑初28号。

用定罪标准，对于从立法途径完善和补充定罪标准，检视定罪标准的效果等方面具有非常重要的价值。“定罪就是判断某一具体案件中的行为是否符合刑法规定的过程。由于定罪本身是个建立或排除特定案件事实与相应刑法规范之间同一性的认识过程，所以，按照何种逻辑去认定这个同一性的成立与否，则显得至关重要。”〔1〕为把握司法定罪的阶段和具体步骤，需要进一步探寻定罪的内在逻辑和要求。

关于定罪的具体步骤，有学者认为：“定罪的第一步是要在诸多的事实情况中把那些对定罪具有意义的事实情节挑选出来。然后，根据所挑选的事实情节，对照刑法所规定的有关犯罪的犯罪构成”；〔2〕“相似犯罪构成群的限定，是定罪过程中的第二阶段”；〔3〕第三阶段则是具体犯罪构成的选定即确定行为究竟符合哪一具体犯罪。换言之，该学者认为定罪首先要确定案件事实，然后对照定罪标准，最终在相似的罪名之间确定一个适用的罪名。有学者认为：“定罪起点的任务是：司法者应用其已经掌握的犯罪构成中的行为要件衡量案件事实，如果不存在任何符合行为要件的案件事实，那么结论就是不存在犯罪嫌疑，定罪的过程就此完成，没有必要进行下去；如果案件事实符合一个或多个犯罪的行为要件，那么结论就

〔1〕 白建军：《刑法分则与刑法解释的基本理论》，载《中国法学》2005年第4期。

〔2〕 王勇：《定罪导论》，中国人民大学出版社1990年版，第270页。

〔3〕 王勇：《定罪导论》，中国人民大学出版社1990年版，第275页。相似犯罪构成群是指特定的案件事实往往涉及多个罪名的定罪标准，由于这些犯罪在构成上存在互相包容、交叉或牵连的情况，在犯罪构成上就表现为一种相似关系，因而就形成了若干个罪名的犯罪构成的集合体。其实质是数个罪名之间存在竞合关系。

是存在犯罪嫌疑，必须要把定罪过程进行下去”；[1]其后是认定行为的次数、方法、手段等行为属性事实和行为的时间、地点、工具等条件事实及情节；其后则因犯罪客观要件的类型不同而有所区别，如果是结果犯或危险犯，需应用结果要件或危险要件衡量案件事实，如果不属于结果犯或危险犯则进入下一阶段；其后是应用主体要件衡量案件事实，具体区分为自然人主体、特殊自然人主体和单位主体要件；其后是应用主观要件衡量案件事实；其后是应用排除要件衡量案件事实；最后是运用罪数认定规则认定罪数。[2]概括来说，该观点认为定罪是按照犯罪构成的客观要件—主体要件—主观要件—排除要件—罪数认定的顺序递进式地进行。

定罪活动进行的前提是被告人因特定行为被提起公诉或自诉，因而，定罪活动首先需要判断和评价的就是被告人的行为是否符合其所被指控罪名的定罪标准。如果被告人及其辩护人对指控罪名和事实没有异议，法院一般情况下不会变动罪名；如果被告人或其辩护人对指控罪名有异议，法庭会依据案件事实在控辩双方所主张的罪名之间进行同一性判断，最终决定支持哪方的观点，认定被告人触犯的具体罪名。只有在法庭认为被告人的行为不符合控辩双方所主张罪名的情况下，才会衡量案件事实是否符合其他相似犯罪构成以及是否需要变更罪名进行定罪的问题。也就是说，法庭对被告人行为的定性是以指控的犯罪事实是否符合控辩双方所主张罪

[1] 夏勇：《定罪与犯罪构成》，中国人民公安大学出版社2009年版，第423页。
[2] 参见夏勇：《定罪与犯罪构成》，中国人民公安大学出版社2009年版，第425～432页。

名的犯罪构成为基础而展开，是在非常明确的范围内选择定罪的标准，而不是盲目地扩大定罪活动的范围，在所有相似的犯罪构成之间斟酌判断。所以，笔者不赞同“定罪第二阶段是相似犯罪构成群的限定”的观点。该观点忽略了定罪是在刑事诉讼中进行的、面向控辩双方的程序性的活动。笔者也不认同“定罪的第一步是司法者运用其已经掌握的犯罪构成中的行为要件衡量案件事实”的观点。因为在定罪伊始，司法者已经掌握的犯罪构成究竟是什么呢？是控方指控罪名的犯罪构成，还是辩方所主张罪名的犯罪构成？即使先以控诉罪名的犯罪构成的行为要件衡量案件事实，也可能无法在这一环节就得出“如果不存在任何符合行为要件的案件事实，那么结论就是不存在犯罪嫌疑，定罪的过程就此完成”的结论，因为案件事实也可能符合辩方所主张罪名的犯罪构成或者法庭认定的变更罪名后的犯罪构成要件。

那么，司法定罪的起点与顺序究竟是什么呢？为深入地考察我国司法定罪实践过程中应用犯罪构成的基本进程，本书仍然试图从刑事裁判文书中寻找线索。笔者以挪用公款罪为样本随机选取了100份2014年以后的判决书，其中44份为一审裁判文书，56份为二审裁判文书。选择以挪用公款案为研究样本是因为挪用公款罪与诈骗罪在犯罪构成的主体要件上不同，挪用公款罪的主体是特殊主体，主体由国家工作人员构成，诈骗罪则是一般主体。因此，为增强结论的全面性和可靠性，选取挪用公款罪作相关案件作为论证补充。

经过对样本案例的研读与分析，笔者认为司法定罪的第一步是适用主体要件衡量案件事实。以挪用公款罪为例，该罪为特殊主体，只要被告人不是国家工作人员，即使其他构成要件齐备，也不能构成犯罪。尤其是在控辩双方对被告人主体要件有争议的案件中，法庭首先要认定的事实以及证据的审查活动都是围绕被告人是否属于国家工作人员展开。

在姜某某挪用公款案中，公诉机关指控被告人姜某某犯挪用公款罪，认为其在担任吉林省中天房地产开发有限责任公司总经理期间，利用职务上的便利，指使中天公司出纳员李某甲将该公司代长春煤炭科学研究所保管的账外款和中天公司售楼款私自挪用，用于注册成立姜某某实际控制的某公司。被告人及其辩护人则认为，案发时姜某某不具有国家工作人员身份，不符合挪用公款罪的主体要件；被告人所在中天公司属于民营企业，其资金也不属于公款，因此主张罪名不能成立。为了查清控辩双方对姜某某是否具备国家工作人员身份的争议，双方提交了相关的证据材料，主要包括证明中天公司资金情况的司法鉴定审计报告；证明姜某某身份的原隶属单位的相关书证；姜某某的公民户籍信息证明、银行账户信息及资金交易明细和证人证言等。最终，法院在“本院认为”部分先对被告人的主体身份进行了认定，“长春煤炭科学研究所为财政拨款事业单位，姜某某系该所正式职工，被任命为中天公司总经理后，其国家工作人员身份并未改变；而中天公司虽为有限责任公司，但实质却是煤炭科学研究所的下属企业，并非私有民营企业，故辩护意见与事实不符，不予采纳”。〔1〕

〔1〕 参见吉林省吉林市中级人民法院刑事判决书，(2015)吉中刑初字第26号。

在李某挪用公款案中，公诉机关指控被告人李某利用其担任北京某工程建设局宝特分局局长的职务便利，挪用公款归个人使用，进行营利活动，超过3个月未还，数额巨大不退还。李某的辩护人则认为李某与北京某建设局系合作经营关系，不具有国家工作人员身份，主张李某无罪，并提交了《合作经营协议》、《关于李某与我局经济关系的情况说明》、证人闫某的询问笔录等证据材料，用以证明李某不是在国有公司中从事公务的人员。法院围绕双方的争议进行了相关事实和证据的核查，从两家单位的实际监管关系及责任承担关系等方面详细论证了李某的身份归属，最终认定李某是代表国有企业履行监督、管理国有资产的国家工作人员，其所提交的合作经营协议等证据只能印证两家单位的经济合作关系及双方的具体民事权利义务关系，但不能得出被告人李某不具有国家工作人员身份的结论，故驳回了辩护意见。〔1〕

在姚某某受贿、挪用公款、行贿、巨额财产来源不明案中，被告人姚某某犯有数罪，要厘清其各种犯罪事实的性质和罪名，必须先理顺被告人在不同时期的身份情况。法院经过审理后对姚某某的受贿事实、挪用公款事实、行贿事实和巨额财产来源不明四项犯罪事实逐一审查，对每一项犯罪事实的审查都是先从被告人姚某某的身份核实开始。我们仍以该案中的挪用公款罪为例来看，法院在判决书中指出，“……二、挪用公款事实　2010年9月，时任内蒙古某银行董事长的杨某乙（另案处理）让呼伦贝尔某置业有限公司法

〔1〕 参见北京市第一中级人民法院刑事判决书，(2014)一中刑初字第1286号。

定代表人刘某乙以置业公司名义从银行贷款3500万元，归自己使用。因置业公司无此贷款的相应抵押物，杨某乙让时任行长的被告人姚某某代表银行与置业公司董事长刘某乙签订虚假的商品房买卖合同，便于置业公司以对银行应收账款为质押申请贷款。姚某某明知该笔贷款系杨某乙个人使用、商品房买卖合同系虚假合同的情况下，因考虑杨某乙系自己的领导及杨对自己的培养、提拔和重用，仍按照杨某乙的授意签订了商品房买卖合同。在该笔贷款提交业务审查委员会研究过程中，个别委员提出异议时，姚某某授意时任风险管理部总经理的鲍某某先发放贷款，其事后补签字。2010年10月，银行发放了3500万元贷款，杨某乙安排将该款转入张某乙担任法定代表人的内蒙古某煤炭运销有限公司公积板分公司账户，准备将此款用于张某丙与张某乙合作开办小额贷款公司，后小额贷款公司未成立。2011年，经刘某乙催要，杨某乙安排张某乙两次归还置业公司2500万元，至2012年10月，置业公司将其余贷款本息还清”。这里首先确认了被告人姚某某的行长身份，之后确认其挪用公款行为的前因后果，最后对相关证据进行审核。据此，法院认定，“被告人姚某某身为国家工作人员，利用职务之便为他人谋取利益，非法收受他人款物、干股共计人民币共计2739.1018万元，数额特别巨大；利用职务上的便利，挪用公款3500万元归他人使用，进行营利活动，数额巨大”。[1]

在山东省李某某挪用公款、贪污受贿案中，被告人李某某的任

〔1〕 内蒙古自治区赤峰市中级人民法院刑事判决书，(2016)内04刑初46号。

职经历比较复杂，曾任临淄区某某街道党工委委员、某某街道办事处财审所所长、财经委主任、临淄区城南棚户区改造项目推进工作领导小组指挥部办公室主任等职务。因此，对李某某行为定性的前提就是要审查清楚李某某的每一项具体行为是在什么身份、担任什么职务的情况下所实施的，身份和职务的不同，对于其行为的性质和罪名都具有实质的影响。因此，该案法院调查的有关被告人身份的相关证据有李某某的干部履历、户籍材料、编制、党员信息等资料、临淄区委员会某某街道工作委员会文件、情况说明、职责证明、统一社会信用代码证、临淄区人民政府街某某道办事处的证明材料、中共临淄区委机构编制委员会文件、中共临淄区委组织部的文件、临淄区人民政府的文件、淄博市临淄区人民代表大会常务委员会的文件、中共临淄区委办公室文件、无犯罪记录证明等证据材料，这些都是为了核实李某某犯罪行为的主体要件。判决书对定罪事实的认定也可以充分体现定罪第一步骤正是考察主体要件。判决书在认定李某某的挪用行为时阐述到，“经审理查明，2006年8月至2011年4月，被告人李某某在担任临淄区某某街道党工委委员、某某街道办事处财审所所长、财经委主任期间，指使时任临淄区某某街道办事处财政所总预算会计范某挪用某某街道办事处预算外资金360万元，用于个人从事经营活动及借给他人用于经营活动”。〔1〕

在诈骗罪这类犯罪构成要件主体要件为一般主体的案件中，判决书同样是从确认被告人的主体身份展开的。在所有的样本案例

〔1〕 山东省淄博市临淄区人民法院刑事判决书，(2022)鲁0305刑初180号。

中，判决书的第一部分都是对本案被告人基本身份信息的交代，其内容包括被告人的姓名、年龄、民族、学历、户口、住址等基本情况。这种交代并不仅仅是因为遵循固定行文格式的需要，实际上可以表明，任何案件在进入刑事审判阶段，开展法庭审理时，法庭首先需要弄清楚审判的是谁。也就是要审查核实被告人的主体资格，包括对其刑事责任年龄、刑事责任能力等一般主体资格的审查核实，也包含对特殊主体其特殊身份或资格的审查核实。如果发现被告人可能存在不符合主体要件的情况，或者被告人及其辩护人对其主体适格性提出了异议，法庭审理的第一任务就是对有关主体要件的事实进行审查，如委托鉴定机构对被告人的刑事责任能力进行司法鉴定，或者对有关主体国家工作人员的身份进行审查核实等，而后续的所有定罪活动都需要在此基础上展开。例如，在郭某某故意杀人案中，针对控方对郭某某犯故意杀人罪的指控，郭某某的辩护人认为郭某某作案时患有精神病，完全没有刑事责任能力。判决书在事实认定部分首先指出："经审理查明，2010年间，被告人郭某某患有精神病，经治疗病情时好时坏"，然后说明了案发的基本情况，指出，"经陕西省司法精神医学鉴定中心对郭某某进行司法精神医学鉴定，郭某某患有精神分裂症，其在2014年2月4日作案时，有部分刑事责任能力"。[1]

综上，司法定罪的第一阶段应是确认具体案件中被告人的基本情况（刑事责任年龄和刑事责任能力）或特殊主体的身份（包括单

---

〔1〕 河北省辛集市人民法院刑事附带民事判决书，(2015)辛刑初字第122号。

位主体)是否符合指控罪名的犯罪构成的主体要件。只有主体要件符合才能进入下一定罪阶段。如果不符合,应进一步确认是否符合辩方所主张罪名的犯罪构成的主体要件。主体是行为人客观行为和主观心理状态的载体,是法庭考察其他犯罪构成要件的前提和基础,只有针对符合主体要件的被告人作出的判决才有法律意义,也只有符合主体要件的被告人才能受法院判决的拘束。在完成第一阶段主体要件的适用后,笔者赞同前述第二种观点主张的其后的定罪步骤,即遵循先客观、后主观的顺序。从样本案例也可以发现这样的定罪流程,法庭定罪会先审查判断客观方面的行为、时间地点、结果等要件要素,最后再审查判断行为人的主观心理罪过。

第六章　量刑事实的认定及其证明

量刑是人民法院根据刑事法律，在认定犯罪的基础上，确定对犯罪人是否判处刑罚，判处何种刑罚、多重的刑罚以及决定所判刑罚是否立即执行的刑事司法活动。如果说定罪是刑事司法审判的第一道工序，那量刑就是第二道工序。定罪评价的是犯罪行为的质，解决的是被告人的行为是否有罪、构成何罪的问题；量刑评价的是犯罪行为对应的刑罚的量，解决的是对犯罪人是否判处刑罚、判处何种刑罚以及刑罚的轻重问题。量刑与定罪具有逻辑上的先后顺序，只有在认定行为已经构成犯罪的前提下，才有量刑的空间。定罪是量刑的基础，量刑是定罪的后续，量刑对定罪有明显的依赖关系；量刑也是刑罚执行的前奏，具有承上启下的作用。“量刑是将法定的罪刑关系转变为实在的罪刑关系的必要条件，是行刑的先决条件。量刑适当与否，是衡量刑事审判质量的一个重要标准，它直接影响刑罚积极功能的发挥与刑罚目的的有效实现，关系到国民对刑事审判的尊重信赖或贬抑轻蔑。”[1]因此，量刑是实现刑罚目的的重要手段，涉及案件当事人的切身利益，通过对犯罪人的刑罚裁量

〔1〕 张明楷：《刑法学》（第4版），法律出版社2011年版，第491页。

可以实现刑法预防犯罪的目的；量刑也是体现刑事审判公正与司法权威的重要途径，通过量刑可以贯彻刑法罪刑法定、罪责刑相适应、刑法适用人人平等的基本原则。此外，量刑中刑罚适用过度或刑罚适用不足还会影响司法资源的成本与投入，关系国家司法资源的配置与平衡。

量刑权是国家刑罚权的主要内容，从属于审判权，由审判机构行使，不同层级的审判机构量刑权的具体权限有所不同。量刑活动的展开以定罪活动中查明案件事实、认定犯罪的性质为前提，以犯罪人为量刑的对象，在定罪确定了应适用的刑法之后，由量刑决定是否判处刑罚、判处何种刑罚以及是否立即执行等问题。量刑的结果包括对犯罪人实际判处刑罚和不判处刑罚两种。在判处刑罚的情况下，需要进一步确定所需判处的刑种、刑度、是否缓期执行、是否数罪并罚等问题。量刑活动的基本内容是评价、认定与刑罚裁量有关的事实情况，以及适用法律预设的量刑标准对某一具体犯罪行为应当承担的刑事责任作出恰当的裁量。因此，量刑活动涉及三个重要的问题，即量刑的事实依据（量刑事实）、量刑的法律标准（刑事法律）以及量刑的结果（具体案件中刑罚裁量的结果即宣告刑）。为了确保量刑公正，必须做到在实体上恰当地把握量刑的标准，在程序上依靠证据审查核实量刑事实。可见，量刑与定罪一样，是一个交叉适用刑法与刑事诉讼法的动态过程。通过对量刑事实认定与量刑标准应用进行探讨，有助于我们从量刑的视角深入考察刑法与刑事诉讼法之间的关系。

第一节　量刑事实及其认定

一、量刑事实及分类

量刑事实是刑罚裁量活动的结果即法庭作出宣告刑的事实依据，是由法律规定或授权审判机关决定的，能够反映犯罪行为的社会危险性和犯罪人的人身危险性的、影响刑罚轻重的各种主客观事实情况。量刑活动是在审判机构确认行为已经构成犯罪的基础上，进一步确定犯罪人是否需要判处刑罚以及判处何种刑罚的司法活动，审判者科处刑罚的事实依据就是量刑事实。因而，量刑事实不是决定犯罪性质的事实，而是影响刑罚轻重的事实，它可以揭示同一种犯罪中不同的具体犯罪行为的个性，是实现刑罚个别化需要考虑的重要因素。量刑事实的范围比定罪事实的范围更广，除了犯罪行为实施过程中的事实情况外，还包括犯罪前和犯罪后的相关事实情况。

在我国，量刑事实与量刑情节的含义基本相同，主要区别在于适用的领域不同。在刑事诉讼领域多使用量刑事实的概念，在刑法中则通常称为量刑情节。“量刑情节又称刑罚裁量情节，是指客观存在的、反映犯罪行为的社会危害性程度、犯罪人的人身危险性程度，并在法官裁量刑罚时必须予以考虑的、据以决定刑罚轻重或免予刑事处罚的各种具体的主客观事实情况。"[1]可见，量刑情节就是量刑时的各种事实依据。例如，2020年最高人民法院、最高人民检察院、公安部、国家安全部、司法部联合发布的《关于规范量刑程序若干问题的意见》（法发〔2020〕38号）中既有"量刑情节"的表述，也使用了"量刑事实"的表述。

本书主要使用"量刑事实"的概念，一方面与本书所探讨的"定罪事实"相呼应，另一方面也因为本章主要是从刑事诉讼证明的角度对量刑展开研究，而"量刑事实"比较适合在证据法范畴内使用。

（一）属于犯罪事实的量刑事实

属于犯罪事实的量刑事实是发生在犯罪行为过程当中的事实，包括既影响定罪又影响量刑的量刑事实和不影响定罪只影响法定刑升格或降格的量刑事实两种类型。例如，刑法总则中规定的未成年人犯罪、盲聋哑人犯罪、防卫过当、避险过当、犯罪预备、犯罪未遂、犯罪中止、从犯、胁从犯及教唆犯等事实；刑法分则中有关具体犯罪的犯罪数额、犯罪次数、犯罪结果、特殊的犯罪性质、犯罪对象和犯罪时间等事实情况，均属于犯罪事实的量刑事实。

1.既影响定罪又影响量刑的量刑事实

既影响定罪又影响量刑的量刑事实指既可以对定罪产生影响，又能够影响量刑的犯罪事实，是与定罪事实相互重合或者与定罪

〔1〕 赵秉志等：《刑法学》，北京师范大学出版社2010年版，第348页。

事实具有直接关系的犯罪事实。“虽然理论上可以静态地区分出作为定罪基础的事实和作为量刑基础的事实，但如果率直地观察具体诉讼过程中的犯罪事实，就会发现一项影响量刑的事实经常也是定罪的基础”。〔1〕既影响定罪又影响量刑的量刑事实一般是罪中事实，有些与定罪事实相互重合，往往无法与定罪事实相区分。例如，行为的方式、手段、结果；犯罪的形态；行为人在共同犯罪中的地位和作用等事实情况，既能够证实行为人的罪行性质，也可以对科处什么刑罚产生影响的事实。有些量刑事实与定罪事实具有直接关系，虽然能够与定罪事实相分离，但实质上是犯罪事实的有机组成部分。例如，“行为前的准备、行为的动机、实施行为时的心态、行为时的附随情状（如是否携带武器）等”。〔2〕再如，根据我国《车辆驾驶人员血液、呼气酒精含量阈值与检验》的规定，醉酒后驾驶是指驾驶人驾车时血液、呼气中的酒精含量值大于或等于80mg /100ml的驾驶行为。〔3〕其中，驾驶人血液、呼气中的酒精含量首先是判断行为人是否构成醉酒后驾车的定罪事实。醉驾属于危险驾驶的一种情形，在我国刑法中属于抽象危险犯，其犯罪的成立不要求造成一定的危害结果，所以当行为人的血液、呼气中的酒精含量超过80mg/100ml以后，数值越大表明行为人的社会危害性也越

〔1〕 康怀宇：《比较法视野中的定罪事实与量刑事实之证明——严格证明与自由证明的具体运用》，载《四川大学学报（哲学社会科学版）》2009年第2期。

〔2〕 康怀宇：《比较法视野中的定罪事实与量刑事实之证明——严格证明与自由证明的具体运用》，载《四川大学学报（哲学社会科学版）》2009年第2期。

〔3〕 参见国家标委会于2017年发布的《车辆驾驶人员血液、呼气酒精含量阈值与检验》（GB 19522—2010）。

大，这时有关行为人血液、呼气中的酒精含量的相关事实情况则成为一种与量刑相关的事实情况。

2.不影响定罪只影响法定刑升格或降格的量刑事实

犯罪事实中与具体犯罪行为的法定刑升格或降格相关的事实情况也属于量刑事实，这类事实不对定罪产生影响，只影响法定刑的加重或从轻、减轻以及免除。我国刑法分则中，只有少数犯罪是一个法定刑幅度，大多数犯罪都具有两个以上的法定刑幅度。因此，分清案件中犯罪行为的情节属于法定刑中的哪个层次，对正确量刑具有非常重要的作用。对规定了不同法定刑幅度的具体犯罪，行为人的具体行为具备的情节不同时，其所适用的法定刑则有可能升格或降格。司法者在对具体犯罪适用从重或从轻处罚的事实情节时，需要根据具体犯罪的社会危害程度确定与之相对应的法定刑幅度。例如，敲诈勒索罪的法定刑幅度有三档，第一档的法定刑是“处三年以下有期徒刑、拘役或管制，并处或单处罚金”，其所对应的“数额较大或多次敲诈”既属于定罪事实又是量刑事实；第二档的法定刑是“处三年以上十年以下有期徒刑，并处罚金”；第三档的法定刑是“处十年以上有期徒刑，并处罚金”。其中，第二档和第三档的法定刑分别对应的量刑事实是“数额巨大或者有其他严重情节”“数额特别巨大或者有其他特别严重情节”，属于并不影响“敲诈勒索罪”的罪名和定性，只影响其法定刑升格的量刑事实。再如，盗掘古文化遗址、古墓葬罪的法定刑幅度也是三档，其中“处三年以下有期徒刑、拘役或管制，并处罚金”这一档所对应的“情节较轻的”就属于影响法定刑降格的量刑事实。

(二)犯罪事实以外的量刑事实

犯罪事实以外的量刑事实是发生在犯罪前或犯罪后，不属于犯罪事实，与犯罪人的人身危险性(再犯可能性)等因素相关的事实情况。这类量刑事实主要包括犯罪前有关被告人的前科劣迹、累犯、未成年人个人成长经历及一贯表现的事实；犯罪后自首、立功、坦白、自愿认罪、退赃退赔、赔偿被害人经济损失以及取得被害人或其家属谅解的相关事实。量刑事实的种类及相关内容如表6-1所示。

表6-1　量刑事实的种类及内容

量刑事实种类	内容
属于犯罪事实的量刑事实	既影响定罪、又影响量刑的量刑事实；不影响定罪、只影响法定刑升格或降格的量刑事实
犯罪事实以外的量刑事实(案外事实)	• 绝对主义： 表明行为恶害大小即罪刑轻重的事实。 • 相对主义： 体现犯罪人的人身危险性及其教育、改造难易程度的事实。 • 并合主义： 体现实现刑罚并合主义观念的一切事实

犯罪事实以外的量刑事实与刑罚的观念密切相关。哪些案外事实可以作为量刑的基础，取决于不同国家刑法中所采用的刑罚观念以及对刑罚本质与目的的认识。绝对主义(报应刑论)认为刑罚

是对犯罪的报应，恶报的内容必须是恶害，恶报应当与犯罪人的恶行相均衡。因此，绝对主义刑罚观念下，量刑事实主要是反映行为人恶害大小及罪刑轻重的各种事实情况。相对主义（目的刑论）认为刑罚是为了实现预防犯罪，只有在预防犯罪所必要且有效的限度内，刑罚才是正当的，“为了没有犯罪而科处刑罚”是相对主义的目标，〔1〕因此，为了教育和改善犯罪人使其不再犯罪，凡是能够体现犯罪人的人身危险性、与其教育、改造相关的事实都允许作为量刑事实。并合主义则是一种折中的观点，认为刑罚一方面是为了报应，另一方面是防止犯罪。“因为有犯罪并为了没有犯罪而科处刑罚”是并合主义的刑法理念。〔2〕绝对主义为科刑设定了上限，相对主义为减免刑罚提供了依据，并合主义综合了绝对主义与相对主义的优势，一切有助于实现刑罚并合主义观念的事实都有成为量刑事实的可能。例如，《美国联邦刑事诉讼规则》第32条C项规定，“在课刑前，缓刑官员应当作现状调查并向法庭提交报告。现状调查的报告应当包含：有关被告人的历史和特征的资讯，包括以前的犯罪记录（如果有的话），经济状况和其他对被告人有影响的情况”。〔3〕可见，在美国刑事诉讼过程中，由缓刑官提供给法庭用于量刑的事实范围较广，没有特别限制量刑事实的具体范围，凡是对量刑有可能产生影响的情况，都可以在报告中提交。再如，《德国刑法典》第46条第

〔1〕 参见张明楷：《刑法学》（第4版），法律出版社2011年版，第453页。

〔2〕 参见张明楷：《刑法学》（第4版），法律出版社2011年版，第453页。

〔3〕 《美国联邦刑事诉讼规则和证据规则》，卞建林译，中国政法大学出版社2003年版，第20页。

2款规定："法院在量刑时，应权衡对犯罪人有利和不利的情况，特别应注意下列事项：行为人的行为动机和目的，行为所表露的思想和行为时的意图，违反义务的程度，行为的方式和行为结果，行为人的履历，人身和经济情况及行为后的态度，尤其是行为人为了补救损害所作的努力。"[1]可以发现，德国刑法对量刑事实的采用列举的方式，其所规定的量刑事实的范围也非常广泛。

（三）量刑事实的分类

刑事案件中的各种事实交织缠绕、错综复杂。犯罪行为不同，其量刑事实也各不相同。从理论上来说，几乎不存在两个量刑事实完全相同的刑事案件。量刑事实（量刑情节）可以划分为很多种类，不同种类的划分揭示了不同量刑事实对于量刑轻重的影响和作用，其中比较重要的分类有以下几个方面。

1.反映犯罪行为社会危害性的事实与反映犯罪人的人身危险性的事实

根据量刑事实的属性不同，可以将量刑事实划分为反映犯罪社会危害性的量刑事实与反映犯罪人的人身危险性的量刑事实。前者是指由犯罪的客观危害和犯罪人的主观恶性综合体现出的犯罪行为的社会危害程度的事实，如犯罪的手段、犯罪造成的伤亡结果、犯罪的对象、犯罪人的身份、犯罪的时间与地点等，均可体现犯罪行为的社会危害性。后者是说明犯罪人再次犯罪可能性大小的事

---

〔1〕《德国刑法典》，徐久生、庄敬华译，中国方正出版社2004年版，第17页。

实情况，如犯罪人犯罪前的前科劣迹、个性特点、犯罪后的表现、在共同犯罪中的地位和作用、犯罪人的身体状况比如是否患有疾病或怀孕等情况。

2.法定量刑事实与酌定量刑事实

以法律是否有明文规定可以将量刑事实分为法定量刑事实与酌定量刑事实。法定量刑事实指在《刑法》中明文规定的，审判机关在量刑时必须予以考虑的事实情况。酌定量刑事实是指法律没有明确规定，根据立法精神或刑事政策，由司法机关在审判实践中总结出来的，在量刑时根据具体情况酌情考虑的各种事实情况。

法定量刑事实包括法定减轻或者免除处罚情节，法定从轻或者减轻处罚情节，法定从轻、减轻或者免除处罚情节，法定免除处罚情节，法定从重处罚情节这五种。量刑情节在总则与分则中都有明文规定，刑法总则规定的量刑情节是对各种犯罪共同适用的情节，刑法分则规定的量刑情节是对特定犯罪适用的量刑情节。我国刑法总则中规定的法定量刑情节主要有未成人年犯罪、年满75周岁以上的老年人故意犯罪、又聋又哑的人或者盲人犯罪、未遂犯、从犯、中止犯、防卫过当、避险过当、自首、立功等法定从宽的事实；累犯、教唆未成年人犯罪等法定从重的事实。

酌定量刑事实是指人民法院从审判经验中总结出来，在刑罚裁量时应当灵活掌握酌情适用的情节，对于刑罚的裁量也具有重要意义。与法定量刑事实相比，酌定量刑事实具有较大的不确定性，范围也更广泛，也能反映被告人及其行为的社会危害性和人身危险性，是量刑时需要认定和考虑的事实情况。当前，有关量刑的司法解释中增加了一些量刑事实，明确这些量刑事实由法庭进行酌情考虑，可以在量刑上进行适当的减轻或加重。主要包括坦白，当庭自愿认罪，犯罪后退赃、退赔，积极赔偿被害人经济损失并取得谅解，达成刑事和解协议，被告人在羁押期间表现好，被告人认罪认罚等从宽量刑的事实，也包括有前科的，犯罪对象为未成年人、老年人、残疾人、孕妇等弱势人员的，在重大自然灾害，预防、控制突发传染病疫情等灾害期间故意犯罪的等从重的量刑事实。

3.罪重量刑事实与罪轻量刑事实

以事实对量刑结果所产生的影响为标准，可以将量刑事实划分为罪重量刑事实与罪轻量刑事实。罪重量刑事实是表明犯罪行为社会危害性严重的事实和被告人人身危险性较大的情况，是可能对量刑结果产生不利影响即从重处罚的事实。例如，在我国刑法分则中，武装掩护走私的；伪造货币并出售或运输伪造的货币的；银行或其他金融机构的工作人员利用职务上的便利窃取、收买、非法提供信用卡信息等都属于罪重事实，在量刑时需要对犯罪人从重处罚，即在法定刑的量刑幅度内选择较重的刑种和较长的刑期。

罪轻量刑事实是表明犯罪行为社会危害性较小或者被告人的人身危险性较小等各种情况，是可能对量刑结果产生有利影响即从轻、减轻或免除处罚的事实。从轻处罚是指可以在法定刑以内，判处较轻的刑种和较短的刑期。例如，我国《刑法》规定，犯罪人如实供述自己罪行，预备犯，从犯等情况就可以从轻处罚。减轻处罚是指量刑时在法定刑以下判处刑罚，如行贿人在追诉前主动交代行贿行为，聋哑人或盲人犯罪等情况可以减轻处罚。免除处罚是指量刑时对犯罪人作有罪宣告但不予以刑罚处罚，如中止犯没有造成损害；非法种植罂粟或其他毒品原植物但在收获前自动铲除的等事实可以免除处罚。

二、量刑事实的认定

量刑事实的认定以法庭审理查明的定罪事实为基础，以法庭认定的犯罪性质为依据展开，对可能影响刑罚加重或减轻、从轻或免除、判处缓刑、是否并科附加刑及其程度等方面的各种问题予以综合地分析考虑，只有准确而又全面地掌握影响量刑的各种相关事实，才能确保宣告刑的准确与公正。在量刑事实认定中，需要遵循下列基本原则。

（一）禁止重复评价原则

禁止重复评价是指刑罚裁量时不能重复评价同一个量刑事实。“禁止重复评价是量刑情节适用中的一个重要原则，是指禁止对法条所规定的、已经将其影响刑罚轻重考虑在内的因素，在刑罚裁量中再度当作刑罚裁量事实重复评价而作为加重或减轻刑罚的依据”。[1]禁止重复评价强调某一个量刑事实已经作为犯罪构成要件事实或选择法定刑依据的事实后，就不能作为法定刑之下影响具体量刑从重或从轻的事实再予以考虑。如果一个量刑事实已经作为

〔1〕 张明楷：《刑法学》（第4版），法律出版社2011年版，第356页。

构成要件要素或者作为确定法定刑档次的情节在确定犯罪事实时被使用过，那么在量刑时就不能对该事实重复评价，也就是同一个量刑事实不能既在确认犯罪成立时使用，又在量刑中再次使用。例如，行为人具有“武装掩护走私”的行为，如果法庭已经根据该事实认定可以适用《刑法》第151条走私武器、弹药罪中的“情节特别严重的，处无期徒刑，并处没收财产”这一法定刑档次后，就不能再根据《刑法》第157条，再次将该事实作为在该法定刑档次内从重处罚的量刑依据。否则，就会出现同一个事实既是法定刑升格的依据，又成为法定刑内从重处罚的根据，造成事实的重复评价。不过，如果行为人具有两个或两个以上严重情节的，另一个未使用的严重情节仍然可以作为在法定刑内从重处罚的根据。例如，行为除了具有“武装掩护走私”的情节外，如果还具有“走私货物、物品偷逃应缴税额巨大”的严重情节时，就可以将“数额巨大”这个情节作为在该法定刑档次内从重处罚的根据。

（二）间接处罚的禁止

对于罪刑规范并不禁止的事实，量刑中不能作为影响刑罚的量刑事实加以评价，否则就会形成间接处罚。“当行为人实施A罪行为时，只有当A罪的非法定刑基础的结果，是有关A罪的罪刑规范所欲阻止的结果的强化或者加重，或者属于有关B或C等罪的罪刑规范所欲阻止的结果时，才能影响A罪的责任刑”。[1]也就是说，当一

〔1〕 张明楷：《刑法原理》，商务印书馆2011年版，第489页。

项事实并不是具体犯罪对应的刑法条文中所禁止的事实时，该事实要成为量刑事实就必须是刑法中其他犯罪行为规范中所试图阻止发生的事实。如果并不是该罪或其他犯罪的法定刑基础的事实情节或试图阻止发生的事实，就不能成为影响该罪刑罚结果的量刑事实。如果将刑法并不禁止的事实作为影响刑罚量的处罚情节，就会形成间接处罚。例如，甲故意伤害乙，乙在医院进行治疗中花费巨额医疗费，而甲无力赔偿该医疗费，法官不应在量刑时使用这一事实作为对甲故意伤害罪从重处罚的量刑依据，因为这项“无力赔偿医疗费”的事实并不属于刑法所处罚的事实。

第二节 量刑证明

一、量刑的证明对象及证明方法

（一）量刑的证明对象

量刑事实包括属于犯罪事实的量刑事实和犯罪事实以外的量刑事实。属于犯罪事实的量刑事实包括影响定罪或与定罪有直接关系的量刑事实以及只影响法定刑升格和降格的量刑事实，这类量刑事实属于犯罪事实的有机组成部分，与定罪具有紧密的联系，属于定罪中调查与认定的范畴，能够为确定罪与非罪、量刑起点和基准刑提供事实依据。这类量刑事实由于已经在定罪中予以查明，因此不需要在量刑中重复调查或核实。所以,量刑程序的证明对象主要是犯罪事实以外的量刑事实,属于量刑程序中需要运用证据加以证明的待证事实,是发生在犯罪事实之前或之后的犯罪事实以外的量刑事实。

(二)量刑事实的证明方法

1.量刑事实证明方法的分歧

裁判者对量刑事实的认定和评价将决定刑法中的刑事责任能否适用于特定的犯罪人,因此,量刑事实的认定是适用刑罚的前提。量刑事实的认定同样需要依靠证据,但与定罪事实的证明不同的是,对于量刑事实的证明应当适用什么样的证据种类、证据调查程序以及证明标准等问题,一直存在很多的争议。

证明事实的方法主要区分为严格证明和自由证明。严格证明是对证据的种类、证据调查程序以及证明标准均有严格限制和要求的证明方法。严格证明要求审判程序中对犯罪事实以及行为人有无罪责的实体法方面事实的证明必须采用法定的证据种类、依照法定的证据调查程序并达到法定的证明标准。严格证明具有严格的形式性要求,能够对审判活动形成较强的制约,具有保障被告人权利、防止审判机构恣意行使刑罚权的功能。但严格证明也具有耗时长、效率低、束缚裁量权等弊端。由于任何国家的刑事司法资源都是有限的,对所有的案件事实都适用严格证明必然造成司法资源的紧张或短缺,所以很多国家的刑事审判只对定罪事实和法定刑加重的事实进行严格证明。与之相反,自由证明是指对于证明所使用的证据材料、证据调查程序并没有严格的法定形式的限制，审判机构享有较为充分的选择自由，可以自由裁量适用什么样的证据材料以及使用什么方法调查证据材料。自由证明中，在证据形式上可以使用法定证据种类之外的其他证据材料，诸如社会调查报告、医疗机构出具的医疗证明等材料；在证据能力上可以不受定罪程序中诸多证据规则的限制，如可以使用品格证据、传闻证据等；证据调查程序也更加灵活简便，庭外调查核实证据的一些手段被允许适用，庭审中的一些量刑程序也可以适当简化；在证明标准上可以采用低于法定证明标准要求的标准。可见，自由证明比严格证明更简便灵活，有助于提高诉讼效率、降低诉讼成本。此外，日本的平野龙一教授还在这两种证明方法之外提出了"适当的证明"。适当的证明是指"在简易审判程序和量刑程序等过程中，如果有人提出异议，要求证据能力，那么在法庭上应当允许当事人确认证据，给予当事人争辩证据能力的机会"。[1]该证明方法介于严格证明和自由证明之间，特点在于以"允许当事人争辩"的方式对审判机构的自由证明附加了程序上的限制。

量刑事实应当采用何种证明方法，不同国家对此存在分歧。德国对定罪事实与量刑事实的证明采用"一元化"的严格证明的方法。德国刑事诉讼法理论认为，"对攸关认定犯罪行为之经过、行为人之责任及刑罚之高度等问题的重要事项，法律规定需以严格之方式提出证据；亦即所谓的严格证明"。[2]德国联邦最高法院判例还表

---

〔1〕［日］田口守一：《刑事诉讼法》，刘迪等译，法律出版社2000年版，第220页。

〔2〕［德］克劳思·罗科信：《刑事诉讼法》，吴丽琪译，法律出版社2003年版，第208页。

明:“如果一项事实有双重之重要性时,亦即同时对罪责及刑罚之问题及诉讼上之问题均同具重要性时,则适用严格证明程序。”〔1〕自由证明则适用于“对裁判只具有诉讼上之重要性之事实认定,例如有权提起告诉之人知悉犯罪行为及行为人之时间或者对证人年龄之认定;对除判决以外之裁判中事实认定,例如羁押命令之前法或开启审判程序之裁定”。〔2〕

日本刑事诉讼法理论认为,刑罚的裁量是以多数复合因子(情节)为对象所进行的裁量性判断,量刑的判断资料与定罪中的事实认定在性质上差别很大,可以根据多种多样的丰富资料进行综合判断。“通说认为,量刑情节只通过自由证明即可。但是,倾向于加重被告人刑罚的情节事实需要严格证明。判例也认为,判断有无缓刑的情节,不需要经过调查的证据(最判昭和24(1949)年2月22日刑集第3卷第2号第221页),但是作为加重处罚累犯事由的前科是法定加重事由,实质上相当于犯罪构成要件,因此必须严格证明(最大决昭和33(1958)年2月26日刑集第12卷第2号第316页)”。〔3〕在我国台湾地区,在非认定被告有无犯罪的实体审判程序之外,允许在简式审判程序、简易判决处刑等程序中使用自由证明。〔4〕可见,我国台湾地区的简式审判程序、简易判决处刑程序均可适用自由证明。在

〔1〕［德］克劳思·罗科信:《刑事诉讼法》,吴丽琪译,法律出版社2003年版,第208页。

〔2〕［德］克劳思·罗科信:《刑事诉讼法》,吴丽琪译,法律出版社2003年版,第208页。

〔3〕［日］田口守一:《刑事诉讼法》,刘迪等译,法律出版社2000年版,第221页。

〔4〕我国台湾地区2003年相关规定例示了数种不适用传闻法则的自由证明程序如起诉审查程序、简式审判程序、简易判决处刑及羁押、搜索、鉴定留置、许可、证据保全及其他依法为强制处分之审查。

美国，由于量刑事实涵盖范围广，要求全面掌握有关犯罪人再犯可能性的各种资料，因而量刑证据材料内容庞杂。“在判刑前，缓刑监督官要向法院提交一份报告，包括被告人的背景、家庭、经济状况、有无前科等内容以及量刑和缓刑的建议”。[1]传统上，对科刑法官可以采纳的信息的范围和种类基本不做任何限制。“在美国注释法典第18章3661节中阐释为：对与被告人背景、个性以及美国的法院可以接受并基于科处适当刑罚的目的而加以考量的罪犯行为有关的信息不得施加任何限制。此规则同样在联邦最高法院就‘威廉斯诉纽约州’一案所作的评议中获得支持，该评论指出：‘针对个体的惩罚，现代观念已经使法官的下列要求成为必要，即科刑法官不应当被拒绝获得相关信息的机会，该信息是严格坚持正确适用审判中的限制性证据规则的要求’。美国联邦证据规则在规则1101(d)中将该上述规则的传统地位明确阐释为：这些规则（除了那些被告人所应当享有的一些特权外）并不在科刑程序中适用”。[2]综上可见，由于量刑程序涉及的证据材料内容繁杂，因此其所适用的证据规则与定罪程序必然有一定的差别，证据规则所强调的一些规则并不在科刑程序适用，在科刑中，书面陈述及传闻证据等都可能会被采用，甚至一些在认定犯罪时被禁止的证据也可能会在科刑时被采用，而美国对量刑事实允许进行自由证明是证明的需要，也比较符合诉讼经济的要求。

---

〔1〕 程荣斌主编：《外国刑事诉讼法教程》，中国人民大学出版社2002年版，第447页。

〔2〕 [美]伟恩·R·拉费弗等：《刑事诉讼法》(下)，卞建林、沙丽金译，中国政法大学出版社2003年版，第1367页。

2.我国量刑事实的证明方法

我国刑事诉讼法没有明确区分定罪事实与量刑事实证明方法，两者采用同一的标准。《刑事诉讼法》第55条第2款规定，“证据确实、充分，应当符合以下条件：（一）定罪量刑的事实都有证据证明；（二）据以定案的证据均经过法定程序查证属实；（三）综合全案证据，对所认定事实已排除合理怀疑”。第198条第1款规定，“法庭审理过程中，对与定罪、量刑有关的事实、证据都应当进行调查、辩论”。这里的证据是指《刑事诉讼法》明文规定的八种法定证据，所有事实都要经过法定的程序查证属实。可见，我国量刑事实与定罪事实都适用严格证明。

对于量刑事实采用何种证明方法，这取决于量刑事实是否具有不同于定罪事实的独立特点。本书认为，量刑事实与定罪事实有一定的交叉，但存在自身的独立性。这表现在：其一，量刑事实与定罪事实的内容不同。定罪事实是犯罪构成的要件事实，属于犯罪事实；量刑事实是有关罪刑轻重的事实，其范围更广，内涵更为丰富。其二，量刑事实与定罪事实的认定具有时间上的顺序性。在定罪与量刑的逻辑关系上，定罪是量刑的前提和基础，因此，有必要在查明定罪事实、确认犯罪成立后再认定量刑事实。一旦犯罪不能成立，就没有继续查证量刑事实的必要。其三，量刑事实用于定量，是为被告人确定刑罚的事实依据；定罪事实旨在定性，是确定被告人有罪与无罪的事实依据。刑事审判程序中，对不同性质的事实适用符合其特点的证明方法是诉讼经济的需要，也是实现刑罚个别化量刑原则的需要。因此，本书认为，应当根据量刑事实的具体内容，对其适用不同的证明方法。

第一，对属于犯罪事实的量刑事实，需要区别对待：(1)既影响定罪又影响量刑的量刑事实和不影响定罪只影响法定刑升格(加重)的量刑事实，应采用严格证明的方法。正如上文已经论述的，该类事实实际上属于定罪事实认定的范畴，具有认定罪、责、刑的多种作用。“法官行使审判权，他可以判人生死、给人定罪，这是国家最严厉的一种刑罚权……在这里，一定要慎重，一定要受到约束。所以，一定要提到严格证明程序，要求他的严格性。”〔1〕由于这类事实一旦认定会对被告人产生不利的影响，为了保障被告人的权利，必须对刑罚权的动用设置严格的约束，因此适用严格证明。(2)对其中不影响定罪、只影响法定刑降格(从轻、减轻、免除)的量刑事实，可以进行自由证明。这类量刑事实不影响定罪，具有降低刑罚处罚程度的作用，能够产生有利于被告人的影响，应当采取宽松的态度，允许提交一切有利于证明该类量刑事实的材料，给予法官较大的自由裁量权进行自由证明。

第二，犯罪事实以外的量刑事实进行自由证明。犯罪事实以外的事实是量刑程序中的证明对象，主要是表明犯罪人的人身危险性的事实，包括犯罪人的年龄、性格、生活经历、家庭环境及背景、犯罪前表现、犯罪后态度等情况，种类多，范围广且内容复杂，很多事实存在不确定的因素，如果要求全部采取严格证明的方法，一方面，

〔1〕 林钰雄、杨云骅、赖浩敏：《严格证明的映射：自由证明法则及其运用》，载《国家检察官学院学报》2007年第5期。

可能会由于严格限制证据的形式和调查程序，导致一些证据材料无法被采纳，从而造成对被告人不利的影响。例如，在一些案件中，有的被告人向法庭提交了单位说明；居委会或村委会出具的介绍信；亲朋好友或同学的联名担保书、请愿书等，希望为被告人争取量刑上的从宽处理，但由于这些材料不属于法定的证据种类，往往就不会被法庭采用。另一方面，全部采用严格证明也会影响诉讼效率，耗费过多的司法资源，因此可以由法官自由裁量，允许其自由证明。

第三，量刑事实的自由证明应当允许多方诉讼主体的有效参与。笔者比较赞同“适当的证明”所主张的对自由证明进行程序上适当限制的观点。自由证明允许法官灵活证明，不受严格形式的约束，但并非完全不受任何规制的自由。适当的证明所主张的“允许当事人争辩”是完全合理的。因此，如果对量刑事实适用自由证明，应当在诉讼程序上设置一定的制约。在量刑事实的认定中应允许多方诉讼主体参与，为评估被告人行为的社会危害性和人身危险性提供全面的、详细的材料，为科学准确地确定刑罚，实现罪刑相适应奠定基础。此外，一旦当事人对相关的证据材料提出异议时，应当给予当事人进行质疑或争辩的机会，以防止法官偏听偏信。

二、量刑事实的证明标准及证明责任

（一）量刑事实的证明标准

量刑事实的证明标准是指用于证明量刑事实的证据应该达到的程度。有关量刑事实的证明标准有很多不同的观点。有学者认为，对于构成法律上的妨碍成立犯罪、加重、减轻或免除刑罚理由的事实的证明只需达到“优势证据”标准，不需要达到犯罪事实的证明标准即“排除合理怀疑”的标准。〔1〕有学者认为，量刑事实中的罪重事实应达到排除合理怀疑的标准，罪轻事实只要达到优势证据标准。〔2〕还有学者认为，对法定量刑事实的证明要达到“清楚可信”的标准，酌定量刑事实的证明达到优势证据即可。此外，控辩双方对其所提出的量刑请求的证明也只需达到优势证据即可。〔3〕

量刑事实的证明标准应受其证明方法的制约，对于需要适用严格证明的量刑事实，应当遵循法定的证明标准，也就是一般需要达到比较高的证明标准如“排除合理怀疑”或“确信无疑”。如果是适用自由证明的量刑事实，则不需要达到很高的标准，法官只需要在控辩双方提出的量刑证据之间进行比较，采信具有优势一方的证据即可。就我国刑事审判程序而言，属于犯罪事实的量刑事实由于适用严格证明方法，因此需要达到法定证明标准即“证据确实、充分，综合全案证据，对所认定事实已排除合理怀疑”的要求；而对属于犯罪事实以外的量刑证据来说，完全可以采用优势证据的标准。

---

〔1〕 参见［日］小野清一郎：《犯罪构成要件理论》，王泰译，中国人民公安大学出版社1991年版，第145页。

〔2〕 参见李玉萍：《量刑事实证明初论》，载《证据科学》2009年第1期。优势证据标准是指当证明某一事实存在或不存在的证据分量比反对的证据更具有说服力，或比反对的证据可靠性更高，由法官采用具有优势的一方当事人所列举的证据认定案件事实。

〔3〕 参见闵春雷：《论量刑证明》，载《吉林大学社会科学学报》2011年第1期。清楚可信的证明标准是高于优势证据标准，但低于排除合理怀疑的一种证明标准。

（二）量刑事实的证明责任

量刑事实的证明责任并不应该由控诉方单方承担，而是应遵循“谁主张，谁举证”的原则由控辩双方分别承担证明责任。“谁主张，谁举证”是证明责任分配的基本要求，刑事诉讼中，公诉方和自诉人是主张被告人有罪的一方，负有提出证据证明自己主张的责任。我国《刑事诉讼法》第51条规定，“公诉案件中被告人有罪的举证责任由人民检察院承担，自诉案件中被告人有罪的举证责任由自诉人承担”，这明确地界定了刑事案件中证明被告人有罪的证明责任的主体。

由控诉方承担证明责任是刑事诉讼无罪推定原则的要求。根据无罪推定原则，被告人没有证明自己无罪的责任，证明被告人有罪的责任是控诉方的主要任务。控诉方必须提出符合法律标准的证据证明犯罪事实，否则就应当承担控诉失败的风险。这种证明责任的分配规则弥补了被告人的弱势地位，是现代刑事诉讼给予被告人的特殊保障。但需要明确的是，控诉方承担证明责任的内容是证明被告人有罪的定罪事实。由于量刑的前提是被告人已经被确认有罪，量刑程序探讨的是被告人的刑事责任的问题，而不是犯罪是否成立的问题。

我国《刑事诉讼法》虽然要求控诉方提交能够证明被告人有罪、无罪、犯罪情节轻重的各种证据，也并没有明确规定被告人承担举证责任。但是，在被告人已经被认定有罪的情况下，控诉方结果意义上的证明责任已经完成，无罪推定已经被推翻，此时，被告人最需要做的就是积极争取量刑上的实惠。为了获得量刑上的优待，被告人一方面可以反驳并质疑控诉方提出的不利于被告人的量刑证据，另一方面还需要积极提出相关的量刑证据证明有利于被告人的量刑事实，才能更有效地争取到量刑上的利益。事实上，在司法实践中，控诉方基于自己的诉讼角色，不会主动提出有利于被告人的量刑证据，而法庭在量刑中也不会对量刑事实适用“存疑有利被告”的推论，一旦量刑事实达不到证明标准，法庭就会不予采纳。同时，量刑证据是有关被告人经历、生活状况、犯罪前表现、犯罪后态度等的事实情况，这对被告人来说，并不像犯罪事实那样存在较高的举证难度。因此，被告人对其所提出的量刑主张承担举证责任是维护被告人量刑利益的需要，与“谁主张，谁举证”的证明责任分配原则也是一致的。

第七章　量刑中刑法与刑事诉讼法的交叉适用

量刑又称刑罚裁量，是在认定被告人的行为已经构成犯罪的基础上，进一步确定是否对被告人判处刑罚、判处何种刑罚的刑罚裁量活动。量刑活动中，在查清量刑事实之后，需要寻找相关的法律依据来确定与事实相对应的刑事责任。量刑的法律依据既包括刑事实体法即刑法有关刑罚裁量的法律规范，也包括刑事程序法即刑事诉讼法有关刑罚裁量的规则和步骤，这两个方面共同为刑罚裁量活动提供法律依据。

在量刑中，法官的自由裁量权必不可少。“法律经常授予法官以权力或责任，使其在某种情况下可以行使自由裁量权。有时是根据情势所需，有时则仅仅是在规定的限度内行使这种权力”。[1]无论是成文法国家还是判例法国家，法官一般在量刑中都会享有一定程度的自由裁量权，只是不同国家法官裁量权的范围和程度会有所差异。当法律出现僵化、滞后性等情况时，通过赋予法官自由裁量权，让法官对法律作出及时地解释、阐述或论证，有利于克服现行法的

〔1〕［英］戴维·M.沃克：《牛津法律大词典》，光明日报出版社1988年版，第261页。

缺陷，充分实现个案的公正，达到法所预设的目的和效果。然而，量刑中的自由裁量权也存在被滥用和失控的风险。“如果说定罪裁判的最大风险是对被告人构成犯罪问题做出误判的话，那么，量刑裁判的主要风险则来自法官在量刑方面自由裁量权的滥用。这种滥用一旦发生，就会导致法官随意地采纳某一量刑情节，而摒弃另一量刑情节，无根据地确定刑罚的种类和幅度，或者在同样情况下确定不均衡的量刑结果，从而造成‘同案不同判’的后果”。[1]因此，需要设置相应的制度和规则对法官在量刑中的自由裁量权进行约束。对量刑自由裁量权进行制约和控制的方式主要有两种，一种是运用量刑实体法规范细化量刑规则和标准，以起到规范法官量刑、压缩自由裁量权空间的效果；另一种是利用量刑程序规则增强量刑程序的透明性、参与性和公正性，起到限制和约束量刑裁量权的效果。可见，刑法和刑事诉讼法作为规范量刑活动最主要的实体法和程序法，在规范并制约量刑裁量权方面具有非常重要的作用，两者相辅相成，不可相互替代，共同保障量刑的公正均衡。

第一节 量刑中刑法与刑事诉讼法的关系

量刑法律依据的渊源是指与量刑相关的法的表现形式。量刑

〔1〕 陈瑞华：《刑事司法裁判的三种形态》，载《中外法学》2012年第6期。

中通过实体性规范(包括广义的刑法、刑事立法解释和司法解释)以及程序性规则来制约法官的量刑自由裁量权是世界各国普遍的做法。大陆法系为成文法国家,因此量刑的法律依据主要是成文法形式,而英美法系是判例法传统,早先并没有明确的指导量刑的规则,法官一般按照判例法遵循先例的规则对个案中的犯罪予以量刑,量刑裁量权受到的制约很少。但近几十年来,英美法系国家也制定了大量的成文法作为对习惯法的补充。以美国为例,在《联邦量刑指南》(1987年生效)生效之前,联邦地区法官在量刑方面享有几乎不受限制的自由裁量权。在1984年《量刑改革法》之后,美国根据各种判例,制定了详细且复杂的《联邦量刑指南》,用明确且详尽的标准规范法官的量刑活动,而且《联邦量刑指南》中的量刑幅度较小,严格地限制了法官的自由裁量权,改变了美国数个世纪以来传统的遵循判例法量刑的方式。

一、量刑的法律依据

在我国,量刑的法律依据的渊源体现为刑事法律,包括以刑法为主要内容的实体性法律规范、以刑事诉讼法为主要内容的程序性法律规范以及与量刑相关的司法解释。以刑事法律规范为依据是罪刑法定原则的要求,也是在刑事法治的基本保障。

(一)量刑的实体法依据及内容

刑事实体法(刑法)中规定与刑罚裁量相关的制度、标准、规则和方法等实体性内容的法律规范是量刑的实体法依据。在我国，量刑实体法主要包括刑法（广义）以及与量刑相关的司法解释。近年来，司法机关出台的有关量刑的司法解释性文件较多，这些文件中通常既有实体性内容，也包含一些程序性规范。例如，最高人民法院2013年、2017年发布的《关于常见犯罪的量刑指导意见》（已废止）；2021年最高人民法院、最高人民检察院联合制定的《关于常见犯罪的量刑指导意见（试行）》（2021年7月1日实施），其中都包含了量刑的指导原则、量刑的基本方法以及常见量刑情节的适用等内容。具体来说，量刑实体法规范有关刑罚的裁量的主要内容包括：

第一，刑罚裁量的制度。刑法及相关司法解释中规定了自首、立功、累犯、缓刑、数罪并罚等刑罚的裁量制度，不同的裁量制度会对刑罚的轻重产生不同的影响，是司法人员必须严格遵循的量刑依据。如累犯属于加重刑罚的情节，而自首、立功则属于减轻刑罚的量刑情节。刑罚裁量需要根据法律的明确规定，正确适用相关的量刑规则及量刑方法，确定最终的宣告刑。例如，2021年最高人民法院、最高人民检察院发布的《关于常见犯罪的量刑指导意见（试行）》，其中在“调节基准刑的方法”中就明确指出，“被告人犯数罪，同时具有适用于各罪的立功、累犯等量刑情节的，先适用该量刑情节调节个罪的基准刑，确定个罪所应判处的刑罚，再依法实行数罪并罚，决定执行的刑罚”。第二，刑法分则中有关各罪的法定刑及量刑情节及量刑要素。刑法分则条款中包含了各罪的法定刑（刑种及刑度）和各种量刑要素，刑罚裁量以定罪所确定的罪名为根据，选择适用相应的法定刑，在一个罪名存在多个量刑幅度的情况下，应以犯罪人所犯罪行的社会危害性程度相对应的法定刑幅度为基础确定具体的宣告刑。刑罚分则条文在罪状描述中反映的社会危害程度，如犯罪行为的程度、犯罪对象的个数、犯罪的次数、犯罪的数额、后果等都是在量刑时必须考虑的要素。量刑要素包括法定及酌定的量刑要素；从重、从轻、减轻的量刑要素等都是量刑的基本依据。例如，量刑只能适用刑法所规定的刑种，不能判处刑法没有规定的刑罚种类，在刑期上要按照有关刑种的期限适用，既不能超越法定刑期的下限，也不能突破法定刑期的上限。以我国刑法规定的拘役为例，其期限为1个月以上6个月以下，数罪并罚不能超过1年，因此，适用拘役刑时就只能在这个规定的幅度内适用刑期。第三，量刑情节的适用原则、适用范围及适用条件等。不同种类的刑罚其具体适用的权限、适用条件和适用范围有所差异，量刑需严格遵守法定的适用条件和范围。例如，刑法规定没收财产只能没收犯罪分子的财产，不能没收属于犯罪人家属或其应有的财产，因此在判处没收财产刑时就不能没收犯罪人的合法财产及其家庭成员的财产。在刑法分则中也有量刑适用的一些具体要求，如在对危害国家安全的犯罪行为科处主刑时应附加剥夺政治权利。

（二）量刑的程序法依据及内容

刑事诉讼法（刑事程序法）中有关量刑活动应当遵循的程序性法律规范是量刑的程序法依据。我国量刑中的程序法主要包括刑事诉讼法及相关的司法解释。具体来说，主要从下列方面为量刑活动提供了程序法依据：

其一，量刑权限及适用条件。刑事诉讼法明确规定了行使量刑权力的主体及其量刑权的范围，也明确了量刑主体适用量刑权相关的具体条件。“量刑权是国家刑罚权的重要内容之一，从属于刑事审判权，刑事审判权专属人民法院行使，只有人民法院才可以依法行使量刑的权力。当然，人民法院的量刑权并非不受限制，量刑主要受检察机关量刑要求和被告人辩护的制约”。〔1〕在我国，法院是行使量刑权的唯一主体，其量刑权受起诉机关的建议量范围和辩护方的辩护理由的制约。同时，各级人民法院之间的量刑权也不相同，不是任何法院都可以行使对所有刑罚的量刑权。比如只有中级以上人民法院才能判处死刑，基层人民法院并没有死刑的量刑权。其二，量刑证明的内容与认定方法。刑事诉讼法及相关的程序法对量刑中认定量刑事实的证据种类、审查核实的方法、证明责任以及证明标准都有一定的要求，量刑活动必须采用程序法认可的证据材料和证明方式证明量刑事实的存在，否则不能作为量刑的依据。例如，2021年发布的《最高人民法院关于适用〈中华人民共和国刑事诉讼法〉的解释》（以下简称《解释》）第72条第1款规定，“应当运用证据证明的案件事实包括：……（五）实施犯罪的时间、地点、手段、后果以及案件起因等；（六）是否系共同犯罪或者犯罪事实存在关联，以及被告人在犯罪中的地位、作用；（七）被告人有无从重、从轻、减轻、免除处罚情节……（十一）与定罪量刑有关的其他事实”，这些内容都是与量刑相关的事实，必须运用证据证明，法庭不得未

---

〔1〕 曲新久：《刑法学》，中国政法大学出版社2009年版，第213页。

经证据证明直接认定量刑事实。同时，对于量刑证据的调查程序和认定方法，也有明确的规定，如《解释》第71条规定，“证据未经当庭出示、辨认、质证等法庭调查程序查证属实，不得作为定案的根据”，这里规定的就是量刑证据的调查程序和方法，表明量刑证据未经法庭调查和辩论不能直接作为证明量刑事实的依据。其三，量刑说理。裁判文书是量刑结果的公开宣告，是记载法庭对被告人所科处刑罚的书面载体，也可以揭示法官对量刑证据进行审查判断后形成心证的具体过程。裁判文书对量刑理由的说明至关重要，不仅是对法官量刑权的一种制约，也是树立裁判文书权威和促使当事人信服判决的重要途径。例如，《解释》第300条第1款规定，“裁判文书应当写明裁判依据，阐释裁判理由，反映控辩双方的意见并说明采纳或者不予采纳的理由”。因此，定罪量刑的理由都应当体现在裁判文书中，阐明采纳或不予采纳量刑证据的具体原因。其四，量刑的救济机制。刑事诉讼法有关上诉审、再审程序的规定为纠正第一审程序中的量刑错误或量刑不适当等问题提供了救济机制。上诉审及再审程序是弥补第一审法院审判中包括量刑错误在内的裁判错误而设置的救济程序，以权力制衡的理念和方式预防并纠正第一审程序中的包括量刑权在内的司法权滥用情况。这种程序性救济机制具有统一量刑适用、制约第一审法官量刑自由裁量权的功能，也能够适当地吸收当事人对于量刑结果的不满或异议。例如，《刑事诉讼法》第236条规定：“第二审人民法院对不服第一审判决的上诉、抗诉案件，经过审理后，应当按照下列情形分别处理：（一）原判决认定事实和适用法律正确、量刑适当的，应当裁定驳回上诉或者抗诉，维持原判；（二）原判决认定事实没有错误，但适用法律有错误，或者量刑不当的，应当改判……”其五，量刑的程序规则。刑事程序法有关刑罚裁量的规定为量刑设置了程序性规则。法庭在科处刑罚的时候，必须遵守刑事程序法中作出宣告刑的相关规定。例如，《刑事诉讼法》第246条规定，“死刑由最高人民法院核准”；第248条规定，“中级人民法院判处死刑缓期二年执行的案件，由高级人民法院核准”。《解释》第421条规定，“报请最高人民法院核准因罪犯具有特殊情况，不受执行刑期限制的假释案件，应当报送报请核准的报告、罪犯具有特殊情况的报告、假释裁定书各五份，以及全部案卷”。这些程序性规则是量刑活动中必须遵循的步骤和程式，如果违反，其所判处的刑罚将无法产生法律效力。

二、量刑标准

法官的量刑是在法定的刑罚范围内对具体的犯罪选择适合的刑罚，量刑的主要任务就是解决具体刑事案件中适用何种刑罚的问题，刑罚的范围则由立法者规定。引导法官在量刑中适用的有关刑罚加重或减轻的法律制度和规范就是量刑的标准。刑罚的量刑标准内容丰富，一般在刑事实体法中明确规定，既有刑法总则中普遍适用性的量刑标准，也有在刑法分则中有关各罪的具体量刑标准。

（一）刑罚加重、减轻或免除

我国刑法中各罪的刑罚通常都具有一定的量刑幅度，而量刑的主要任务之一就是根据具体的量刑事由在法定量刑幅度内加重或减轻刑罚。

1.刑罚的加重

刑罚加重的标准主要有：职业犯或习惯犯，如累犯、再犯；实施的犯罪具有公开性和共同性，如主犯、首要分子的处刑要重于一般共犯；使用武器犯罪，如我国刑法中抢劫罪的加重情形之一就是持枪抢劫；发生严重后果，如拐卖妇女、儿童罪中“造成被拐卖的妇女、儿童或其亲属重伤、死亡或其他严重后果的”属于法定加重刑罚的情形；犯罪对象特殊，如教唆未成年人犯罪；犯罪人身份特殊，如属于国家工作人员等。

2.刑罚的减轻

刑法减轻的标准主要有：犯罪主体具有特殊性，诸如犯罪人是未成年人、老人、怀孕的妇女等，如我国《刑法》规定，对审判的时候已满75周岁的人不适用死刑；犯罪具有特殊的形态，如预备犯、中止犯、未遂犯等；犯罪人在犯罪中所起的作用较小，如帮助犯、从犯；犯罪后有特殊表现，如自首、立功、退赃退赔等。

3.刑罚的免除

免除刑罚是指在犯罪行为实施后，因特殊事由免除刑罚处罚。实体刑法上免除刑罚的主要情况有被告人死亡、赦免、时效等。

（二）刑罚的转换

刑罚的转换是指从一种刑罚种类换算成另一种刑罚的种类，一旦所需要适用的刑罚种类因法律上或事实上的原因不可能适用时，就需要转换刑罚。例如，因判处的刑罚无法执行而转换，如德国刑法中就有对不能征收的罚金刑转处自由刑的相关规定；有关于不同刑种之间进行换算的标准规定，如规定8个月重惩役等同于12个月普通监禁。[1]

（三）刑罚的折抵

刑罚的折抵是指在判决之前已经在待审中被羁押或拘留的情况，可以等同于服刑，在作出宣告刑的时候全部或部分折抵所科处的刑罚。例如，我国《刑法》规定，管制的刑期，羁押1日折抵刑期2日。

（四）数个犯罪行为的竞合

同一犯罪人因数个独立的犯罪行为而被刑事判决时，应对每个具体的独立的犯罪科处相应的刑罚，然后依据数罪并罚的规则，得出最终需要执行的刑罚。

第二节 量刑中的法律适用

量刑的法律控制由实体性量刑规范和程序性量刑规范的相互

---

〔1〕 参见［德］弗兰茨·冯·李斯特：《德国刑法教科书》，徐久生译，法律出版社2000年版，第478～479页。

配合和共同协作来实现。实体性量刑规范以细化量刑标准、确定合理的量刑幅度、量化量刑情节、明确量刑的规则等方式，将法官的量刑权控制在明确的范围之内，为量刑活动的进行提供法定的标准和依据，也为当事人预判量刑结果提供了相应的标准。一旦法官超越法定标准或范围量刑，除非具有清晰合理的说明，否则将面临来自当事人或社会公众对其量刑合法性的质疑。实体性量刑规范显著地压缩了法官自由裁量刑罚的空间和范围，具有规范量刑活动，限制刑罚裁量权滥用、促进量刑公正与均衡的积极作用，但实体性量刑规范也存在规则比较僵化、灵活性不足的缺点，容易束缚法官的自由裁量权，使其难以应对复杂多样的刑事案件。程序性量刑规范通过体现程序公正的制度设计，在不剥夺法官必要的自由裁量权的基础上，以增强量刑程序的公开性、透明度、可参与性等方式，实现制约法官量刑裁量权的目的，可以避免实体性量刑规范的机械性，弥补仅采用实体法量刑控制的不足。可见，实体性量刑规范和程序性量刑规范具有规范量刑、限制量刑裁量权的积极作用，但也有各自的局限性。因为，再精密的量刑规则也不可能完全解决法官滥用自由裁量权的问题。正如有学者所言，“量刑公正才代表刑法正义，判断罪名只是公正量刑的手段，判断罪名不应是刑法的核心，量刑公正才是众望所归”。〔1〕依赖任何一种方式都无法达到理想的效果，综合运用量刑实体法控制与程序法控制，两者双管齐下，相辅相成，才

〔1〕 高艳东:《量刑与定罪互动论：为了量刑公正可变换罪名》，载《现代法学》2009年第5期。

是比较理想的量刑法律控制的方式。因此，综合运用量刑的实体法和程序法控制，最大限度地减少单一方式的消极作用，同时激活其各自的积极作用，更有利于保障量刑公正和量刑均衡的实现。

一、刑法的适用

量刑不同于定罪，在量刑中法官一般拥有一定范围内的自由裁量权，能够在法定的裁量权范围内自由决定犯罪人的具体刑罚。不同国家的量刑规范对法官的量刑自由裁量权的控制程度具有较大的差别，有的国家注重刑罚的个别化，因此赋予法官较大范围内的自由裁量权；有的国家注重刑罚适用的统一性，因此会尽量压缩法官自由裁量权的空间。总体来说，通过实体法上的量刑规范和程序法上的量刑规范，可以达到以法律手段规范量刑活动、控制法官刑罚裁量权，促进量刑公正的目的。

（一）刑法在国外量刑中的适用

大陆法系属于成文法传统，量刑规范总体而言属于粗放式规范，刑法中很多犯罪的量刑规范存在比较大的幅度，法官在量刑时可选择的空间较大，一般只受刑罚的幅度范围或上下档期的限制。例如，《德国刑法典》第250条规定，“抢劫致他人身体严重虐待或有死亡危险，处5年以上自由刑”，就属于比较宽泛的量刑规范，法官自由量刑的空间较大，量刑规范限制法官自由裁量权的作用非常有限。

英美法系属于判例法传统，早先并没有明确的指导量刑的规则，法官一般按照判例法中遵循先例的规则对个案中的犯罪予以量刑，量刑裁量权受到的制约也比较少。“美国1987年《联邦量刑指南》生效前的大约两个世纪当中，联邦地区法院的法官在量刑上享有几乎不受任何限制的自由裁量权，法官只要在国会所制定的一个非常宽泛的量刑幅度内做出量刑就可以”。[1]后来，随着两大法系的相互融合与发展，英美法系的国家在量刑中也逐渐开始采用制定法的方式，这其中比较典型的就是美国的《联邦量刑指南》。《联邦量刑指南》的出台，使法官在量刑时的自由裁量权受到了严格地限制，法官必须依照量刑指南中规定的幅度量刑。在此之前，美国刑法中规定的犯罪刑罚幅度一般比较宽泛，比如“抢劫联邦保障的银行可能会导致25年以下的监禁”这类缺乏明确量刑标准的规定。所以，美国司法实践中量刑不均衡、滥用量刑裁量权的情况比较普遍。《联邦量刑指南》对法官量刑权所产生的强制性约束引起了很大的争议，主要批判是认为量刑指南已经严重地束缚了法官的思维，无法体现刑罚个别化和刑罚矫治的功能。最终，《联邦量刑指南》于2005年结束了作为强制性量刑规范的历史，转而成为法官量刑时的一个参考标准。美国量刑指南的历史变迁也表明，法官的量刑裁量权是具有一定积极意义的，不能完全剥夺法官在量刑中的自由裁量权，因此，既要在一定程度上制约法官的量刑自由裁量权，又有必

---

〔1〕 Kate Stith & Ose A. Cabranes, *Judging under the Federal Sentencing Guidelines*, NW.U.L. Rev 91 (1997).

要使其保持一定的灵活性，避免量刑陷入僵化或机械化的情况。

（二）我国刑法在量刑中的适用

1.细化量刑标准和量刑规则

我国的量刑实体法规范与大陆法系国家相近，传统立法属于粗放式风格。刑法中大多数犯罪的刑罚裁量幅度比较宽泛，缺乏明确、详细的适用标准。近年来，为保障量刑公正，提高司法公信力，司法机关一直致力于量刑工作的规范和改革。最高司法机关近年来陆续出台了一些有关量刑方面的司法解释，这些司法解释大多属于既包含量刑实体性规范，也包含量刑程序性规范的综合性量刑规则。2008 年，最高人民法院下发《关于开展量刑规范化试点工作的通知》，开始量刑改革的试点。此后，最高人民法院陆续颁布了一些有关量刑的司法解释，其中有些已经陆续失效或废止，包括2009年发布的《人民法院量刑指导意见（试行）》，2010年发布的《人民法院量刑指导意见（试行）》，2013年发布的《关于常见犯罪的量刑指导意见》，2017年发布的《关于常见犯罪的量刑指导意见》等。当前，现行有效的关于量刑的司法解释主要有2009年发布的《人民法院量刑程序指导意见（试行）》《新增十个罪名的量刑指导意见（试行）》，2017年发布的《关于常见犯罪的量刑指导意见（二）（试行）》以及2021年最高人民法院、最高人民检察院联合发布的《关于常见犯罪的量刑指导意见（试行）》。

从上述量刑规范性文件的发展变化可以看出，量刑活动是司法机关高度关注的问题，处于持续性的改革和规范当中。这些量刑规范的内容涉及量刑的指导原则、量刑的方法、常见量刑情节的适用以及常见犯罪的量刑基准等方面，设置了较为详细的、可量化的量刑标准和量刑规则，缩小了法官在量刑时可选择的量刑区间，对法官在量刑中的自由裁量权进行了较大的制约和控制。例如，2021年《关于常见犯罪的量刑指导意见（试行）》中就对常见的23种犯罪的量刑起点和基准刑作出了明确的规定。这些有关量刑的司法解释成为刑法的有益补充，为法官量刑提供了比较清晰明确的指导。

2.细化刑罚裁量的过程和具体步骤

刑法中的刑罚有绝对法定刑与相对法定刑两种。绝对法定刑是对具体犯罪行为规定了确定的刑罚，裁判者在审判认定犯罪之后只需适用相对应的刑罚，没有量刑权方面的伸缩余地；相对法定刑是指裁判者在量刑方面具有一定范围内的自由裁量权，可以根据案件中的具体情况斟酌应当适用的刑罚。由于绝对法定刑过于僵化和机械，无法应对实践中各种犯罪的具体情况，对于法院的量刑权限制过于严格，所以现代各国刑法多采用相对法定刑。相对法定刑设置的刑罚具有可供量刑裁量的刑罚范围，审判者可以在一定的刑度内，根据案件和犯罪人的具体情况，决定最终的宣告刑，有利于实现刑罚个别化原则，发挥刑罚的特殊预防效果。

（1）刑罚裁量的基本过程

量刑是依据犯罪事实和刑事法规定，对犯罪人判处刑罚的过程。一般来说，确定特定案件中被告人应当适用的刑罚遵循“法定刑—处断刑（基准刑）—宣告刑—执行刑或免除刑罚”的过程，如图7-1所示。

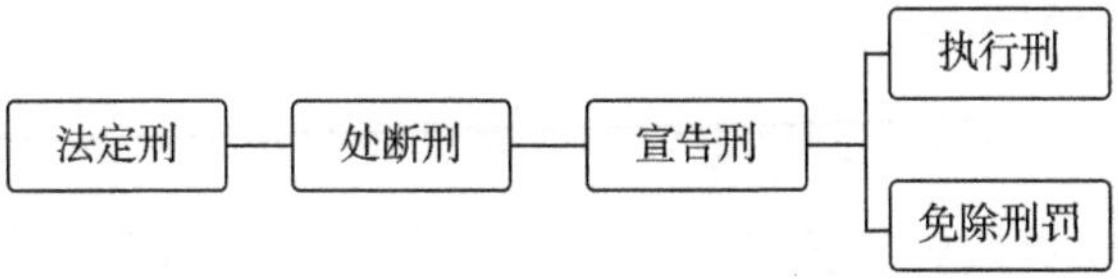

图7-1　刑罚裁量的基本过程

法定刑是刑法就特定的犯罪行为所设置的含有具体刑种和刑度的刑罚。在具体的刑事案件中，裁判者就实际发生的犯罪行为，对特定犯罪人所宣告的具体的刑罚是宣告刑，宣告刑具有确定的刑种和刑量，是刑罚执行的依据。宣告刑的得出要区分两种情况：第一，绝对法定刑的情况下，刑法对具体犯罪规定了没有伸缩余地的刑罚，绝对确定的法定刑就是宣告刑的基础。例如，《刑法》第121条劫持航空器罪中规定，“以暴力、胁迫或者其他方法劫持航空器的，处十年以上有期徒刑或者无期徒刑；致人重伤、死亡或者使航空器遭受严重破坏的，处死刑”，这里的死刑就是绝对法定刑。第二，相对法定刑的情况下，处断刑是宣告刑的基础。当刑法对具体犯罪规定了可供选择的刑种、刑度时，裁判者需在此范围内，根据犯罪行为和量刑情节选择相应的法定刑，先得出处断刑，再得出宣告刑。根据犯罪行为的不同特定情形，刑法设置了加重或减轻刑罚的事由；裁判者根据实践中具体案件中的不同犯罪情节，可酌情加重或减免刑罚，这些法律上或裁判上加重或减免刑罚的事由成为科处刑罚的依据，而依据法定刑加重或减轻后得出的刑罚为处断刑。

宣告刑得出后，需结合案件或犯罪人的实际情况，决定实际需要执行的刑罚即执行刑。执行刑的得出分为下列情况：其一，宣告刑需要继续执行的，应当依据羁押折抵制度决定执行刑。刑事审判所宣告的刑罚在理论上应当在判决确定后全部执行，但刑事诉讼司法实践中，被告人在判决生效前大多已经被先行羁押，因此，裁判确定时需要对被告人已经经历的羁押事实做出处理，一般来说，主要是根据刑法中的羁押折抵制度，确定需要继续执行的刑法期限。例如，《刑法》第47条规定，"有期徒刑的刑期，从判决执行之日其计算，判决执行以前先行羁押的，羁押一日折抵刑期一日"。其二，倘若宣告刑没有执行的必要，应依据缓刑制度决定是否暂缓执行。对于符合刑法规定的缓刑条件的犯罪人，可以在宣告其罪刑的前提下，暂不执行刑罚，以促使其改过自新。其三，对获得特赦的犯罪人，应当依据特赦制度免除其刑罚的执行。特赦是仅免除犯罪人刑罚但不免除其罪名的制度，对已经被宣告犯罪的特定人明令特赦的，应免除其刑罚的执行。

（2）刑罚裁量的具体步骤

刑罚裁量的步骤是量刑中适用具体量刑情节的不同阶段。根据我国司法解释的相关规定，量刑是以定性分析为主，定量分析为辅，依次确定量刑起点、基准刑和宣告刑。

量刑的具体步骤：第一步是确定量刑起点。量刑的起点是根据基本犯罪构成事实在相应的法定刑幅度内确定。量刑起点大致相当于理论上的量刑基准，是在具体法定刑幅度内所确定的、用作确定基准刑的参考标准。量刑基准是指按刑法分则构成规定，对已确定适用一定幅度法定刑的各罪，在排除各种轻重情节的情况下，依其一般犯罪的既遂状态的基本事实而应判定的刑罚。确定量刑起点的事实根据是"基本犯罪构成事实"（构成某一犯罪既遂形态的基本犯的相关事实情况)。

第二步是调整基准刑。“基准刑”在刑法学理上被称为可供法官酌情择定宣告刑的“处断刑”或量刑幅度,即我国刑法分则中对具体犯罪针对其轻重不同的犯罪情节所设置的不同的量刑单位。基准刑是根据量刑规则和量刑情节,在具体法定刑幅度内,对量刑起点增加刑罚量之后所形成的具有基准性质的刑罚量。基准刑是量刑起点与案件事实进一步结合的产物,为宣告刑的确定提供了数量基础。确定基准刑的事实根据一般是影响犯罪构成的犯罪数额、犯罪次数、犯罪后果等犯罪事实。

基准刑的调节取决于量刑情节的数量。当量刑情节为单个时,根据其调节比例直接调节基准刑;当量刑情节为多个时,需要先根据各个情节的调节比例确定全部量刑情节的调节比例,再对基准刑进行调节。一般采用同向相加、逆向相减的方法调节基准刑;在具有特殊量刑情节如未成年人犯罪、老年人犯罪、限制行为能力的精神病人犯罪、又聋又哑的人或者盲人犯罪,防卫过当、避险过当、犯罪预备、犯罪未遂、犯罪中止,从犯、胁从犯和教唆犯等,先适用该量刑情节对基准刑进行调节,在此基础上,再适用其他量刑情节进行调节。当被告人犯数罪,同时具有适用于各罪的立功、累犯等量刑情节的,先适用该量刑情节调节各罪的基准刑,确定各罪所应判处的刑罚,再依法实行数罪并罚,决定执行的刑罚。[1]如表7-1所示。

---

〔1〕 参见2021年最高人民法院、最高人民检察院发布的《关于常见犯罪的量刑指导意见(试行)》。

表7-1　量刑情节数量与调节基准刑的方法

量刑情节数量	调节基准刑的方法
单个量刑情节	根据量刑情节的调节比例，直接调节基准刑
多种量刑情节	根据各个量刑情节的调节比例确定全部量刑情节的调节比例，再对基准刑进行调节。 • 一般情况： 采用同向相加、逆向相减的方法调节。 • 具有特殊量刑情节： 先适用特殊的量刑情节调节，再适用其他情节调节。 • 犯数罪，具有适用于各罪的特殊量刑情节： 先适用量刑情节调节各罪，再数罪并罚

第三步是确定宣告刑。在根据量刑情节调节基准刑后，可能会出现调节结果在法定刑幅度内、调节结果在法定最低刑以下，以及调节结果在法定最高刑以上三种情况，最后，需要综合全案犯罪事实和量刑情节，依法确定宣告刑或其他决定。[1]以危险驾驶罪为例，该罪量刑的步骤："1.构成危险驾驶罪的，可以在一个月至二个月拘役幅度内确定量刑起点。2.在量刑起点的基础上，可以根据危险驾驶行为等其他影响犯罪构成的犯罪事实增加刑罚量，确定基准刑。3.对于醉酒驾驶机动车的被告人，应当综合考虑被告人的醉酒程度、机动车类型、车辆行驶道路、行车速度、是否造成实际损害以及认罪悔罪等情况，准确定罪量刑。对于情节显著轻微危害不大的，不予定罪处罚；犯罪情节轻微不需要判处刑罚的，可以免予刑事

〔1〕 宣告刑确定的具体方法参见2021年最高人民法院、最高人民检察院发布的《关于常见犯罪的量刑指导意见（试行）》具体规定。

处罚。”[1]

（三）量刑实体法控制的利弊分析

量刑的实体法控制通过细化并明晰量刑规则、控制量刑区间、细化量刑标准、规范量刑步骤等方式，将量刑事实和量刑情节量化为相应的刑期，缩小了法官自由裁量中可供选择的量刑幅度和范围，起到了控制法官量刑的自由裁量权的作用。量刑的实体法控制有利于缩小同一犯罪行为在不同法官量刑中的量刑差别，实现相同案件的同等对待。如果缺乏量刑规范，量刑活动将失去方向和判断标准。量刑规则越详尽、越科学、越合理，越能够促进量刑公正、遏制法官滥用自由裁量权。

刑事案件具有复杂性和差异性，社会生活又处于高速、持续地发展变化中，这使制定出具有绝对的清晰性和确定性的刑事实体量刑规则非常困难，而能够满足现实中对各类刑事案件准确量刑需求的实体标准不可能存在。由于量刑问题是一项非常复杂的司法活动，必须依赖法官的主观能动性和职业经验来进行判断，认为刑事裁判可以像自动售货机的工作原理一样，只需要输入案件事实就可以得到量刑结果的愿望完全违背司法规律的认识。如果完全剥夺了法官的量刑裁量权，也将同时丧失司法的能动性和实践理性。因此，在采用量刑实体法控制的同时，必须看到，量刑实体法

〔1〕 参见2017年最高人民法院发布的《关于常见犯罪的量刑指导意见（二）（试行）》第1条。

规范可能使量刑失去灵活性，使法官丧失了部分必要的、有益的自由裁量权，具有机械性、僵化的风险，容易束缚法官思维，损害裁判者的理性认知能力，使其在遇到法律的漏洞时难以根据具体情况弥补法规的不足，实现个案中的量刑正义。如果完全忽视量刑实体性规范的局限性，过于严格的限制甚至完全剥夺法官的量刑裁量权，可能使量刑缺乏灵活性从而难以体现刑罚个别化原则。我国的量刑规范化改革，通过制定较为详细的实体性规范，在一定程度上弥补了刑法中量刑规范粗放式的缺陷，有助于改进量刑实践中传统的“估堆式”的量刑方式，具有控制法官滥用量刑裁量权、缩小同类犯罪之间的量刑差别，促进量刑均衡和量刑公正的积极意义。但现行量刑实体性规范的主要问题在于其量刑标准和量刑计算方法的科学性与合理性尚待商榷。例如，一些纯粹以数学比例计算的量刑标准是否具有正当性依据？量刑规范的出台是否参照了全国范围内的量刑数据？量刑规则是否充分考虑了不同地域之间的差异性？量刑的实体法控制要着重加强量刑标准和规则的科学性，量刑标准的制定必须建立在充分研究全国范围内大量的真实案例、整理和分析相同类型的量刑裁判文书、统计和参考相关量刑数据的基础上，才能保障量刑标准的科学性。只有具备科学性的量刑规则才能在削减法官自由裁量权的情况下保证量刑的准确性。此外，量刑实体规范的制定也应该充分吸纳来自法院、检察院、公安机关、律师以及学者等各种群体的建议和意见，确保其可行性和合理性。

二、刑事诉讼法的适用

量刑是在刑事诉讼程序中进行的司法活动，通过程序性规范制约法官的量刑裁量权也是量刑控制的主要方式。世界各国对量刑进行程序法控制的主要途径有独立运行的量刑程序、合议制、量刑说理、上诉制度等。

（一）国外量刑中刑事诉讼法的适用

大陆法系国家的刑事诉讼中一般不特别区分定罪程序与量刑程序。如德国刑事诉讼程序要求“就犯罪行为及对决定法律结果有重大影响之事务应该在同一的审判程序中提出证据”。[1]刑事诉讼普通程序一般都采用合议制审理，在有陪审员参加的参审制法庭审理中，合议庭成员享有平等的发言权和表决权，法官和陪审员共同就量刑作出裁判。合议制下，法官之间可以相互监督和制约，防止个别法官擅自滥用裁量权。例如，2004年日本《关于裁判员参加刑事审判的法律》规定：“按照英美式陪审制的选任方式，从公民登记簿中随机抽取候选人，根据忌避制度的规范确定审判员，再按照德法式参审制的决定方式，承认审判员基本上享有与职业法官同等的地位和权限，即审判员和职业法官共同做出有罪无罪的判断并衡

〔1〕［德］克劳思·罗科信：《刑事诉讼法》，吴丽琪译，法律出版社2003年版，第412页。

量和科处相应的刑罚。”[1]为使量刑结果能够经受来自当事人、诉讼参与人以及社会公众的质疑和评判，大陆法系的判书中一般要求裁判者公布量刑理由，阐述量刑的事实、情节和适用法条的理由，详细地说明证据的采纳原因或者未采纳的原因。“审判的权威是靠准确的理由来维持的”。[2]裁判文书的量刑说理在一定程度上起到规范和制约量刑裁量权的作用。此外，上诉制度也可以制约量刑裁量权。大陆法系国家的二审程序一般都对事实和法律问题进行全面审查，包括重新调查和审查一审裁判中的量刑理由是否符合量刑原则和法律规定，也涉及对各种量刑因素的全面权衡与判断。因此，上诉制度为个案中的量刑不公提供了救济渠道，具有维护量刑统一、纠正一审裁判中错误或不公正的量刑，规范和制约初审法官量刑裁量权的作用。

英美法系的量刑程序中，最显著的不同之处就是将定罪与量刑区分为相互分离的两个程序。英美法系国家定罪与量刑程序的分离模式与其陪审团和法官在司法裁判权上的分权机制紧密联系在一起。在有陪审团参与的案件审判中，陪审团只解决被告人是否具有犯罪行为即定罪问题，不负责案件的量刑问题，因此审判需要区分为两个不同的阶段，需要设置专门的量刑程序由法官负责判定刑罚。在被告人做有罪答辩的案件中，由于在有罪答辩阶段已经解决了定罪问题，所以这类案件会直接进入量刑程序由法官裁量刑罚。

---

〔1〕 龙宗智、杨建广主编:《刑事诉讼法》(第3版)，高等教育出版社2010年版，第345页。

〔2〕 [日]松尾浩也:《日本刑事诉讼法》，丁相顺、张凌译，中国人民大学出版社2010年版，第148页。

在量刑证明方面，由于两个程序的相互独立，量刑程序中法庭所适用的证据规则、证据范围均与定罪程序中有所不同，一般没有定罪程序中要求严格，量刑证据的范围也更为广泛。例如，一些定罪中没有的证据种类如社会调查报告、被害人有影响力的陈述等可以作为量刑证据材料；一些在定罪程序中被严格排除适用的证据如品格证据、意见证据、传闻证据等通常也可以在量刑中提出并作为依据。在量刑程序方面，除轻微刑事案件和适用辩诉交易的案件以外，一般通过“量刑听证程序”裁决有罪被告人的刑罚。“不管对被告人还是公众，量刑听证都非常重要，因为这可能是被告人感受法庭审判程序的唯一机会；而法庭的量刑结果则是公众判断法庭如何看待特定种类罪犯与特定罪行的唯一方法。”[1]量刑听证以开庭的方式进行，控辩双方以及被害人都可以参与，可以向法官提交有关量刑的证据并发表意见，还可以就有关问题展开辩论。量刑听证程序的优点在于诉讼主体可以参与其中，以公开、透明的方式展示量刑结果的产生过程及其依据，裁判者的量刑权受到诉权的制约，促进了量刑的公正并防范了法官滥用自由裁量权。此外，英美法系国家同样以量刑说理制度和上诉制度对法官的量刑裁量权进行控制。

（二）我国量刑中刑事诉讼法的适用

我国量刑的程序控制方式与其他大陆法系一脉相承，刑事诉讼法所确立的合议制、上诉制度和裁判文书说理制度都具有限制法官

---

〔1〕 Joanna Shpland, *Between Conviction and Sentence*, Routledge & Kegan Paul(1981).

自由裁量权的功能，然而，受我国司法体制和实践操作的原因，这些制度的司法运行存在各种问题，较大地削弱了其控制量刑裁量权的作用。

就合议制而言，其本意是发挥合议庭成员集体智慧，相互之间形成定罪与量刑上的监督和制约，防止独断和滥用权力。但我国司法实践中普遍推行“案件承办人”制度。案件在法院立案后，法院一般会安排由一个承审法官来负责办理，主要负责查明事实、作出判决并对案件的质量负责。承审法官具有提高诉讼效率，避免重复劳动、推动案件进程、责任人明确等积极作用，但容易造成合议庭的其他成员不关心案件情况、不承担相关责任，或者为避嫌而不主动提出不同的意见等情况，导致非承办法官的审判权力虚化，使合议制沦为形式，造成“形合实独”的局面。同时，我国刑事审判中的人民陪审员在量刑方面起到的作用比较有限，难以对承办法官和其他审判人员的量刑裁量权进行有效的监督和制约，人民陪审员制度的功能尚未得到充分体现。从上诉制度来说，上级法院通过纠正下级法院的量刑错误和量刑不公等问题可以确保量刑标准适用的统一和均衡，从而发挥对量刑裁量权的限制和制约。然而，我国司法实践中上下级法院之间存在严重的行政化倾向，在一些重大、疑难案件的裁判过程中，下级法院往往通过向上级法院汇报、请示的方式提前寻求上级法院在定罪与量刑方面的“指导性意见”，从而使上级法院制约量刑裁量权的功能落空。从相关统计数据来看，“二审法院维持一审法院判决的比率高达99%，而撤销原判、发回重审或依法改判的比率不足1%”。[1]可见，我国上诉制度在量刑控制方面发挥的实际作用比较有限。

我国裁判文书在量刑说理方面普遍存在说理格式化、说理概括、模糊等问题，在限制法官量刑裁量权方面的效果方面不明显。随着近年来裁判文书上网制度在全国范围内的推行和实施，以及相关法律及司法解释的明确要求，例如，2021年11月最高人民法院、最高人民检察院、公安部、国家安全部、司法部发布的《关于规范量刑程序若干问题的意见》第25条规定，“人民法院应当在刑事裁判文书中说明量刑理由。量刑说理主要包括：(一)已经查明的量刑事实及其对量刑的影响；(二)是否采纳公诉人、自诉人、被告人及其辩护人、被害人及其诉讼代理人发表的量刑建议、意见及理由；(三)人民法院判处刑罚的理由和法律依据。对于适用速裁程序审理的案件，可以简化量刑说理”。当前，我国刑事裁判文书的量刑说理已经有了较大的改进，这对进一步制约法官量刑裁量权具有非常积极的作用。

我国的量刑改革在着重实现量刑规范化之后，进一步完善的方向应是加强量刑的程序法控制，即通过程序法的制约增加量刑程序的公开性和透明度，满足诉讼参与人对量刑程序可参与性和量刑公正的要求。因此，未来我国量刑的程序法控制需要从以下方面着手：一是要区分案件类型。对于被告人不认罪的案件和控辩双方对量刑问题争议较大的案件可以采用对抗式或诉讼化的量刑程序，增

---

〔1〕 汪贻飞：《量刑程序研究》，北京大学出版社2016年版，第82页。

强该类案件量刑程序的公开与透明性，提高当事人和诉讼参与人的可参与性，将有限的司法资源投入具有争议性的案件中。二是要进增强裁判文书中关于量刑部分的说理。裁判文书应当对量刑的过程、量刑的理由和法律依据进行充分地阐述，以增强对法官量刑自由裁量权的监督和制约。三是要完善量刑救济机制。为切实保障当事人的量刑救济权利，上下级法院在实践中应减少不必要的、针对个案量刑方面的请示与汇报，上级法院应在确保下级法院审判权独立的前提下，充分发挥量刑方面的监督和制约作用。上级法院在二审程序中应重点审查量刑是否遵循相关实体法和程序法的要求，对量刑错误、量刑不公正和不适当地适用量刑裁量权的判决及时予以纠正，以确保量刑标准和规则的统一适用，促进量刑均衡和量刑公正。

（三）量刑中程序法控制的利弊分析

程序性量刑规范在保留法官必要的量刑裁量权的前提下，从增强量刑程序的诉讼化、公开化和公正性方面考虑，可以增加当事人和诉讼参与人在量刑活动中的话语权，有效减少量刑活动“暗箱操作”的空间，就程序公正的角度而言，具有提升量刑公正、促进量刑均衡的重要意义和作用。在量刑活动缺少程序性制约的情况下，当事人和诉讼参与人无法充分地参与其中并感受量刑活动的透明、公开和规范，其对量刑结果的满意度就会大为削减。

合议制、量刑说理制度以及上诉制度均能够在一定程度上起到制约法官自由裁量权的作用，可以在保留法官必要的、有益的量刑自由裁量权的前提下，提高量刑者之间的监督和相互制约，限制法官量刑裁量权的作用范围，一定程度上可以避免量刑实体法控制容易导致的量刑机械化和僵化，满足刑罚个别化的需求，有利于促进个案量刑正义的实现，符合司法的运行规律。但程序法控制也有一定的缺点，主要在于这些控制仍属于法院的内部制约模式，需要依赖裁判者自发实施，依靠裁判者的互相监督和制约来实现，这种只取决于司法者自我约束却缺乏外在制约的模式和方法，其实施效果必然会受到影响，当裁判者的自我约束能力越低，这些制度在量刑裁量权方面的制约功能就会越弱。

与之相比，英美法系定罪与量刑分离的模式以及量刑听证程序就属于一种外部制约机制。独立的量刑听证程序比较符合司法认知逻辑和诉讼规律，对量刑问题给予了和定罪问题同等的关注，满足各诉讼主体参与量刑活动的愿望和需求，提高了量刑程序的可参与性，控辩双方以及其他诉讼参与人能够就量刑事实、量刑情节及量刑证据充分表达观点和意见，有助于法官全面地接触与量刑相关的信息和材料，对促进量刑公正非常有益，对量刑裁量权的控制具有独特的、值得肯定的作用。

（四）我国的量刑程序改革及其问题

在我国现行刑事诉讼法框架下，审判程序中并未区分定罪与量刑程序，采用的是合一模式。近年来，有关量刑程序的模式问题成为我国理论界和实践部门争议的重要问题。为了规范量刑活动以及法官的裁量权，最高人民法院自2010年起，在全国法院全面试行刑事案件量刑规范化改革，同时将量刑纳入法庭审理程序，引入量刑建议，增强量刑的公开性与透明度。在最高人民法院颁布并试行量刑相关的法律规范后，实践中基本确立了一种“相对独立的量刑模式”。刑事诉讼法及其解释也在维持现有法庭审判模式的基础上，将法庭调查和法庭辩论区分为定罪与量刑调查、定罪与量刑辩论。

1.量刑程序改革中的障碍

从我国量刑程序改革的效果来看，有学者指出，量刑改革后量刑的公正性得到提升，但也在一定程度上导致审判的效率下降。有学者指出：“通过对抗式量刑调查、辩论，使量刑程序的透明性有所提升，量刑结果的公正性有所增强。但是在量刑情节、量刑效果方面与改革前相差无几，审判效率在改革后甚至有明显下降，由此引发不少试点地区法官、检察官的疑虑。”〔1〕这表明，量刑程序的改革在增强量刑公正、提升量刑审判的对抗性和诉讼化方面具有积极的效果，但对于量刑改革旨在实现的目标即量刑均衡方面的效果尚未显现，增加了法庭审判的工作量和审判程序的运行成本，在一定程度上导致审判效率的降低。可见，量刑程序的现有设计还存在一定的问题，尚未满足量刑证明的需要，仍需进一步完善和改进。具体来说，目前存在的问题包括以下几个方面。

（1）量刑证据的种类受到证据法的限制。

我国刑事诉讼法明文规定的法定证据种类只有八种类型，然而量刑事实所涉及的范围较定罪事实更广泛、内容更多，实践中，量刑证据材料很有可能表现为法定证据种类之外的形式，如果以不属

---

〔1〕 左卫民：《现实与理想：关于中国刑事诉讼的思考》，北京大学出版社2013年版，第214页。

于法定证据种类排除这些证据材料，则有可能造成不利于被告人或被害人的结果，也不利于审判机构全面掌握量刑信息。实践中，一些案件的确已经采信了法定证据种类之外的证据材料作为量刑证据。例如，当事人所提交的由司法行政机关出具的有关被告人的社区矫正前调查评估意见书，[1]司法局出具的审前社会调查评估报告，[2]村民的联名信，[3]村委会、派出所、乡政府办公室证明等。[4]严格来说，这些量刑材料并不属于法定的证据种类，对于其是否具有证据能力，审判机构能否采信等问题还存在一定的争议。

（2）量刑证据收集中遭遇现实困难。

目前我国刑事审判中控诉方所使用的量刑证据大部分是在侦查程序中由侦查、公诉机关收集，通常与定罪证据的收集是同时进行的。实践中，侦查机关和控诉机关往往只注重定罪证据的收集，容易忽视量刑证据尤其是酌定量刑事实、罪轻量刑事实及其证据的收集。尤其是在被告人不认罪的案件中，证据收集通常是以控诉证据的收集和补充为重心，辩护方也大多将焦点放在反驳控诉证据以及定罪证据方面，对量刑证据的收集有所忽视。尤其在被告人没有辩护人的情况下，被告人自身收集证据的能力非常有限，因而缺乏量刑证据支持其量刑主张的问题比较突出，这导致量刑程序常常缺乏实质性内容，使一些审判机构和审判人员误以为量刑程序可有可

〔1〕 参见河南省驻马店市中级人民法院刑事判决书，(2014)驻刑二终字第114号。

〔2〕 参见莆田市城厢区人民法院刑事判决书，(2011)城刑初字第299号。

〔3〕 参见吉林省临江市人民法院刑事判决书，(2014)临刑初字第69号。

〔4〕 参见广西壮族自治区河池市中级人民法院刑事判决书，(2012)河市刑一终字第80号。

无，有意忽略或规避量刑程序的进行。

（3）量刑证据调查方面的程序障碍。

量刑证据在证据的调查与核实方面存在的障碍主要包括两个方面：一是量刑证据调查顺序违背司法规律。现行模式下审判中的证据调查程序的安排依次是定罪调查、量刑调查、定罪辩论、量刑辩论。这虽然使量刑的相对独立性有所提升，但在逻辑上存在不合理性，不符合司法规律。因为在定罪辩论前就进行量刑调查，量刑证明并非建立在确定有罪的基础上，在逻辑上违背了司法审判的运行规律，存在否定被告人获得无罪推定原则保护的可能，也可能会使法官受到一些量刑证据诸如前科劣迹、品格证据等的不当影响，妨碍法官形成公正的心证。二是量刑证据与定罪证据采用相同的调查程序容易降低诉讼效率。现行法律没有区分定罪证据与量刑证据，因此所有证据的调查程序和证明方法都是同样的标准和要求，量刑证据尤其是犯罪事实以外的证据不仅种类多，且内容丰富并具有不确定性，如果像定罪证据一样逐一进行展示、质证、辩论，可能会降低诉讼的效率。

（4）量刑证据的举证责任分配不合理且证明标准偏高。

我国刑事诉讼法规定，公诉案件的控诉方对案件中所有罪轻、罪重的量刑证据负有全面的举证责任，没有明确被告人是否需要对其所主张的量刑事实提交相应的证据。但事实上，要求控诉方就罪轻或无罪的证据也承担举证责任，与控诉方的诉讼职能和诉讼角色存在一定的冲突，而且，举证责任全部由控诉方承担并不利于诉讼效率的提高。表面上看，这减轻了被告人的举证负担，但由于诉讼职能的限制，控诉方实际上很少会就罪轻或无罪的事实进行举证，反而使被告人在一定意义上丧失了获得公正量刑的机会，被告人在量刑审判活动中应有的诉讼权利没有得到有效地保护。在证明标准方面，由于没有区分定罪事实与量刑事实的证明标准，认定被告人有罪和科处刑罚的事实的证明都要达到法定的证明标准，这导致一些被告人提交的量刑证据往往因为达不到“确实、充分”的标准而不被法庭所采纳。其实，就犯罪事实以外的量刑证据而言，无须达到与定罪证据同样的证明标准。目前已经推行的量刑规范化改革中，量刑程序在一定程度上已经与定罪程序相分离，因此非常有必要根据量刑程序的特点设置与其相适应的证明标准。

2.解决量刑程序问题的思路

（1）区分定罪与量刑程序的证明对象、证明方法、举证责任及其证明标准

定罪程序与量刑程序不同的特点和功能决定了需要清晰地区分两者不同的证明对象、证明方法、举证责任及其证明标准。首先要区分出量刑程序自己的证明对象，证明对象是量刑中所有证明活动的标的和目标，决定其证明方法的类型。如前所述，量刑的证明对象应当是犯罪事实以外的量刑事实。而犯罪事实以外的量刑事实由于不涉及罪与非罪的定性，其证明方法就可以采用程序更加灵活、便捷的自由证明，被告人、被害人对其所主张的量刑事实需提交相应的证据，但量刑证据无须达到定罪证据的证明标准，可以确定一个较定罪证据低的证明标准，如“优势证据”的证明标准，采信占据优势一方的量刑证据。

（2）区分定罪程序与量刑程序

在明确量刑程序与定罪程序具有各自独立的证明对象、证明方法、举证责任及其证明标准的前提下，回头再看量刑的程序障碍，不难发现，定罪与量刑程序的分离更有助于这些程序性问题的解决。定罪与量刑程序的分离是指在定罪程序结束后，间隔一定的时间再进行量刑程序的审理，从而在定罪的基础上依据量刑事实和证据裁量被告人的刑事责任。例如在美国，当被告人被定罪后，要间隔一定的期间后再启动量刑程序，在这个期间内，缓刑监督官要进行非常详细的量刑信息的调查工作，在充分地调查控辩双方的量刑意见的基础上，制作社会调查报告，为法庭的量刑提供详尽的事实依据，为量刑的公正和合理提供了一定的保障。量刑程序与定罪相分离后，量刑程序的开启是在罪行已经得到确认的情况下，因此，量刑采用自由证明不会破坏无罪推定原则的精神，而且有助于提高量刑程序的效率。在定罪中受到严格限制的法定证据种类之外的证据材料，以及品格证据、传闻证据、非法证据等在定罪程序中受到严格限制的证据材料均可以进入量刑程序，丰富量刑的事实依据，促进刑罚个别化的实现。在证据调查方面，由于定罪已经结束，量刑证明的进行就不再有逻辑上的障碍，控辩双方也都具备时间和精力去收集相关的量刑证据，量刑证据不足的问题可以得到缓解。自由证明的适用使法官可以根据证据情况行使自由裁量权控制程序的推进和发展，审判效率的下降将有效改善。举证责任和证明标准的明确将使当事人明确在其举证不能时，需承担相应的不利结果，这将有利于增强刑罚结果的权威性和认同度。

第八章　刑罚裁量的实然展开

第一节　量刑结论

一、量刑结论的公正与均衡

量刑结论是审判机构以量刑事实为根据，适用量刑标准和量刑规则对特定被告人应当承担的刑事责任所作出的结论，属于个案中量刑事实与相关法律规范相互交融的产物。量刑是否合法、适当是评判一个刑事案件审判是否正确的主要指标，获得正确的量刑结论既要依靠对量刑事实的准确认知，也要依靠量刑标准和量刑规则的准确适用。因此，法官作出量刑结论的过程实质上是交叉适用刑事实体法与刑事程序法的过程，是一个在程序中寻求刑罚裁量的结果，在结果中展现刑罚裁量过程的动态活动。

量刑结论应以实现量刑公正与量刑均衡为目标。量刑公正的实现应着眼于提高量刑程序的公正。从当事人的角度来说，公正的量刑活动应当具备公开性、参与性、保障当事人发表量刑意见的权利，这样更容易让当事人和社会公众接受和信服；从法官的角度来说，公正的量刑是法官在充分、及时地听取控辩双方的量刑建议或意见，全面衡量各种量刑证据的基础上，遵循量刑规则和标准的前提下所得出的结论。量刑均衡的实现要着眼于量刑实体标准科学性的提高。量刑均衡主要是指作为量刑结果的宣告刑与犯罪行为之间在质、量、度上的相对均衡。[1]要求裁判者应当全面地考虑犯罪行为的本质、所有的量刑情节对刑罚的影响比例，在综合案件中有关犯罪与刑罚的所有因素的基础上，作出一个合理的裁判。同时，个案中罪与刑的不均衡是导致“同案不同判”现象的直接原因。量刑均衡强调对犯罪行为、量刑情节基本相同的案件在量刑结果上应当保持一定的平衡，不能有太大的差距。总体来说，量刑均衡是在个案罪与刑相适应的基础上，进一步符合“同案同判”这一最朴素的有关量刑均衡的观念和判断标准。

准确公正的量刑结论是量刑事实与量刑实体标准之间具有较高程度的契合，这不同于定罪结论中定罪事实与定罪标准之间的匹配。定罪事实与定罪标准之间应该具有非常精确的匹配性，类似于齿轮之间的相互啮合，要求事实与法律的对接程度是严丝无缝的，如果不匹配，就像齿轮之间无法咬合一样，其错误具有较高的识别性。而量刑事实与量刑标准之间的契合则可以说是存在一定空间的对接与匹配。这是因为，法官的量刑权比定罪权具有更大的自由裁量的空间。量刑的法律规范中一般也会给法官预留具有一定弹性空间的量刑幅度。例如，最高人民法院、最高人民检察院2021年

[1] 参见刘守芬等：《罪刑均衡论》，北京大学出版社2004年版，第46页。

发布的《关于常见犯罪的量刑指导意见(试行)》中规定:"综合考虑全案情况,独任审判员或合议庭可以在20%的幅度内对调节结果进行调整,确定宣告刑",这里就明确赋予了法官一个较大范围内的量刑自由裁量权。因此,量刑结论是量刑事实与量刑标准之间的一种契合,在大致相同的案件中允许量刑上存在一定程度的偏差。

二、量刑结论的合法与合理

一方面,量刑结论的评价要考察量刑是否合法。合法的量刑要求量刑结果是在一个公正的量刑程序中,通过准确地适用量刑法律规范得出的结论。量刑合法要求司法裁判做出的量刑结果要符合量刑法律规范,遵循罪刑法定的基本原则。另一方面,评价量刑结论要考察量刑是否合理。"量刑的合理性是指:量刑结论经得起法理考量和伦理评判,合乎法理意味着量刑结论应当符合包括蕴含在刑法基本原则和量刑一般原则(刑法第六十一条)中的刑法精神,合乎伦理则意味着量刑结论应当公正且符合社会大众的一般观念"。[1]量刑不是机械地适用法定刑的活动,它需要法官在遵循量刑规律和量刑准则的情况下合理运用自由裁量权,对法定刑作出"司法变型",即在法定刑的基础上获得处断刑、宣告刑、执行刑或者定罪免刑的结果。在不同的案件中,每个被告人的主观恶性或者社会危险性不同,不可能僵化地要求所有的刑罚处罚必须一律平等,从

〔1〕 冯骁聪:《涉黑案件量刑合法性、合理性实证研究——以西部某市15起典型案件为样本》,载《政法学刊》2016年第5期。

而忽视对犯罪背后原因的探究。因此，合理的量刑强调要关注刑罚与行为人的主观恶性或社会危险性之间的平衡，符合刑罚个别化的精神，体现“对症下药、量体裁衣”的思维，才能满足当事人以及社会公众对量刑公正的期盼。

以《华西都市报》报道的一则盗窃案为例，成都市居民杨某在路过一户居民家时，发现门没锁严，就进入房内拿走了一块一斤多重、价值29元的腊肉，在准备离开时被屋主拦住。杨某到案后，如实供述了自己的罪行。法院最后以盗窃罪判处杨某6个月有期徒刑，并处罚金1000元人民币。〔1〕该案引在当时起了广泛的热议，很多人认为量刑过重。那么法院的量刑是否合法、合理呢？从该案的量刑情节来看，杨某到案后有如实供述罪行的量刑情节；杨某盗窃后在准备离开时被屋主拦住，腊肉尚未脱离主人控制，构成盗窃罪的未遂。杨某在被发现后没有暴力抗拒等行为说明其人身危险性较低。从盗窃罪的量刑标准来看，根据《刑法》第264条，入户盗窃可以判处3年以下有期徒刑。依据2021年《关于常见犯罪的量刑指导意见（试行）》的规定来看，入户盗窃的量刑起点是“一年以下有期徒刑或拘役”。〔2〕对于杨某具有的如实供述罪行的情节，可减少基准刑的20%以下；犯罪未遂情节，可以减少基准刑的50%以下。可见，根据量刑标准，该案量刑是合法的，但是，在量刑的合理性方面

---

〔1〕 参见张贵峰：《男子入室盗窃价值29元腊肉被判刑半年冤吗？》，载《检察日报》2017年4月19日。

〔2〕 本案案发当时的司法解释即2017年4月最高人民法院《关于常见犯罪的量刑指导意见》（已失效）中规定的有关盗窃罪的相关量刑内容与现行2021年《关于常见犯罪的量刑指导意见（试行）》中的规定相同。

还有待商榷。综合来看，杨某的犯罪行为不仅具有数额小、犯罪未遂、坦白的法定从宽情节，此外，还应考虑是否存在人身危险性小、悔罪态度好、被害人谅解等酌定从宽的量刑情节。合理的量刑应当体现“宽严相济”的刑事政策，贯彻惩罚与教育改造相结合的原则。因此，该案适用拘役或者缓刑可能更加合理，既可以达到惩治犯罪的效果，又可以节约宝贵的刑事司法资源。

第二节　基于200份刑事裁判文书的量刑分析〔1〕

实践是检验真理的唯一标准。为了解我国刑事审判在量刑活动中适用刑法与刑事诉讼法的真实情况，本书选取了近年来我国各级人民法院的200份生效刑事裁判文书作为研究样本，对我国开展量刑规范化改革后的司法实践活动，从量刑事实的析取与认定、量刑标准的适用这两个角度展开分析，探讨其中存在的问题，以期寻找走向量刑更加公正合理的有效路径。

为了尽可能保证样本案例的有效性和全面性，使研究结论更真实地反映量刑活动的特点与情况，本节在样本案例的选择方面设置了如下条件：第一，选取我国开展量刑规范化改革即2012年（含2012年）以后至今的生效裁判文书。第二，主要选取最高人民法院

〔1〕 样本案例来源于中国裁判文书网。

纳入量刑规范化改革的23种常见罪名。第三，确保案件的来源地涵盖全国各省、市和地区。第四，确保案例的审理法院级别和类型全面，包括各审级人民法院的裁判文书。总体来说，200份生效裁判文书中，一审判决书89份，二审判决书或裁定书100份，再审判决书3份，死刑复核刑事裁定书8份。

一、量刑事实认定的裁判文书分析

（一）量刑事实及量刑证据

样本案例中出现的量刑事实内容复杂，种类繁多，从量刑事实的作用可划分为纯正的量刑事实和兼备的量刑事实。常见的纯正的量刑事实主要有被告人的前科劣迹、累犯、再犯、初犯、限制刑事责任能力、家庭情况、社会关系、性格特点、居住环境、平时表现等犯罪前事实；自首、立功、坦白、认罪态度、悔罪、被害人谅解、积极救治被害人、在羁押期间的表现、退赃、赔偿损失、交纳罚金等犯罪后事实。常见的兼备的量刑事实主要有刑法总则规定的犯罪未遂、犯罪中止、主犯、从犯、教唆犯等事实；刑法分则规定的犯罪数额、犯罪次数、犯罪结果、伤亡后果、伤害程度、犯罪动机、犯罪时间、犯罪对象、特殊的犯罪情节（如非法拘禁中具有殴打、侮辱等行为）、被害人过错等事实情况。

量刑证据是用于证明量刑事实的证据材料。为保障量刑的公正与合理，使量刑者能全面、充分地接触与量刑相关的证据材料，对量刑证据的资格限制一般不像定罪证据那样严格，所以量刑证据材料的范围更为广泛。样本案例中的量刑证据比定罪证据的内容和范围更广泛，证据材料的采信标准也不尽相同。例如，定罪中通常不能采纳的证明被告人前科劣迹的证据材料可以用于量刑；有关被告人犯罪前以及犯罪后态度和表现的证据材料在定罪中不具有证明力，但因具有证明被告人人身危险性的证明力，对法官进行刑罚的裁量具有一定的参考作用，所以是可以作为量刑证据的。样本案例中出现的量刑事实及证据如表8-1所示。

表8-1　量刑事实及证据

<table>
<tr><th colspan="2">量刑事实的种类</th><th>量刑事实的内容</th><th>量刑的证据材料</th></tr>
<tr><td rowspan="10">纯正的量刑事实</td><td rowspan="7">罪前事实</td><td>前科劣迹、累犯、再犯</td><td>生效裁判文书、释放证明书和行政处罚决定书</td></tr>
<tr><td>初犯</td><td>前科劣迹查询表</td></tr>
<tr><td>限制刑事责任能力</td><td>法医鉴定书和精神病医院住院病历</td></tr>
<tr><td>家庭背景、社会关系、个性特点、居所情况、一贯表现等</td><td>户籍证明、社会调查报告、居住地居（村）民委员会出具的意见</td></tr>
<tr><td>自首、立功</td><td>侦查机关出具的相关案件情况说明</td></tr>
<tr><td>退赃、退赔情况</td><td>办案机关出具的退赃情况说明、退还赃款凭证、扣押及发还物品清单、被害人出具的证明或领条</td></tr>
<tr><td>赔偿损失</td><td>被害方出具的收据、赔偿协议书和公证书</td></tr>
<tr><td rowspan="3">罪后事实</td><td>交纳罚金</td><td>行政事业单位资金往来结算票据</td></tr>
<tr><td>被害人谅解</td><td>谅解书、调解协议书、和解协议、被害人陈述</td></tr>
<tr><td>积极救治被害人</td><td>证人证言、被告人供述、被害人陈述、通话记录、书证等</td></tr>
</table>

续表

量刑事实的种类	量刑事实的内容	量刑的证据材料
兼备的量刑事实	在共同犯罪中的地位和作用、犯罪形态、犯罪动机等	被害人陈述、辨认笔录、勘验检查笔录、视听资料、电子证据、物证检验报告及照片、被告人供述和辩解
	被害人过错	被害人过错
	损害后果、伤亡后果、伤害程度、犯罪数额等	勘验笔录、鉴定意见、病历资料、视听资料、电子证据、被告人供述和辩解、被害人陈述

(二)量刑证明

1.证据种类不限于法定证据种类

定罪事实一般只能采用法定的证据种类,但实践中认定量刑事实所采用的证据材料还有法定证据种类之外的其他证据材料。例如,在王某交通肇事罪二审中,法庭依社区矫正管理部门出具的意见,认为对王某宣告缓刑对所居住社区不会产生重大不良影响,从而对王某从轻处罚并宣告缓刑。[1]

2.遵循“谁主张,谁举证”的证明责任分配原则

定罪程序中,基于无罪推定原则对被告人的特殊保护,由控诉方承担证明责任,被告人提出无罪或最轻的辩护时,并不需要承担相应的证明责任。量刑的前提是被告人是否有罪的问题已经确定,这就意味着无罪推定可能已经不再适用,其所针对被告人的特殊保护也随之减弱。因而,在量刑程序中,有关被告人刑事责任问题的

〔1〕 参见安徽省宿州市中级人民法院刑事判决书,(2014)宿中刑终字第00445号。

证明责任有必要遵循“谁主张，谁举证”的分配原则，被告人对其所主张的量刑请求应当承担相应的证明责任。

虽然我国刑事诉讼法并没有明确被告人是否需要对其所提出的量刑请求承担举证的义务，但从样本案例来看，被告人提出的量刑请求如果缺乏相应的证据支持，一般会遭到法庭的驳回。这表明，法庭在量刑中遵循“谁主张，谁举证”原则，是希望或要求被告人对其所主张的量刑事实承担相应的证明责任的。例如，在李某贩卖、运输毒品、何某某交通肇事案的二审中，何某某的辩护人认为何某某主动提供同案犯李某的家庭住址，配合公安机关将其抓获，具有重大立功表现，主张量刑上应从轻、减轻或免除处罚，并提交了公安机关的一份《情况说明》，证实何某某被抓获后向公安民警提供了同案犯李某的具体住址及重要线索。法庭认为，虽然该证据形式合法，但根据《最高人民法院关于处理自首和立功若干具体问题的意见》的规定，何某某提供的同案犯的住址，属于其应当如实供述的范围，不能认定为协助抓捕同案犯，重要线索亦不明确，因此不能构成立功，所以并未支持被告的量刑请求。[1]在杨某某故意伤害案中，就辩护人提出的“被告人杨某某系限制刑事责任能力人，依法可从轻、减轻处罚”的量刑请求，法院审查后认定，被告人是癫痫所致的精神障碍，属限制刑事责任能力，辩护意见与事实相符且有证据支持，据此同意对被告人予以从轻处罚；对辩护人提出的“被害人对引发本案有明显过错，对被告人可以酌定从轻处罚”

---

〔1〕参见重庆市高级人民法院刑事裁定书，(2016)渝刑终118号。

的量刑请求，法院认为被害人刘某某酒后踹门闯入杨某某宿舍并将茶水泼到杨某某身上和床上，是引发案件的直接原因，辩护意见与事实相符且有证据支持，遂采信了该辩护意见。[1]这表明，被告人一般需要就其量刑请求提交相应的证据材料，并且要达到较高的证明标准，否则将无法被采信，量刑请求也将难以得到法庭的支持。

3.量刑证明方法具有多样性

在量刑事实的证明中，除了坚持证据裁判原则，运用证据证明案件事实之外，在有些案件中，对于坦白、当庭认罪、如实供述、被害人当庭谅解等量刑事实，还可以采用其他的证明方法，主要包括：一是司法认知。这类事实主要是审判人员在审判进行过程中可以亲身感知和经历的事情，因而法庭可以对该类事实进行直接认定。这种不采用证据，直接对事实进行证明的方法在理论上称为司法认知，是指法官在审判过程中依职权或应当事人申请，对某些特定的事实直接予以确认，无须当事人予以举证证明的一种案件事实认定方法。《美国联邦证据规则》中明确规定了可以进行司法认知的事实，其第201条（b）规定："法院可以对不存在合理争议的事实进行司法认知，因为该事实属于：（1）在法院管辖区域内众所周知；或者（2）基于其来源的准确性不存在合理怀疑，能够随时得到准确地确认。"[2]例如，在唐某某、蒋某诈骗案中，法院就共同被告人的坦白问题在判决书中进行了阐述，"甘某有坦白情节，依法可以从轻处

---

〔1〕 参见河南省漯河市中级人民法院刑事判决书，(2015)漯刑初字第24号。

〔2〕 参见［美］乔恩·R·华尔兹：《刑事证据大全》，何家弘等译，中国人民公安大学出版社1993年版，第314页。

罚；唐某某、蒋某虽然归案后如实供述其罪行，但当庭翻供，本院对二人的坦白情节不予认定”。[1]可见，法院可以对坦白、如实供述等亲自感知的事实采用司法认知的方法进行直接认定。二是推定的证明方法。例如，对于初犯这一量刑事实，有的案件中采用了前科劣迹查询表等证据材料进行证明，但有些案件中并没有采用相关的证据对初犯事实予以证明。在唐某某、甘某某诈骗案中，甘某某的辩护人提出甘某某是初犯且认罪态度好，判决书并未明确辩方是否提交了相关证据，但法庭对该事实予以认定。[2]这种辩方未提交证据材料但法庭予以认定的情况属于推定的证明方法，也就是说，在被告人主张某种量刑事实，而控诉方没有提出异议时，法院可以推定该事实成立，并据此作出认定该事实成立的认定。综上，量刑事实的证明方法相较于定罪事实而言更多样化。

4.量刑事实是否有争议影响量刑证明的繁简和效率

对简单轻微、被告人认罪的案件，一般适用简易程序或者速裁程序，法院对量刑事实和证据的认定比普通程序更简略，基本上不再对证据进行认证、质证，判决书也非常简略地交代证据的具体内容甚至不罗列相关证据。量刑程序的简化甚至省略，极大地提高了案件的诉讼效率。例如，在范某危险驾驶案中，范某对指控事实、罪名及量刑建议没有异议，同意适用速裁程序且签字具结。据此，判决书没有再描述审查指控事实和证据的情况，直接认定：“本院认

〔1〕 广东省中山市第一人民法院刑事判决书，(2015)中一法刑一初字第1310号。
〔2〕 参见广东省中山市第一人民法院刑事判决书，(2015)中一法刑一初字第1310号。

为，被告人范某在道路上醉酒驾驶机动车，发生交通事故，危及公共安全，其行为已构成危险驾驶罪。淮安经济技术开发区人民检察院指控罪名成立，本院予以采纳。判决如下……”〔1〕在采用普通程序开庭审理的案件中，也有一些案件对量刑事实的证明比较简单。例如，杜某某妨害公务案是采用普通程序开庭审理的案件，在被告人表示认罪的情况下，判决书中针对量刑问题仅有一句阐述，即“被告人杜某到案后如实供述自己罪行，可酌情处罚”。〔2〕

在量刑有争议的案件中，法庭需要花费更多的时间和精力对量刑事实及证据进行审查判断，才能对控辩双方的量刑请求做出最终的评判。此时，控辩双方的量刑请求也是量刑证明的对象。在刘某某故意伤害案二审中，被告人刘某某因故意伤害致死一审被判处15年有期徒刑。抗诉机关认为原审量刑畸轻，理由是一审认定被害人无重大过错，但该案与双方过错对等的故意伤害致死案相比，量刑起点应当更高；一审判决未认定被告人积极赔偿、真诚悔罪，且被害人亦未谅解；被告人是在发案现场自首，作案后逃跑可能性小，因此其虽有自首情节，但较逃离现场后的主动投案，从轻处罚的幅度应当更小；被告人有前科，应当从重处罚。据此，抗诉机关主张该案不应在无期徒刑以下裁量刑罚。被告人刘某某则认为一审量刑过重，理由是被告人犯罪后认罪态度好且有自首情节，可以减轻处罚，请求改判其有期徒刑6年。面对控辩双方争议较大的量刑主张，法院在对量刑相关事实与证据审查判断后，最终认定原判量刑

---

〔1〕 江苏省淮安经济技术开发区人民法院刑事判决书，(2022)苏0891刑初44号。

〔2〕 河南省禹州市人民法院刑事判决书，(2015)禹刑初字第498号。

适当，驳回了上诉、抗诉，维持了原判。[1]可见，即使是维持原判，这类案件中法庭的审判内容更复杂，证明任务也更重，审理需要花费的诉讼资源和诉讼周期也大于其他案件。该案由广东省深圳市中级人民法院一审，经广东省深圳市人民检察院抗诉，最终由广东省高级人民法院二审，而被告人于2014年1月起被刑事拘留后逮捕羁押，至2015年8月二审判决做出时，已被羁押长达19个月之久。

5.量刑事实的种类影响事实存疑的处理方式

量刑事实性质和种类的不同会影响量刑事实存疑时的处理方式，而不同的处理方式又会影响控辩双方所主张的量刑事实能否得到法院的支持和对事实的认定。量刑事实可以区分为兼备的量刑事实和纯正的量刑事实，两者在存疑时的处理原则有所不同，如表8-2所示。

表8-2 量刑事实存疑的处理原则

类型	处理原则
兼备的量刑事实	存疑有利于被告
纯正的量刑事实	存疑从无

兼备的量刑事实既属于定罪事实，又是量刑事实，其证明责任由控诉方承担。当兼备的量刑事实存疑时，基于无罪推定的要求，适用“存疑有利于被告”的原则对事实进行认定。例如，在石某某盗窃案的二审中，石某1主张，一审判决所认定的其犯盗窃罪中的一起盗窃案的盗窃金额有误。认定该起事实的证据有共同作案人石

〔1〕 参见广东省高级人民法院刑事裁定书，(2015)粤高法刑一终字第132号。

某2的供述和被害人陈某某的陈述，这两份证据在盗窃的现金数额上存在差异，失主陈某某陈述丢失现金3400元，石某2供述盗得现金200元。法院认为，“石某1在一审中提出的辩解和二审中提出的异议能够与石某2的供述相印证，按照证据采信规则和存疑有利被告的原则，石某1在审判阶段的供述可予采信，可以认定该次盗窃所得现金为200元，原判认定该起盗窃所得现金为2000元无据可证，应予纠正”。[1]在罗某盗窃、破坏电力设施案中，法院指出，“对于涉案盗窃的香烟、现金数额的认定，应结合被告人的供述和辩解、被害人的陈述等证据，对彼此相互印证的部分可予认定，对两者陈述不一的则根据存疑有利被告的原则作就低认定。其中盗窃‘明光名烟名酒店’一节，因被告人罗某某曾供认其以270元每克的价格将项链销赃得款1.3万元，故对该黄金项链的重量认定为48.15克。对于被告人罗某某、罗某2提出的指控的部分事实中香烟、现金过多的辩解以及被告人狄某、陶某的辩护人提出的部分盗窃数额依据不足或数额偏高的辩护意见，本院予以采纳”。[2]在姚某某诈骗案中，对于其中一笔诈骗，被告人姚某某辩解属于向被害人刘某的借款。法院就此问题指出，“被害人刘某亦称该款项性质为借款，仅有其陈述若被告人姚某某办好承诺事宜便不用还款，被告人姚某某辩解该款项性质为借款，现有证据不足以排除被告人姚某某辩解，根据存疑有利于被告人的原则，本院不予认定该2.6万元为诈骗犯罪数额，双方可

---

〔1〕 湖南省湘西土家族苗族自治州中级人民法院刑事裁定书，(2015)州刑二终字第72号。

〔2〕 浙江省宁波市北仑区人民法院刑事判决书，(2013)甬仑刑初字第1160号。

通过民事途径再行处理”。[1]这两起案例中的犯罪金额属于既影响定罪又影响量刑的事实，在事实存疑时，法院对这类事实均采取了存疑有利被告的原则，作出了对被告人有利的事实认定。

对于纯正的量刑事实，刑事诉讼法没有明确其证明责任的分配原则。从理论上来说，由于无罪推定原则在量刑程序中不再直接适用，因此，从举证责任分配的基本原理以及实践情况来看，对于纯正的量刑事实实践中一般采用的是“谁主张，谁举证”的原则，即控诉方对其主张的从重处罚的罪重事实承担证明责任，被告方对其主张的从轻、减轻以及免除处罚的罪轻事实承担证明责任，当被告方不能证明其所主张的量刑事实时，法院不会作出有利于被告人的认定。例如，在张某某抢劫、抢夺枪支案中，张某某主张其有检举他人犯罪的立功情节。法院认为，“永顺县公安机关就该线索进行了核查并出具了相关说明，证明公安机关根据张某某提供的线索，无法查证属实。故该上诉理由不能成立”。[2]该案被告人主张的立功就属于纯正的量刑事实，当其无法提供相应的证据证明时，一般就难以得到法庭的支持。

（三）量刑证明的完善思路

1.拓宽量刑证据的种类和范围

从样本案例反映出的整体情况来看，我国法院中采用的量刑证据材料与国外一些国家相比，不仅数量少，而且种类和范围也比较

〔1〕 广东省广州市天河区人民法院刑事判决书，(2020)粤0106刑初567号。

〔2〕 湖南省湘西土家族苗族自治州中级人民法院刑事裁定书，(2016)湘31刑终196号。

狭窄，证据中所涉及的量刑要素数量不多且大同小异，犯罪后事实的要素占比较高，主要包括自愿认罪、自首、主犯、从犯、退赔等。同时，量刑证明中的证据能力规则比定罪证据相对宽松，一些不符合证据的合法性要求的材料也可以作为量刑证据使用。

定罪程序更加关注证据的合法性，为确保定罪的准确性和被告人的权利，定罪程序严格限制采用不具有合法性的证据材料，具有相关性但欠缺合法性的证据都被严格排除在外，这使定罪证据材料的范围因受刑事诉讼法的限制而被缩小。由于量刑程序的任务和目的均不同于定罪，因而量刑证据也具有与定罪证据完全不同的作用，法官要确保量刑的合法，也要考虑量刑的合理，因而量刑证据关注的重心主要是证据的相关性，这就决定了量刑证据材料的范围和种类都应比定罪证据更为广泛。由于我国刑事诉讼法未明确区分定罪证据与量刑证据，量刑证据自身的特点容易被忽略，因而难以充分地满足量刑证明的实际需要。因此，有必要进一步拓宽量刑证据的范围和形式，使量刑证据不受法定证据种类的限制，让法官能够全面地接触到各种量刑信息，作出更为准确、公允且合理的刑罚裁量，增强量刑结论的说服力。

2.明晰量刑事实的证明责任及证明标准

我国《刑事诉讼法》并没有区分量刑与定罪的证明责任及证明标准，实际上是对定罪与量刑程序各自的特点和需要未进行充分地考虑，这导致在某些程度上拔高了量刑证据及其证明的要求。

就证明责任来说，对于罪重事实以及兼备的量刑事实，证明责任的承担者为控诉方；对于纯正的量刑事实中的罪轻事实，应由被告方遵循“谁主张，谁举证”的原则来承担举证责任，被告应就其所主张的具有从轻、减轻或免除处罚的量刑事实提交相关的举证，若无法举证，其量刑主张不能得到法院的支持。就现实情况来看，这种证明责任的分配方式并不必然加重被告方的举证负担，控诉方尤其是公诉方在证据材料的掌控上具有先天的优势，但是，控诉方所承担的诉讼职能决定了其主动提交证明被告人罪轻的量刑证据的难度较大，被告方如果只是提出罪轻的主张却没有相应的证据证明，实践中是很难得到法院支持的。所以，明晰被告方的举证责任，更有助于分清责任，落实责任，也有利于被告方接受举证不能的后果。当然，考虑到被告方尤其是没有辩护人的被告人在收集证据能力方面的困难，应当赋予被告方向法庭申请依职权调取控诉方已经掌握、但并未提交法庭的证明被告人罪轻事实的证据的权利，或者向法庭提出协助其向有关单位调取证据的申请权。

就量刑的证明标准来说，应根据量刑事实的种类进行区分。用于证明罪重事实的量刑证据因其可能产生对被告人不利的结果，所以从保障被告人权利的角度出发，应适用与定罪证明相同的证明标准。而用于证明罪轻事实的量刑证据，则只须达到“优势证据”标准即可。优势证据标准是指由法官在控辩双方提交的量刑证据之间进行比较与权衡后，采信占有优势一方的证据。这一证明标准的要求与上述证明责任分配的原理一致，因为被告人如果提出罪轻的主张，就需要提供相应的证据支持，而基于被告人的诉讼地位以及取证能力的限制，不宜设置太高的证明标准，否则很难保障被告人的利益。优势证据标准是一个较低的证明标准，能够适当降低被告方的举证责任，只要被告方所举出的有关罪轻事实的量刑证据比控诉方的证据更具有说服力，被告人就更容易获得从轻处罚的有利结果。

3.提高量刑程序的可参与性

量刑程序与定罪程序相比，其对抗性已经明显减弱，在很多案件中，量刑结果其实是被告人与被害人之间的互谅互让或者互相妥协的一个过程。同时，有些案件还可能需要一些相关单位或部门的共同协助或参与，才能全面地评估被告人行为的社会危害性及人身危险性，以保证量刑结论的科学性和合理性。因此，量刑程序应注重诉讼主体的平等参与，构建一个公开、平等、透明、可参与度高的量刑程序，使各种有利于正确量刑的信息都能充分展示出来。

量刑程序应允许多样化中立的社会组织的充分参与，以保障法庭获得较为全面的量刑信息。例如，出具有关被告人的社会调查报告的司法行政管理部门，出具有关被告人刑事责任能力证明的医疗机构，被告人住所地的社区、街道、居委会或村委会等基层组织等。社会组织的参与有助于罪刑相适应及刑罚个别化原则的实现，也可以促进被告人回归社会目标的实现。同时，量刑程序应保障被害人的参与权。被害人是遭受犯罪行为侵害的人或组织，量刑结论与其自身的权益密切相关，也事关被害人对司法裁判公平公正的感受。允许被害人陈述犯罪行为对其所造成的精神与物质上的损害、是否谅解被告人以及对被告人量刑的具体意见等，可以使法庭更直观地感受犯罪行为造成的危害，准确地衡量被告人的人身危险性，也有助于缓解被害人的负面情绪，增强其对量刑结论的认可。此外，量刑程序应保障被告人获得量刑辩护的权利。从样本案例来看，辩护人对被告人能否获得刑罚上的从宽处理具有非常重要的作用。在没有辩护人的案件中，即使案件具有诸如无前科劣迹、初犯、认罪态度好等有利于被告的量刑事实，但往往可能因被告人没有提出请求，而未得到相应的从宽处理。但从有辩护人参与的案件来看，辩护人普遍会提出有利于被告人的量刑事实和量刑从宽的请求，并且量刑请求被采纳的比例较高。同时，我国现行审判程序已经要求在审判中分别进行量刑调查和量刑辩论，因此，建议在量刑辩论阶段，法官应组织控辩双方围绕其所提交的量刑证据进行举证、质证，允许双方充分阐述各自的量刑意见，围绕量刑证据进行的举证与抗辩，正是法官形成量刑结论的基础，也是裁判文书中法官采信哪些量刑证据的理由和依据。因此，提高量刑辩护比率和量刑的抗辩性对于保障被告人权益、增强量刑的公正性非常重要。

二、量刑法律适用的裁判文书分析

（一）量刑标准的适用特点

1.量刑要素多元化，酌定量刑要素的内涵更丰富

从样本案例中的量刑情节的种类来看，涉及种类结合内容非常繁杂且丰富。既有《刑法》明文规定的法定量刑要素，也有大量的酌定量刑要素；既有有利于被告人的从宽处罚的量刑要素，也有不利于被告人的从严从重处罚的量刑要素；既有反映犯罪人一贯表现、个人成长经历等犯罪前表现的量刑要素，也有反映被告人是否坦白、悔罪、退赃、赔偿等犯罪后表现的量刑要素。从具体内容看，

法定量刑要素主要有累犯、再犯、主犯、从犯、自首、坦白、立功、犯罪未遂、防卫过当、未成年人犯罪等。酌定量刑要素有认罪、悔罪、初犯、偶犯、退赃、积极赔偿被害人损失、获得被害人谅解、积极抢救被害人、缴纳罚金、被害人过错等。其中，罪后事实即被告人犯罪后的态度与表现，主要指自首、立功、悔罪、坦白或如实供述、赔偿被害人、退赃、缴纳罚金、获得被害人谅解等量刑要素，在实践中适用比例较高，对于量刑也具有比较重要的影响。

2.法定要素在量刑中运用得更充分

在样本案例中，法定量刑情节在刑罚裁量中普遍适用得比较充分。大部分裁判文书对于刑法总则规定的法定量刑要素都有非常明确地适用和阐释，其中以主犯、从犯、累犯、自首、犯罪未遂等要素的运用频率较高。对于刑法分则中规定的各罪的法定量刑要素，如犯罪数额、犯罪后果、犯罪对象等，也普遍得到了较为充分地适用。刑法分则中的量刑要素主要是指在罪状描述里反映犯罪行为的社会危害程度并影响定罪或者与定罪有直接关系的量刑情节。例如，侵犯财产罪中的盗窃、抢劫、诈骗、毒品犯罪等案件中的犯罪次数、犯罪数额就是影响量刑的重要情节；侵犯公民人身权利的故意伤害、强奸、非法拘禁等案件中的犯罪后果、犯罪对象等是对刑罚的轻重具有重要作用的量刑要素。

3.有关被告人犯罪后态度和表现、被告人品行的要素对量刑结果的影响比较显著

犯罪后的态度和表现是被告人在诉讼阶段是否认罪，是否对犯罪行为表示悔过的一种表现，能反映行为人的人身危险性程度，在

量刑时一般会受到较高地重视。样本案例中，出现率较高的自首、立功、坦白（如实供述）、认罪态度好、积极赔偿被害人损失、缴纳罚金等，都属于这类量刑要素。一般来说，具有这些量刑要素的被告人比较容易获得法庭的从宽处罚；反之，具有当庭翻供、隐匿赃物、拒不退赃、无悔罪诚意、挥霍赃款等量刑情节时，则很难在量刑上获得从宽处理。其中，与被害人的态度等相关的量刑要素也是影响量刑轻重的重要因素，特别是在侵犯人身和财产权利犯罪中，被害人是否挽回经济损失、是否愿意谅解被告人、是否接受与被告人和解或调解等，对量刑都具有比较重要的作用。例如，在莫某某故意伤害案中，该案由于在二审期间被告人赔偿了被害人的损失并获得了谅解，最终在刑罚上获得了较大的减轻处罚，被告人从一审判决宣告的8年有期徒刑被改判为6年有期徒刑。二审判决书指出，“原判认定的事实清楚，证据确实、充分，定罪准确，审判程序合法，唯鉴于二审庭审后，莫某某的家属主动代其赔偿被害人家属经济损失并取得谅解，可视为莫某某有悔罪表现并在量刑时予以考虑，本院依法对莫某某予以改判”。〔1〕此外，与被告人品行相关的量刑情节也可以反映被告人的人身危险性程度，通常也是量刑审查中的重点。在反映犯罪人品行的量刑要素中，累犯、再犯、前科劣迹等属于从重或从严处罚的量刑要素；初犯、偶犯、被害人有过错等属于从宽处罚的量刑要素。

---

〔1〕 广西壮族自治区高级人民法院刑事判决书，（2012）桂刑一终字第129号。

4.兼备的量刑情节中有些酌定要素的适用尚不充分

在酌定量刑情节中，纯正的量刑情节适用地比较普遍充分，如犯罪后的态度、退赃、赔偿被害人经济损失等量刑要素。但一些兼备的量刑情节在实践中适用地并不充分，例如，犯罪手段、犯罪动机或起因、被告人犯罪前的成长经历、生活状况、家庭情况或一贯表现等，仅有少量的案件提到了这些量刑要素。刑罚不是为了惩罚而惩罚，预防犯罪才是现代刑罚的重要目的。事实上，没有无缘无故的犯罪，每一起犯罪都有其特殊的诱因，而这大多与行为人的家庭环境、成长经历、教育状况等密切相关。法庭如果忽视对被告人的一贯表现、生活状况等基本信息的取证和调查，很难准确地了解犯罪的动机和起因，也就难以把握犯罪人的主观心理。此外，在样本案例中，即使是审查了被告人犯罪动机或起因的案件，对这类量刑要素的阐述和说明也比较简单，基本只是概括指出犯罪的起因系民事纠纷、家庭纠纷、债务纠纷或生产生活纠纷，有的案件间接指出被告人的犯罪动机，如被告人以职业盗窃为生等。

5.量刑辩护对量刑结果影响较大

在200份样本案例中，有辩护人辩护的案件共有143件。对辩护人提出的辩护意见，法官基本采纳辩护人提出的量刑意见的有39件，仅采纳部分辩护量刑意见的有41件，两类案件合计80件，采纳率约占56%。这表明，量刑辩护对于刑罚裁量具有比较重要的作用，有利于被告人权益的保护。笔者发现，在较重的犯罪中，法庭对于辩护意见的态度较为谨慎，采纳辩护意见的比例较低，例如，在随机统计的16起故意伤害案件中，仅有3起案件部分采纳了辩护人的意见，11起案件对辩护意见不予采纳，2起案件无辩护人参与；随机抽取的5起拐卖妇女案，仅有1份判决书部分采纳了辩护人的量刑意见，3起案件不采纳，1起案件无辩护人参与。而在较轻的犯罪中，辩护意见的采纳情况比较乐观。例如，在抽取的11起交通肇事案件中，有9起采纳了辩护人的辩护意见。

6.适用简易程序和速裁程序的案件显著增多

在《刑事诉讼法》修订之前，一些被告人对定罪量刑并没有争议的案件，也是适用普通程序进行审理的。2018年我国《刑事诉讼法》修订后，增加了认罪认罚从宽制度，增设速裁程序。[1]当前，对于被告人认罪认罚的轻微案件以及被告人对指控事实无争议的案件，一般会适用速裁程序或简易程序。实践中，适用简易程序和速裁程序的案件比例显著增多，诉讼效率得到较大的提高。在样本案例中，适用简易程序的案件29起，适用速裁程序的案件9起，占比19%。

（二）量刑标准适用中的问题

1.法定量刑要素的适用存在争议和差异

在样本案例中，相同的量刑要素在不同案件中的适用差异较大。有些案件对量刑要素的认定及适用理由进行了详细的阐述，有些案件对量刑要素的适用则体现出较大的随意性，并未阐明适用某种量刑要素的证据和理由。以立功为例，在样本案例中，虽然有些

---

〔1〕《刑事诉讼法》第222条第1款规定："基层人民法院管辖的可能判处三年有期徒刑以下刑罚的案件，案件事实清楚，证据确实、充分，被告人认罪认罚并同意适用速裁程序的，可以适用速裁程序，由审判员一人独任审判。"

案件被告人和辩护人提出了立功的量刑请求，但仅有7起案件认定了立功情节。

在刘某诈骗案中，公安机关在刘某的带领下指认了其使用诈骗赃款参与赌博的地点，由此抓获了涉嫌开设赌场的吴某某，因此，法院认为刘某“提供重要线索，从而得以侦破其他案件，有立功表现”。[1]在罗某某盗窃案中，公安机关经被告人带路和指认，抓获了两名同案被告人，“被告人罗某某到案后协助司法机关抓获同案被告人，是立功，依法可以从轻处罚”，罗某的立功被认定成立。[2]立功量刑辩护未被采纳的原因，一是被告人提供的线索无法查证属实。如张某某抢劫案中，张某某主张其具有检举他人犯罪的立功情节，法院认为，“经查，永顺县公安机关就该线索进行了核查并出具了相关说明，证明公安机关根据张某某提供的线索，无法查证属实，故该上诉理由不能成立”。[3]在张某某盗窃案中，张某某揭发他人杀人之事，公安机关并未查实；张某某虽有揭发贾某某盗窃的情况，但由于揭发不具体未能提供有效线索，公安机关是根据其他线索将贾某某抓获，所以立功不成立。[4]二是法院认为被告人提供的线索不属于“协助司法机关抓捕其他犯罪嫌疑人”的情形。例如，在张某某、赖某某抢劫案中，公安机关对张某某的立功情节进行了情况说明，指出张某某被抓获后，在提审中交代并辨认了同案被告人赖某某（共犯）的关系密切人林某某（同案被告人），随后林某某被抓

---

〔1〕 北京市大兴区人民法院刑事判决书，(2016)京0115刑初88号。

〔2〕 浙江省宁波市北仑区人民法院刑事判决书，(2013)甬仑刑初字第1160号。

〔3〕 湖南省湘西土家族苗族自治州中级人民法院刑事裁定书，(2016)湘31刑终196号。

〔4〕 河南省高级人民法院刑事裁定书，(2016)豫刑终122号。

获，即林某某是公安机关在张某某提供线索后抓获的犯罪嫌疑人。同时，张某某配合侦查工作，辨认并确定了赖某某的另一密切关系人李某某（同案被告人）。张某某及其辩护人认为，张某某在归案后给公安机关提供了重要线索，是在公安机关还未掌握的情况下提供了李某某可能会窝藏赖某某的线索，并且为被害人挽回了重大的损失，其行为应属于立功。但法院认为，“张某某虽提供了赖某某的女朋友林某某以及好朋友李某某的相关情况，但这些情况均系其在作案前掌握的，而且公安机关也是通过提审的方式让张某某确认林某某和李某某的身份，并非在抓捕林某某和李某某时，安排张某某当场指认或者当场辨认林某某和李某某，赖某某也是公安机关根据李某某的交代而抓获的，那么根据《最高人民法院关于处理自首和立功具体应用法律若干问题的解释》第五条，[1]以及《最高人民法院关于处理自首和立功若干具体问题的意见》第五条的规定，由于林某某、李某某所犯的罪行与张某某、赖某某的罪行在法律上和事实上系密切相关的，所以张某某提供线索及确定林某某和李某某身份的情形不属于检举、揭发他人的犯罪行为及协助司法机关抓捕其他犯罪嫌疑人，不构成立功”。[2]

本案中，张某某是否具备立功存在可商榷的地方。张某某主动提供了两个信息，一是林某某是同案被告人赖某某的关系密切人的

〔1〕 此条规定：根据《刑法》第68条第1款的规定，犯罪分子到案后有检举、揭发他人犯罪行为，包括共同犯罪案件中的犯罪分子揭发同案犯共同犯罪以外的其他犯罪，经查证属实；提供侦破其他案件的重要线索，经查证属实；阻止他人犯罪活动；协助司法机关抓捕其他犯罪嫌疑人（包括同案犯）；具有其他有利于国家和社会的突出表现的，应当认定为有立功表现。

〔2〕 广东省高级人民法院刑事裁定书，（2015）粤高法刑一终字第117号。

信息，公安机关据此抓获了林某某；二是辨认并确定李某某也是同案被告人赖某某的关系人的信息，其后公安机关通过李某某抓获了赖某某。根据最高人民法院印发的《关于处理自首和立功若干具体问题的意见》的规定，对“协助司法机关抓捕其他犯罪嫌疑人”的理解除了当场指认、辨认外，还可以是提供司法机关尚未掌握的其他案件犯罪嫌疑人的联络方式、藏匿地址等情况。[1]张某某提供的信息是同案犯赖某某的藏匿地址和密切联系人，并且，林某某与李某某虽与张某某同案处理，但与张某某并非共犯，其相互之间的犯罪行为、犯罪时间均不同。该条中还指出，犯罪分子提供同案犯姓名、住址、体貌特征等基本情况，或者提供犯罪前、犯罪中掌握、使用的同案犯联络方式、藏匿地址，司法机关据此抓捕同案犯的，不能认定为协助司法机关抓捕同案犯。可见，该案中的情况并非该条款所说的“同案犯”。如果侦查机关不能证明，抓获林某某和李某某的线索是在张某某提供线索之前就已经掌握的，就很难否定张某某具有协助抓捕其他犯罪嫌疑人的事实。此外，有必要考虑，张某某所提供的线索与其后抓获林某某和李某某之间是否存在因果关系？由于刑法上的因果关系主要是指危害行为与危害后果之间的因果关系，对立功、自首等量刑事实之间并没有明确的因果关系要

---

〔1〕 该条规定：犯罪分子具有下列行为之一，使司法机关抓获其他犯罪嫌疑人的，属于《最高人民法院〈关于处理立功和自首具体应用法律问题的解释〉》第5条规定的“协助司法机关抓捕其他犯罪嫌疑人”：(1)按照司法机关的安排，以打电话、发信息等方式将其他犯罪嫌疑人（包括同案犯）约至指定地点的；(2)按照司法机关的安排，当场指认、辨认其他犯罪嫌疑人（包括同案犯）的；(3)带领侦查人员抓获其他犯罪嫌疑人（包括同案犯）的；(4)提供司法机关尚未掌握的其他案件犯罪嫌疑人的联络方式、藏匿地址的；等等。

求。但是，从立法本意来看，立功属于对被告人有利的量刑事实，如果用刑法上的因果关系来衡量这一量刑事实，至少可以符合“条件说”因果关系的要求，即没有张某某提供信息这一前提条件，很难及时地抓获林某某和李某某。立功在一定程度上映出行为人再犯可能性小、人身危险性低的特点，也有利于提高诉讼效率、节约司法成本。从实际情况看，张某某提供信息的行为对抓捕其他犯罪嫌疑人发挥了实际作用，且为被害人挽回了重大损失，认定成立立功更有助于鼓励归案后的犯罪人协助侦查机关开展侦破工作，更符合立功制度的立法本意。

笔者赞同张某某受贿案中法院对立功的处理方式。张某某在向看守所民警检举同监室已被判刑的毒贩刘某，指出刘某还有未供认的上家宋某，且宋某已被公安机关抓获的情况。事实上，公安机关在侦查刘某、蒋某2贩毒案期间，已掌握宋某可能是刘某上家并被上海公安机关抓获的情况，只是因蒋某2否认贩毒，缺少证据而未对宋某立案。在张某某检举后，蒋某2首次供认刘某的毒品是通过余某介绍向宋某购买。公安机关据蒋某2的供述和张某某的检举及前期掌握的情况，抓获余某，并将已在监狱服刑的宋某押回温州重审。该案中，张某某主张其检举行为属于重大立功，法院认为张某某的检举不构成立功。虽然法庭对该立功的量刑辩护未予认定，但同时认定，“张某某的检举对宋某案的立案查处有一定的促进作用，但尚构成重大立功，量刑时可酌情予以从轻处罚”。[1]该案对立功情节在

〔1〕 浙江省高级人民法院刑事判决书，(2017)浙刑终126号。

量刑上的处理方式值得肯定，没有完全否定被告人检举行为的积极意义，是对立功制度立法本意很好的诠释。

再以自首这一量刑情节为例，样本案例中认定自首情节成立的有54起案件，但对自首的量刑处理存在一定的差异。大部分案件对自首进行从轻处罚，少部分案件对自首进行了减轻处罚，还有的案件虽有自首情节，但未予以从宽处理。

在陈某某交通肇事案中，陈某某因交通肇事造成二人死亡、一人轻伤，法院指出，“被告人陈某某犯罪以后自动投案，并如实供述自己的罪行，是自首，依法予以减轻处罚”。[1]在孙某某交通肇事案中，孙某某因交通事故致二人重伤并逃逸，对于孙某某的自首情节，法院则认为“依法可从轻处罚”，[2]该案也是交通肇事案件，具有自首情节，且被告人造成的犯罪后果并没有陈某某案件中严重，但并没有被减轻处罚。在陈某甲交通肇事案中，陈某甲因交通事故致一人死亡、一人受伤并有逃逸，其后陈某甲自首，法院据此认为“可以减轻处罚”。[3]三起案件为相同的类型、情节相似、犯罪后果差异不大，但对自首的量刑处理并不相同。

2.存在量刑不均衡的情况

从法官适用法律对案件进行刑罚裁量的角度出发，量刑的均衡与公正意味着同案同罚，也即同等情况的同等对待。这既是对法官适用刑罚权的一种约束，也是犯罪人在面临刑罚处罚的境遇下对

---

〔1〕 福建省莆田市秀屿区人民法院刑事判决书，(2014)秀刑初字第381号。

〔2〕 参见吉林省长春市中级人民法院刑事附带民事裁定书，(2014)长刑终字第00076号。

〔3〕 参见湖北省荆门市中级人民法院刑事判决书，(2014)鄂荆门刑终字第00081号。

"刑法面前人人平等"的一种期待。同案是否应该同罚，这在理论上还存在一定的争议。有学者认为，"我国体制下强调同罪同罚，操作上几乎变成同结果同金额同罚，严重忽视对犯罪人人格的评价以及对犯罪的具体行为方式的评价，忽视再次犯罪的可能性以及教育改造的需要"。[1]但是，同案同罚的重要意义在于"强化法律规则的确定性和行为法律后果的可预测性。作为潜在的违法者，人们只有借助前后一贯的司法先例才能在行为决策时预知自己行为的法律后果。作为法律规则的制定者和适用者，人们也只有借助稳定的司法先例才能宣示规范的实际内容，以实现对社会生活的调整"。[2]

本章以交通肇事案和故意伤害案件为例，探讨同类案件在量刑中存在的差异情况。首先以交通肇事案为例，笔者将本章随机选取的样本案件中的量刑情况进行了对比，具体内容如表8-3所示。

表8-3　交通肇事案量刑对比

序号	案件	量刑事实	量刑情节	刑罚	判决书
1	辽宁陈某某交通肇事案	1人死亡	被害人亲属谅解	有期徒刑10个月，缓刑1年	海城市人民法院刑事判决书（2021）辽0381刑初977号
		负主要责任	自愿认罪认罚		
2	北京江某某交通肇事案	1人死亡	赔偿被害人近亲属损失并取得谅解	有期徒刑1年2个月	北京市第三中级人民法院刑事判决书（2021）京03刑终792号
		负主要责任	自首		
			自愿认罪认罚		

〔1〕 阮齐林：《中国刑法特点与司法裁量空间》，载《国家检察官学院学报》2008年第3期。

〔2〕 白建军：《公正底线——刑事司法公正性实证研究》，北京大学出版社2008年版，第53页。

续表

序号	案件	量刑事实	量刑情节	刑罚	判决书
3	山西焦某某交通肇事案	1人死亡、1人轻伤	自首	有期徒刑10个月，缓刑1年6个月	山西省阳城县人民法院刑事判决书（2021）晋0522刑初128号
		负主要责任	如实供述		
		被害人有一定过错	积极参与抢救伤者		
			赔偿被害人及其亲属并取得谅解		
			没有再犯罪的危险		
4	安徽刘某某交通肇事案	1人死亡	自首	有期徒刑11个月，缓刑1年	安徽省蚌埠市中级人民法院刑事判决书（2021）皖03刑终561号
		负主要责任	自愿认罪认罚		
			与被害人亲属达成赔偿和解协议并取得谅解		
			悔罪		
5	西藏张某某交通肇事案	1人死亡、1人轻伤	如实供述	有期徒刑6个月，缓刑1年	西藏自治区林芝市中级人民法院刑事判决书（2021）藏04刑终19号
		负主要责任	认罪态度好		
		无证驾驶	自愿认罪认罚		
			积极赔偿被害人及其亲属并获得谅解		
6	江西巫某某交通肇事案	1人死亡	自首	拘役4个月，缓刑8个月	江西省赣州市赣县区人民法院刑事判决书（2020）赣0721刑初263号
		负全部责任	自愿认罪认罚		
			与被害人近亲属达成赔偿协议并取得谅解，已付清赔偿款		

续表

序号	案件	量刑事实	量刑情节	刑罚	判决书
7	湖南杨某某交通肇事案	1人死亡、2人受伤	如实供述	有期徒刑1年，缓刑1年	湖南省汉寿县人民法院刑事判决书(2021)湘0722刑初333号
		负全部责任	积极赔偿被害人损失并取得谅解		
		醉酒驾驶	自愿认罪认罚		
8	吉林徐某某交通肇事案	1人死亡	自首	有期徒刑3年，缓刑4年	吉林省白山市中级人民法院刑事判决书(2022)吉06刑终76号
		负全部责任	积极赔偿被害方经济损失并取得谅解		
		因逃逸致人死亡	有前科		
9	河南胡某某交通肇事案	1人死亡	自首	有期徒刑2年	河南省正阳县人民法院刑事判决书(2021)豫1724刑初655号
		负全部责任	自愿认罪认罚		
		逃逸	积极赔偿被害人近亲属损失并取得谅解		
			有前科		
10	湖北陈某某交通肇事案	1人死亡、1人受伤	自首	有期徒刑15个月	湖北省荆门市中级人民法院刑事判决书(2014)鄂荆门刑终字第00081号
		负全部责任	经济困难仍赔偿被害方全部损失并获得被害人谅解		
		逃逸	悔罪		

表8-3中所涉及的交通肇事案中的量刑事实非常相似，均是1人死亡，被告人负事故的主要责任或全部责任，在量刑情节方面相似

情节较多，有7起案件有自首情节，没有自首的也有如实供述或自愿认罪认罚，10起案件基本都有获得被害人谅解、赔偿被害人及其亲属损失的相似情节。从量刑结果来看，一些案件还是存在较大的差异。案例1～案例5均为造成1人死亡，被告人负主要责任，量刑情节也基本相似，但西藏的张某某判处有期徒刑6个月，缓刑1年，北京江某某案判处有期徒刑1年2个月。张某某还比江某某多一个无证驾驶的过错，也没有自首情节，刑罚却明显轻于江某某。案例6～案例10均为造成1人死亡，被告人负全部事故责任的案件，量刑情节基本相似，江西巫某某仅被判处拘役4个月，缓刑8个月，是10个案件中量刑最轻的。在后面3起都有逃逸的案件中，量刑结果也不尽相同。可见，即使是这类案情简单、责任明确、量刑要素相似的案件中，要实现“同案同判”仍然比较困难。

在2021年最高人民法院、最高人民检察院制定并实施的《关于常见犯罪的量刑指导意见（试行）》中，交通肇事罪的量刑起点分别是：致人重伤、死亡或者使公私财产遭受重大损失的，在2年以下有期徒刑、拘役幅度内确定量刑起点；交通运输肇事后逃逸或者有其他特别恶劣情节的，在3年至5年有期徒刑幅度内确定量刑起点；因逃逸致一人死亡的，在7年至10年有期徒刑幅度内确定量刑起点。在此起点上，可以根据事故责任、致人重伤、死亡的人数或者财产损失的数额以及逃逸等其他影响犯罪构成的犯罪事实增加刑罚量，确定基准刑。基准刑确定后，对具有自首、重大坦白、退赃退赔、赔偿谅解、刑事和解等情节的，可以减少基准刑的60%以下。以上述案件中的量刑结果比照《关于常见犯罪的量刑指导意见（试行）》中的量刑指导标准来看，可以发现，量刑规范与量刑实践之间还有较大的差距。

然后，以故意伤害案为例，笔者将本章随机选取的样本案件中的量刑情况进行了对比，具体内容如表8-4所示。

表8-4　故意伤害案量刑对比

<table>
<tr><th>序号</th><th>案件</th><th>量刑事实</th><th>量刑情节</th><th>刑罚</th><th>裁判文书</th></tr>
<tr><td rowspan="2">1</td><td rowspan="2">张某甲故意伤害案</td><td>1人死亡</td><td rowspan="2">主犯</td><td rowspan="2">张某甲无期徒刑，剥夺政治权利终身</td><td rowspan="2">黑龙江省高级人民法院刑事裁定书（2015）黑刑三终字第110号</td></tr>
<tr><td>因土地纠纷而起</td></tr>
<tr><td rowspan="3">2</td><td rowspan="3">潘某故意伤害案</td><td rowspan="2">1人死亡</td><td>自首</td><td rowspan="3">有期徒刑10年，剥夺政治权利1年</td><td rowspan="3">湖北省武汉市中级人民法院刑事判决书（2015）鄂武汉中刑初字第00042号</td></tr>
<tr><td>积极赔偿获得谅解</td></tr>
<tr><td>因民事纠纷临时起意</td><td>认罪、悔罪</td></tr>
<tr><td rowspan="2">3</td><td rowspan="2">姚某某故意伤害案</td><td>1人死亡</td><td>积极赔偿</td><td rowspan="2">有期徒刑8年，剥夺政治权利1年</td><td rowspan="2">上海市第一中级人民法院刑事判决书（2015）沪一中刑初字第89号</td></tr>
<tr><td>被害人过错</td><td>坦白</td></tr>
<tr><td>4</td><td>刘某某故意伤害案</td><td>1人死亡、1人轻伤、被害人过错</td><td>自首</td><td>无期徒刑，剥夺政治权利终身</td><td>广东省高级人民法院刑事裁定书（2015）粤高法刑四终字第244号</td></tr>
<tr><td rowspan="2">5</td><td rowspan="2">刘某某故意伤害案</td><td>1人死亡、1人受伤</td><td>自首</td><td rowspan="2">有期徒刑15年</td><td rowspan="2">广东省高级人民法院刑事裁定书（2015）粤高法刑一终字第132号</td></tr>
<tr><td>因民事纠纷而起</td><td>积极赔偿获得谅解</td></tr>
</table>

续表

序号	案件	量刑事实	量刑情节	刑罚	裁判文书
6	梁某某故意伤害案	1人死亡	自首	无期徒刑，剥夺政治权利终身	辽宁省高级人民法院刑事附带民事裁定书(2021)辽刑终15号
		潜逃	累犯		
7	谭某某故意伤害案	1人死亡	坦白	无期徒刑，剥夺政治权利终身，没收个人财产人民币20万元	广东省高级人民法院刑事裁定书(2021)粤刑终710号
		被害人过错			
		贩毒前罪			
8	唐某某故意伤害案	1人死亡	坦白	有期徒刑15年，剥夺政治权利5年	四川省高级人民法院刑事裁定书(2020)川刑终495号
			悔罪		
			认罪		
9	张某某故意伤害案	1人死亡、1人轻微伤	自愿认罪认罚	无期徒刑，剥夺政治权利终身	北京市高级人民法院刑事裁定书(2021)京刑终184号

在故意伤害案这类社会危害性比较严重的犯罪中，量刑不均衡的情况体现得更为明显。表8-4选取了9个情况相似的故意伤害犯罪的案件，所有案件均具有因被告人的故意伤害行为造成1人死亡的犯罪后果。其中8件都具有自首或坦白、认罪的相似量刑情节，3件同样具有赔偿被害人并获得谅解的情节。从量刑结果来看，处刑最轻的为8年有期徒刑，最重的则为无期徒刑，差距非常明显。在3起同样具有被害人过错的案件中，处刑也不同。可见，故意伤害这类案情比较复杂，控辩双方争议较大，出现量刑不均衡的情况比较普遍。在科处刑罚较重的案件中，如果量刑失衡，不仅会对被告人

产生重大的影响，也会让社会公众感到困惑和质疑。

3.部分案件量刑标准的适用存在瑕疵

从样本案例来看，部分案件在适用相关的量刑标准时，并没有全面审查刑事实体法规定的适用要件，也没有在程序方面全面履行量刑审查的职责。以宣告缓刑为例，《刑法修正案（八）》对缓刑的适用条件已经进行了修订。〔1〕从程序上来说，法院在宣告缓刑时应该就被告人是否具有再犯的危险以及是否对其所居住的社区具有不良影响等问题向被告人所在的社区进行调查，对未成年被告人来说还需要落实帮教、教育等问题。但样本案例中仅有较少的判决明确记载了社区矫正管理部门出具的对被告人适用缓刑的意见，表明法庭对被告人适用缓刑是否对社区具有不良影响进行了相关的考察。〔2〕有很多宣告缓刑的案件都没有体现法庭是否从实体上和程序上对适用缓刑进行了相关的调查和判断，在被告人认罪认罚，适用速裁程序的案件中，这类情况更为普遍。例如，曹某妨害公务案的判决中，只简要说明了被告人具有赔偿损失获得谅解的从轻处罚情节，对宣告被告人缓刑从实体条件和程序方面均未进行任何说明。〔3〕在姜某某盗窃案中，由于检察机关在建议适用缓刑，法院则直接采纳量刑建议，宣告适用缓刑。〔4〕笔者认为，刑罚权的适用要保证程序和实体上的准确性，《刑法》明确规定了缓刑的适用条件，而且

〔1〕 参见《刑法修正案（八）》第11条。

〔2〕 参见安徽省宿州市中级人民法院刑事判决书，（2014）宿中刑终字第00445号。

〔3〕 参见湖北省武汉经济技术开发区人民法院刑事判决书，（2015）鄂武经开刑初字第00050号。

〔4〕 参见辽阳市白塔区人民法院刑事判决书，（2022）辽1002刑初203号。

是否适用缓刑是事关被告人人身自由的重要问题，即使是面对检察机关的量刑建议，法庭也应进行明确的审查判断。

（三）我国量刑标准适用的完善

1.量刑要素的适用应以实现刑罚个别化为原则，结合立法目的和程序的要求进行综合评判

从量刑要素的运用来说，不仅要严格遵循刑事实体法的相关规定，法官也应当结合具体案件的情况，结合立法目的对相关量刑情节进行审查和适用。例如，自首的立法目的旨在鼓励被告人的归案和配合，这既是被告人悔罪的表现，也能有效地减轻司法办案机关的工作负担，节约司法资源。因此，法官在刑罚裁量时有必要考虑立法目的、量刑程序的要求等综合评定相关的量刑情节。就酌定量刑要素的运用来说，应当更加关注兼备的量刑情节的运用，包括犯罪手段、犯罪动机、起因、犯罪前的一贯表现、犯罪时间、地点等与量刑之间的相互影响关系，以更好地实现刑罚个别化原则。此外，可以进一步拓展酌定量刑要素的类型，对一些案件中被告人提出的诸如身患需要长期服药的疾病、家中有老人小孩需要照料等，都可以在量刑中酌情考虑。[1]

2.繁简分流以实现量刑均衡

量刑失衡会动摇社会公众对量刑公平、公正的信仰，因此，促进量刑均衡，对维护刑事判决的稳定，增强社会公众对司法公正的信任和信服具有非常重要的积极意义。从样本案例来看，对于一些

---

〔1〕 北京市第二中级人民法院刑事判决书，(2021)京02刑终593号。

案情简单、当事人没有争议的案件均可以采用简易程序和速裁程序进行分流，这有利于充分提高办案效率，为办理疑难、复杂案件增加量刑时间和其他司法资源的保障，使司法人员将更多的精力和时间运用在这些案件中，充分了解与被告人有关的个人情况，有效发挥自由裁量权，减少这些案件中的量刑失衡和不公等问题。繁简分流的双轨路径在总体上有助于提升量刑的均衡。未来可考虑在实体上适当地收窄量刑幅度，缩小法官刑罚裁量的空间，进一步促进这类案件量刑均衡的实现。

3.增强量刑程序的公开、透明和说理

公开、透明和具备理性说明的量刑过程具有增强量刑标准的适用合法与正当的积极作用。实体法上的量刑标准必须在动态的量刑过程中进行适用，因此，增强量刑程序的公开与透明是促进量刑公正的内在要求。这要求判决书对量刑理由的说明应当更加规范和详尽。法院则应当从惩治犯罪与保护人权的角度出发，站在中立、客观的立场上行使量刑自由裁量权，在判决书中对量刑建议与量刑辩护的采纳与否说明理由。样本案例中，仍有一些案件的说理比较武断，这也是一些案件被告人不服量刑结论，进而上诉、反复申诉、上访的重要原因。量刑活动的具体内容和过程是法官得出量刑结论的基础，公开量刑的具体过程和依据有利于促使法官更加审慎地量刑，增强量刑活动的公开和公正、减少量刑权的滥用，提升司法裁判的权威。裁判文书应当对控方的量刑建议以及辩方的量刑辩护的采纳原因和理由进行充分地说明。这样的说理才能体现判决的公正性，提高司法判决的可接受性及公信力。

第九章　刑法各罪与刑事诉讼关系的探讨*

我国刑法中的罪名众多，不同犯罪在刑事诉讼实践中呈现不同的特点与运行方式。以具体的刑事案件为切入点，探讨各罪与其刑事诉讼程序之间的牵连和互动，是深刻理解实体与程序的关系，认识静态的、纸面上的刑法在动态的、实践性的刑事诉讼活动中如何从文本走向现实的一种路径；也是探寻刑法各罪在刑事诉讼定罪量刑过程中切实存在并亟待解决问题的一种思路。本章以赵某某非法持有枪支案为例，探讨刑法中的非法持有枪支罪与刑事诉讼的关系。

一、案件事实与判决要旨

2016年，天津市摆设打气球射击摊位的赵某某被公安机关在巡查中抓获，当场查获其摊位上的涉案枪形物共9支及相关配件。经鉴定，9支涉案枪形物有6支均为能正常发射以压缩气体为动力的枪

* 本章内容发表于《河北法学》2018年第2期，收入本书时对相关数据等进行了更新和改动。本章以热点案件赵某某非法持有枪支案为主题，是一种探讨刑法上的各罪与刑事诉讼关系的尝试。

支，已符合我国有关“枪支”的认定标准。据此，赵某某被一审法院以非法持有枪支罪判处有期徒刑3年6个月。一审判决后，赵某某不服，以不知道持有的是枪支；没有犯罪故意以及行为不具有社会危害性且原判量刑过重为由提出上诉。〔1〕二审法院审理后认为，原审定罪准确，但量刑过重。根据犯罪行为的社会危害较小、非法持有枪支的目的是营利、主观恶性以及人身危险性相对较低，且二审期间具有如实供述犯罪事实、认罪态度较好、有悔罪表现等量刑情节，决定对赵某某予以从宽处罚并适用缓刑。因此，二审撤销了一审判决的量刑部分，改判赵某某有期徒刑3年，缓刑3年。〔2〕该案一度引起了社会各界的广泛关注和持续热议。“社会舆论几乎一边倒地认为该案一审判决过于荒谬，从而又一次把人民法院推在了风口浪尖上，再次引发了民众对司法权威的质疑”。〔3〕事实上，该案并非全国首例。据报道，近年来全国各地有23个类似的案件均因行为人持有可发射BB弹的仿真枪或玩具枪而被以非法持有枪支罪追究刑事责任，但其中只有3个案件的被告人被判处实刑，3个案件的被告人被判处管制，其余17个案件的被告人则被判缓刑。〔4〕与之形成鲜明

---

〔1〕 赵某某的辩护人对判决提出的质疑还包括：判决的法律是公安部《枪支致伤力的法庭科学鉴定判据》，该文件只是内部文件，不能作为裁判的法律依据，且本身存在不科学、不合理之处。

〔2〕 针对辩方的质疑，二审法院认为：鉴定所依据的公安部的内部文件合法有效，应当适用。赵某某明知涉案枪支具有一定致伤力和危险性，且不能通过正常途径购买获得，仍然擅自持有应认定具备犯罪故意。同时，非法持有枪支的行为本身即具有刑事违法性和社会危害性。

〔3〕 胡云红：《从天津赵某某案谈我国人民陪审员制度中大合议庭陪审机制的构建》，载《河北法学》2017年第5期。

〔4〕 叶竹盛：《摆射击摊被判刑，法律不该令人“真想不到”》，载《新京报》2017年1月3日，A4版。

对比的是，有人发现2016年河南信阳市新县法院曾在网上公开拍卖可以发射BB弹的玩具枪。[1]这从侧面表明，即使是司法机关也会出现没有将玩具枪与法律所管制的“枪支”联系起来的情况，而普通民众对此缺乏认知也就不足为奇了。在各种质疑当中，公安部门制定的枪支标准成为争议的焦点。“‘1.8焦耳/平方厘米’的枪支认定标准，已经产生了不少因持有玩具枪被判重罪的案例。严格控制枪支，固然是一种安全手段，却也不能无限探底，人为制造高压线，致使刑罚泛化”。[2]当依法办案遭受质疑、司法判决陷入情理与法理的困境时，我们有必要检视法律依据的正当性，反思刑法上的罪与刑的设置以及刑事诉讼过程中罪与刑的认定与裁量是否存在问题。本章试图以赵某某案为例，就非法持有枪支罪在刑事诉讼当中的诉讼证明、法律适用、刑罚裁量等问题展开对刑法各罪与刑事诉讼联动关系的研究。

二、枪支的认定对涉枪刑事案件数量及诉讼程序的影响

非法持有枪支罪属于我国刑法中的法定犯，认定犯罪的前提是行为违反了有关枪支管理的行政法规和规章。[3]因此，认定该罪的法律依据除刑法之外，还必然涉及与枪支管理相关的行政法律、法规。

---

〔1〕 参见李铁柱：《河南法院网上司法拍卖模型枪引争议官方未回应》，载《北京青年报》2017年1月4日，A2版。

〔2〕 《岂止天津大姐“想不到”》，载《领导决策信息》2017年第2期。

〔3〕 《刑法》第128条规定，违反枪支管理规定，非法持有、私藏枪支、弹药的，处3年以下有期徒刑、拘役或者管制；情节严重的，处3年以上7年以下有期徒刑。

(一)"枪支"的认定标准

1.《枪支管理法》对"枪支"的定义

《枪支管理法》是我国枪支管理的行政法,该法规定了国家严格管制枪支的基本政策、管理机构和具体的管理制度,并首次明确了枪支的定义。[1]但是,该法没有为涉案"枪形物"的鉴别提供较为明确的鉴定标准,因此,司法人员在实践当中缺乏具体的、可操作性较强的判断标准来认定涉案"枪形物"是否达到"足以致人伤亡或丧失知觉"的程度。在非法持有枪支以及其他涉枪犯罪当中,首先要厘清的是涉案"枪形物"是否属于枪支的问题。对此,《枪支管理法》将制定枪支具体管理办法的权限授予了公安部门。[2]所以,对诸如赵某某所持有的用于娱乐射击活动的气枪等枪支的具体管理办法的制定权限属于公安部门。

2.我国现行的枪支鉴定标准

我国现行的枪支鉴定标准是由公安部于2010年确立的,《公安机关涉案枪支弹药性能鉴定工作规定》是公安机关在办理涉枪刑事案件中鉴定涉案枪支、弹药性能的主要依据,性质上属于部门规

---

〔1〕《枪支管理法》自1996年10月1日施行,2015年4月24日修正并施行。该法第46条规定,枪支,是指以火药或者压缩气体等为动力,利用管状器具发射金属弹丸或者其他物质,足以致人伤亡或者丧失知觉的各种枪支。这条规定从一般意义上界定了认定枪支的标准,要求枪支必须具备两个条件,一是结构条件即利用管状器具发射;二是威力条件即足以致人伤亡或者丧失知觉。

〔2〕《枪支管理法》第47条第1款规定:单位和个人为开展游艺活动,可以配置口径不超过4.5毫米的气步枪。具体管理办法由国务院公安部门制定。

范性文件。[1]该规定对2001年制定的枪支鉴定方法进行了修改,[2]采用了《枪支致伤力的法庭科学判据》中的认定标准,将非制式枪支的鉴定标准确定为:当所发射弹丸的枪口比动能大于等于1.8焦耳/平方厘米时,一律认定为枪支。[3]根据相关研究,1.8焦耳比动能的弹丸会对人体裸露的眼睛造成损伤,由于眼睛是人体最薄弱的部位,以此为下限制定的枪支鉴定标准也体现出了最大限度维护社会安全、保护民众的立法思维。由于这一标准采用了量化的标准数值来鉴定枪支,因此在司法实践中具有较强的可操作性。但是,关于该标准的争议也一直存在。因为在涉枪案件中,枪击眼睛并不是普遍情况,大多数情况下子弹命中的是人的皮肤,而1.8焦耳的比动能尚不能击穿人体皮肤。根据相关研究,穿透皮肤的投射物的比动能的临界值为10～15焦耳/平方厘米,更接近10焦耳/平方厘米。[4]我国有学者进行实证研究结果表明,16焦耳/平方厘米的断面比动能是弹丸穿透皮肤的最小值,此时可以致人轻伤害。[5]其他国家则大多以枪口动能作为衡量枪支杀伤力的标准。研究表明,8kg·m(相当于78焦

---

〔1〕 该规定编号为"公通字〔2010〕67号"。

〔2〕 公安部2001年《公安机关涉案枪支弹药性能鉴定工作规定》(公通字〔2001〕68号)中规定的枪支鉴定采用"射击干燥松木板法"。由于该标准受松木板本身材质影响过大,在施行后遭受了一些质疑,已于2010年被废止。

〔3〕 2007年公安部《枪支致伤力的法庭科学判据》即《中华人民共和国公共安全行业标准GA/T718—2007》。根据该规定,对不能发射制式弹药的非制式枪支,按照《枪支致伤力的法庭科学鉴定判据》的规定,当所发射弹丸的枪口比动能大于等于1.8焦耳/平方厘米时,一律认定为枪支。而制式枪支、弹药,无论是否能够完成击发动作,一律认定为枪支、弹药。

〔4〕 参见李刚、姚利:《枪弹痕迹的法庭科学鉴定现状与未来》,载《警察技术》2008年第1期。

〔5〕 参见于遨洋等:《非制式枪支杀伤力标准的实验研究》,载《福建警察学院学报》2008年第2期。

耳/平方厘米的比动能)是使战斗人员造成伤亡而丧失战斗力的下限。美国、德国等都采用该标准。我国(国际)制式枪支标准为277.55焦耳/平方厘米;我国香港地区《火器及弹药条例》与澳门地区《武器及弹药规章》的枪械标准为7焦耳/平方厘米。[1]可见,"1.8焦耳/平方厘米"的枪支认定标准是一个比较低的标准,与《枪支管理法》所规定的"足以致人伤亡或者丧失知觉"的认定标准之间还存在一定的差距。

(二)枪支的鉴定对涉枪刑事案件数量及诉讼程序的影响

1.枪支的鉴定标准对涉枪刑事案件数量的影响

刑法上对犯罪圈的扩大可以增强刑法在惩罚犯罪方面的作用,但相应地也可能会减弱刑法对人权保障的力度,犯罪圈的扩大直接影响着个案在刑事诉讼程序中的定罪量刑及其可用的司法资源。自2010年枪支鉴定标准修改后,由于鉴定标准的降低,包括非法持有枪支罪在内的涉枪犯罪的犯罪圈被相应地扩大。就构建安全、稳定的社会秩序角度而言,这种犯罪圈的扩大无疑是有益的,是有利于维护社会秩序和普通民众人身和财产安全的。但由此产生的问题就是大量"仿真枪"和"玩具枪"也被纳入了"非制式枪支"的范畴,导致刑事司法实践中涉枪犯罪的案件数量直线上升。[2]为了解我国非法持有枪支案件在枪支鉴定标准修改后的变化情况,笔者在

---

〔1〕 参见张正磊:《"两高"及公安部酝酿新司法解释仿真枪入刑或松》,载http://www.Kankanews.com/a /2017-03-08 /0037907846.shtml? appid = 149366,最后访问日期:2017年6月1日。

〔2〕 根据2008年2月22日公安部发布的《仿真枪认定标准》,仿真枪是指所发射金属弹丸或其他物质的枪口比动能小于1.8焦耳/平方厘米(不含本数)、大于0.16焦耳/平方厘米。玩具枪则是指枪口比动能小于0.16焦耳/平方厘米。

中国裁判文书网搜索了有关非法持有、私藏枪支、弹药罪的相关案件，经过统计，不同时期涉及的案件裁判文书数量如图9-1所示。

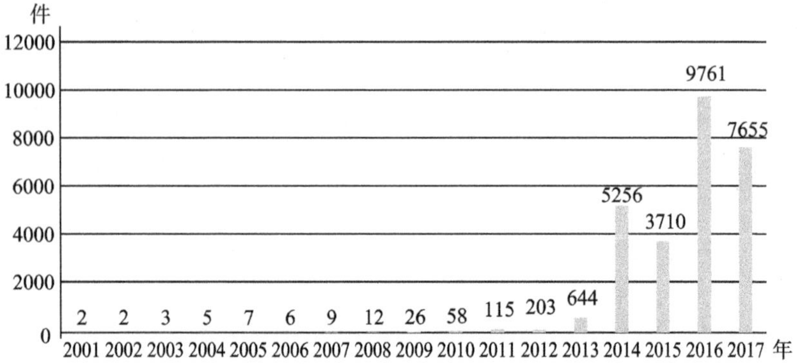

图9-1　枪支鉴定标准变化前后非法持有、私藏枪支、弹药罪案件数量的变化

2001年至2010年，也就是2010年枪支鉴定标准修改之前，有关非法持有枪支案件的裁判文书数量一直保持在两位数以下，2001年到2007年甚至一直是个位数。[1]从2011年开始，案件数量开始迅速攀升，2016年裁判文书网收录的裁判文书已经达到9761份，2017年案件数为7655份。[2]虽然裁判文书网上非法持有枪支案件裁判文书的数量并不能与我国刑事司法实践中实际发生的案件数量画等号，也未必能够全面、如实地反映实践中案件数量的变化情况，但即使是排除裁判文书网上二审、再审案件的裁判文书以及重复录入的裁判文书，这一数字也基本上能够体现出枪支鉴定标准变化之后，非

〔1〕 数据来源中国裁判文书网。

〔2〕 此处数据为2018年论文发表时的数据。由于现在查询到的案件数量与当时获得的数据有一定的偏差，为呈现当时的数据和观点原状，故此处未作更新。

法持有枪支案的数量的确有了非常明显的增长。这表明，枪支鉴定标准修改变化后，非法持有枪支罪的犯罪圈在某种程度上被扩大了。有数据指出，2011年至2015年，全国公安机关共破获非法制造、贩卖气枪、仿真枪等各类枪支案件9000余起，抓获犯罪嫌疑人8万余名。〔1〕可见，枪支鉴定标准的高低直接影响着刑事司法实践中包括非法持有枪支罪在内的涉枪案件的数量，两者之间呈现反比例关系：枪支鉴定标准越高，涉枪刑事案件数量越少；而枪支鉴定标准越低，涉枪刑事案件的数量则越多。

2.枪支鉴定结果对案件诉讼程序的影响

涉枪案件中，枪支鉴定的结果对于案件在刑事诉讼立案之后的未来走向，即案件能否继续向前推进具有决定性的作用。笔者通过采访一些办理过涉枪刑事案件的侦查人员后了解到，侦查机关在掌握了行为人持有“疑似枪支”的事实后，特别是持有枪支并涉嫌进行其他犯罪活动的，一般会根据《刑事诉讼法》的立案标准，先立案，再委托鉴定机构进行相关鉴定。如果对于涉案枪形物是否属于“枪支”尚无把握的，则一般会先委托枪支鉴定，再视情况决定是否立案。基层办案机关有时为了应付上级考核，也存在先立案后鉴定，当鉴定结果不符合立案条件时，再撤销案件的情况。实践中，也有一些案件是先以行政案件立案，发现涉案枪形物属于法律管制的“枪支”后，再移送相关部门以刑事案件立案的情况。由于非法持有枪支罪在客观行为方面只有单一的“非法持有”行为，涉案枪

〔1〕 参见张正磊：《“两高”及公安部酝酿新司法解释仿真枪入刑或松》，载http://www.Kankanews.com/a /2017-03-08 /0037907846.shtml? appid = 149366，最后访问日期：2017年6月1日。

形物的鉴定结果就成为判断非法持有枪支的行为人罪与非罪的界限。当涉案枪形物被鉴定为法律意义上的"枪支"时，鉴定结果将成为证明主要犯罪事实的证据，既是侦查机构在侦查终结后将案件移送检察机构审查起诉的重要依据，又是公诉人提起公诉、法官作出有罪裁判的重要依据。当涉案枪形物经过鉴定不符合枪支标准、不属于法律意义上的"枪支"时，行为人的持有行为将因不符合犯罪构成要件而丧失被追究刑事责任的依据，案件将被依法撤销，刑事诉讼程序则就此终结。因此，涉案枪形物的鉴定结果对判断行为人的罪与非罪具有决定性的作用，如果鉴定意见否定涉案枪形物的"枪支"属性，将对案件产生类似"一票否决"式的效果，产生阻止案件向刑事诉讼其他阶段继续推进的效力。

三、非法持有枪支罪的犯罪构成与刑事侦查阶段的证据收集

（一）持有型犯罪的性质

非法持有枪支罪属于持有型犯罪，近年来，我国《刑法》陆续增设了一些持有型犯罪，至《刑法修正案（九）》出台，已经有9个持有型犯罪。[1]持有的性质在刑法中具有一定的争议。"英美刑法理论

---

〔1〕 我国1979年《刑法》在妨害社会管理秩序罪一章规定了私藏枪支、弹药罪。1997年《刑法》修订时增设了非法持有枪支、弹药罪。目前，我国持有型犯罪主要包括：非法持有枪支、弹药罪；持有假币罪；非法持有国家绝密、机密文件、资料、物品罪；非法持有毒品罪；非法持有毒品原植物种子、幼苗罪；巨额财产来源不明罪；妨害信用卡管理罪（持有伪造的或他人的信用卡属于该罪的罪状之一）、持有伪造的发票罪；非法持有宣扬恐怖主义、极端主义物品罪。

一般认为持有是一种状态，大陆法系国家的刑法理论则没有争议地认为持有属于作为”。[1]无论持有的属性如何，刑法设立持有型犯罪的法治价值则主要在于“严密刑事法网、减轻公诉机关证明责任、节省司法成本、提高司法效率、增加刑法的威慑效用”。[2]因此，现代各国刑法中普遍设置了持有型犯罪，如美国联邦和各州的刑法中有非法持有毒品、盗窃工具、火器、刀具以及其他攻击性武器罪；[3]日本刑法中有持有鸦片烟（或吸食鸦片烟的器具）罪；意大利刑法中有（在自己的住宅或其附属领土以外）持有武器罪等。

赞同法益保护说的学者认为，“持有型犯罪依然是侵犯法益的犯罪，而不只是对规范的违反”。[4]持有型犯罪属于刑法当中的危险犯，只要行为具有侵害法益的危险时即可构成犯罪，持有型犯罪危险又属于危险犯当中的抽象危险犯。抽象危险犯是现代刑法为控制社会风险、实现一般预防的目的，前置化法益保护，将刑法的规制范围扩大到具有法益侵害危险行为的一种立法模式。与具体危险犯侧重保护个人的、具体的、现实的法益不同，设置抽象危险犯的主要目的是出于维护重大法益安全或者社会秩序，如国家、公共的秩序和安全；食品、药品的监管秩序等，其行为所侵害的是抽象的、概括性的或类型化的危险。“根据有些国外立法，设立持有型罪名的意义还在于以惩罚早期预备行为来防止严重犯罪的发生。这

---

〔1〕 张明楷：《刑法学》（第4版），法律出版社2011年版，第162页。

〔2〕 高铭暄、马克昌：《刑法学》（第5版），北京大学出版社2011年版，第71页。

〔3〕 参见赵秉志主编：《英美刑法学》，中国人民大学出版社2004年版，第29页。

〔4〕 张明楷：《刑法学》（第4版），法律出版社2011年版，第161页。

种立法的法制价值是，一方面在刑法总则里废除惩罚犯罪预备作为一般原则的规定，更好地贯彻罪刑法定，另一方面又可收到防止重罪发生的效果”。[1]持有型犯罪中法益保护的早期化意味着刑法将干预的触角延伸到了没有实质性侵害结果的行为当中，虽然这在维护社会秩序、保护重大法益、防止罪犯逃避法律制裁等方面具有显著的作用，但也有违刑法作为控制犯罪的最后手段的特性。

就我国刑法持有型犯罪的发展和变化趋势来看，未来立法上可能还会继续增设该种类型的犯罪。[2]“持有型犯罪构成实际上是一种区别于传统的作为型犯罪构成与不作为型犯罪的堵截犯罪”。[3]持有性犯罪的增设具有严密刑事法网、防止放纵犯罪的优点，但立法上的持续扩张也可能会暗藏人权保障的风险。正如有些学者对《刑法修正案（九）》在增设非法持有宣扬恐怖主义、极端主义物品罪时具有较大质疑一样，[4]该持有行为是否已经达到了应当科处刑罚的危险程度，一般很难用具体的标准去认定和衡量，因此就难以避免实践执法中的偏差或走样。延伸到非法持有枪支罪来看，该罪的立法设置同样具有补充性和堵截性的特性。其主要目的是在难以查清涉案枪支的来源、用途以及在无法按照关联的涉枪犯罪定罪

---

〔1〕 储槐植：《刑事一体化与关系刑法论》，北京大学出版社1997年版，第414页。

〔2〕 如已有学者建议增设非法持有核材料罪、非法持有有毒有害食品罪等罪名。参见王文华：《论〈制止核恐怖行为国际公约〉与我国相关立法的协调》，载《河南大学学报（社会科学版）》2016年第3期；蔡若夫：《论非法持有有毒有害食品行为的刑法规制》，载《武汉理工大学学报（社会科学版）》2015年第3期。

〔3〕 梁根林：《持有型犯罪的刑事政策分析》，载《现代法学》2004年第1期；储槐植：《刑事一体化与关系刑法论》，北京大学出版社1997年版，第358页。

〔4〕 参见王红：《对“持有”犯罪化的批判——兼评〈刑法修正案（九）〉新增的非法持有宣扬恐怖主义、极端主义物品罪》，载《湖北经济学院学报（人文社会科学版）》2016年第7期。

处罚等情况下，确保仍然能够依法对行为人追究刑事责任，防止放纵犯罪的发生。实践中，非法持有枪支往往是行为人在实施其他暴力犯罪之前的预备行为，常常会引发关联犯罪。但不能忽视的是，也有很多案件中的被告人在案发时根本不了解“1.8焦耳/平方厘米”的枪支认定标准，也没有认识到其所持有的玩具枪或仿真枪已经达到了这一标准，而这正是包括赵某某案在内的一些刑事案件的判决遭到被告人及其家属质疑，并给社会公众造成认识上困惑的根源。[1]因此，非法持有枪支罪在偏重对法益保护的同时，不能忽视人权保障的重要性，刑事司法上对于犯罪的认定应当慎重，司法人员必须仔细地区别案件的具体情况，全面考察被告人的主观意识和行为危害性等犯罪构成要件，不能仅凭“持有”的客观行为就认定犯罪成立。

（二）非法持有枪支罪的犯罪构成与刑事侦查阶段的证据收集

1.非法持有枪支罪的犯罪构成

由于枪支本身具有巨大的杀伤力，属于我国法律、法规规定的管制物品，非法持有枪支的行为存在威胁社会秩序和公共安全的巨大风险，因此，非法持有枪支罪属于我国刑法中危害公共安全罪的犯罪类型，该罪的设置旨在通过维护枪支管理秩序来实现保护公共

---

〔1〕 2015年，刘某某因网购24支仿真枪被福建省泉州市中级人民法院一审以走私武器罪被判处无期徒刑，二审维持了原判。2016年，福建省高级人民法院以“量刑明显不当”决定对该案进行再审。被告人刘某某在庭审中曾表达了对法院有罪判决的强烈质疑，他说：“用这个仿真枪处置我，如果打死我，我就承认这是枪，如果打不死我请把我无罪释放!”。参见《从刘某某到赵某某：“假枪”与“真罪”》，载http://www.Kankanews. com/a /2017-01-18/0037850582.shtml，最后访问日期：2017年6月6日。

安全的目的。因此，就非法持有枪支罪的犯罪构成来说，犯罪客体是刑法所保护的国家的枪支管理制度和公共安全。行为人持有枪支构成犯罪的前提是违反了国家对枪支这一特定物品的管理制度或相关规定，从而具有了侵害公共安全的抽象危险。犯罪主体为自然人。客观方面表现为具有非法持有枪支的客观行为。非法持有强调持有行为的非法性，即行为违反了国家枪支管理的法律法规。由于持有包括对枪支的实际支配和控制，具有时间上的持续性，因此该罪具有继续犯的特点，这一特征在涉及数罪并罚（非法持有枪支并涉嫌其他关联犯罪）、追诉时效、溯及力等问题上均具有重要的法律意义。主观方面为故意，不能是过失，可以直接故意，即行为人明知是国家禁止持有的枪支而故意非法取得并持有；也可以是间接故意，即行为人在无意或合法取得枪支后，知道是违禁品仍然持有。目前，我国学界对于非法持有枪支罪主观方面的理解还存在一定的争议：有观点认为，行为人只需要对其所持有的“枪支”具有概括的故意；〔1〕也有观点认为，行为人必须认识到其所持有的是法律禁止持有的“枪支”，如果没有认识到，不能认定具有主观故意。〔2〕笔者认为，对持有或私藏枪支行为的危害性和违法性的认识也应当是认定行为人具备犯罪故意的内容。我国刑法中的故意犯罪包括认识因素和意志因素两个方面。认识包括对客观犯罪事实、行为的

〔1〕 概括的故意是指行为人只认识到其所持有的是仿真枪等类似枪支的物品，只要在客观上经鉴定为“枪支”的即可认定持有的主观故意。

〔2〕 参见于沛鑫、于浩：《非法持有枪支罪主观故意的认定》，载《中国检察官》2014年第10期。

客观侵害性以及客观违法性的全面认识，“若行为人不知其行为系法所不许，且不可得而知之，是即无违反法律秩序之意识，尚难谓有犯罪故意”。[1]

2.犯罪构成要件在刑事侦查阶段的证据收集

根据我国《刑法》的规定，犯罪构成要件是决定犯罪是否成立的唯一标准。在刑事立案阶段，侦查机关只需要掌握有关行为人非法持有枪支的基本的、主要的事实，即部分犯罪构成要件事实，通常是行为人持有涉案枪形物的事实。立案之后，则需要全面收集能够证明犯罪构成要件的各种证据材料，查实其他尚未掌握的犯罪构成要件事实，如包括行为人的年龄、智力、精神、身份等一系列事实因素在内的主体要件，为案件下一步进入起诉以及审判阶段做好准备工作。侦查机关是侦查阶段证据收集的主要主体。侦查机关为了实现追究行为人刑事责任的目的，必须按照法律规定的程序，依法收集能够证明犯罪成立的证据材料。如果采用非法手段或者违背法定程序收集证据，即使其所收集的证据材料具有真实性和相关性，也可能被法庭拒绝采纳。为了进行合法有效的辩护，犯罪嫌疑人及其辩护人也需要收集有利于己方的辩护证据。根据我国《刑事诉讼法》的规定，辩护律师拥有一定的调查取证权，可以收集有利于犯罪嫌疑人的证据材料。事实上，侦查人员受其诉讼职能的影响，往往不注重收集有利于犯罪嫌疑人的无罪或罪轻的证据，即便收集到也通常不会向检察机构移交或向法庭提交，因此，辩护方积

---

〔1〕 韩忠谟：《刑法原理》，北京大学出版社2009年版，第190页。

极收集有利于己方的证据材料就显得尤为重要。

非法持有枪支罪证据材料收集的难点主要集中在有关犯罪构成要件的客观方面和主观方面的事实。(1)客观方面证据材料的收集。非法持有枪支罪属于危险犯,不存在实害结果,客观方面主要表现为行为人具有非法持有枪支的行为,且持有达到了一定的危害程度,具有侵害公共安全的抽象危险。危险犯通常无法靠单一的证据证明,需要一系列的证据组合才能起到证明的作用。实践中,侦查机关主要收集的证据材料包括持有枪支的数量;枪支的来源;持有的时间、地点;持有期间从事的活动;侦查机关查获、搜查或者扣押枪支的经过;枪支的保管、送检情况以及枪支的鉴定意见等。对于辩方来说,要针对性地注重收集那些能够证明枪支具有合法的来源、去向和持有行为不具有危险性或危险性较小的证据材料。非法持有枪支罪属于情节犯,"情节严重"是量刑的主要依据,根据司法解释,判断情节是否严重的依据主要是枪支的数量,因此,持有枪支的数量也是证据材料收集的关键。此外,辩方还可以从程序法的角度收集相关的辩护证据。例如,关注收集侦查机关是否具有违法收集证据、违法鉴定的情况等。赵某某的辩护人在庭审中就提交了侦查机关并未依照法定程序和规则提取、包装和送检涉案枪形物的相关证据,并借此认为涉案枪形物存在被污染、混同的可能,不能作为定案证据。二审判决虽未采纳这一辩护意见,但判决书也明确指出:侦查机关对涉案枪形物的现场侦查行为确实存在违反相关规定的情况。[1](2)主观方面证据材料的收集。主观方面的证据是反

〔1〕 参见天津市第一中级人民法院刑事判决书,(2017)津01刑终41号。

映人的心理态度的证据材料，它比客观证据的收集更加困难。实践中，侦查机关通常是用客观方面的证据来推定行为人的主观心理状态。在行为人对自已的心理作出供述的情况下，口供就是证明主观心理的重要证据。对于犯罪嫌疑人及其辩护人来说，收集主观方面的证据从而否定行为人具有非法持有枪支的故意，是无罪或罪轻辩护的重点。例如，赵某某的辩护人就在辩护意见中指出赵某某并不具备犯罪的主观故意，其始终认为所持有的只是玩具枪而非真枪。

四、非法持有枪支罪的定罪与量刑

（一）非法持有枪支罪的认定及其证明责任

1.非法持有枪支罪的认定

非法持有枪支罪的定罪标准主要是犯罪构成要件。在诉讼中，控方需要就非法持有枪支的犯罪主体、客观行为以及非法持有的犯罪故意进行证明。其中，定罪的关键在于客观方面与主观方面的判断。

（1）客观方面的认定。客观方面的认定一是要注意区分非法持有与非法私藏、非法储存以及非法携带枪支危及公共安全之间的界限。对此，实践中主要是根据相关司法解释的规定进行区分：非法持有与非法私藏的区别在于犯罪主体不同；与非法储存的区别是行为方式不同；与非法携带枪支危及公共安全的区别是客观表现不同，即是否具有携带枪支进入公共场所危害公共安全的表现。二是要注意该罪与关联犯罪之间的吸收与竞合。当非法持有、私藏枪支与非法储存枪支发生竞合或者行为人的行为同时包括多种行为时，应采用吸收原则，认定为非法储存枪支罪。行为人由于其他涉枪犯罪如非法制造、买卖、运输、盗窃、抢夺、抢劫枪支而持有的，则属于吸收犯，非法持有行为应被吸收，按照关联的其他犯罪认定。如果根据证据无法查明枪支的来源、去向，不能认定行为人还具有其他涉枪犯罪的，只能以非法持有枪支罪认定。当行为人持有并携带枪支进入公共场所时，则需要根据具体情节来区分。情节严重的，属于非法持有枪支与非法携带枪支危及公共安全罪的想象竞合，应择一重罪处罚；情节轻微、不构成非法携带枪支危及公共安全的，则应以非法持有枪支罪认定。

（2）主观方面的认定。主观方面的认定因其探究的是难以见之于外在的心理状态，所以更为复杂。非法持有枪支罪也同样需要行为人具有主观上的“明知”，即行为人知道自己所持有的是法律禁止持有的枪支，仍然故意持有。对犯罪故意的认定，可以从枪支的来源、用途；持有后的行为；行为人的认知水平、文化、职业与经历等方面进行综合判断。枪支是通过正常渠道获得还是通过非法交易获得；枪支的用途是娱乐还是打猎、报仇等，均能反映出行为人的主观目的。例如，在笔者检索到的样本案例中，一些案件的行为人是农民，持有的是用于打猎的猎枪，这就体现出行为人的主观恶性较小、没有侵害公共安全的意图。行为人是否从事过与枪支有关的职业则影响其对持有枪支危险性和违法性的认识，通常来说，具有军人、警察等职业经历的人比普通人对枪支具有更为全面和专业的认知。就赵某某案来说，笔者认为，该案判决中并没有显示确实、充分的证据证明赵某某具有犯罪故意。赵某某所持有的枪支来源清楚，是基于合同关系而非不法途径获得；其持有的目的和用途明确，即进行营利性的活动。没有充分的证据证明赵某某在案发之前明确知道其所持有的涉案枪形物属于法律所管制的"枪支"。从赵某某的年龄（51岁）、文化程度（初中）以及职业（无业）等个人背景来看，缺乏对其所持有的"枪支"的认知和判断能力属于正常情况。同时，也没有确切的证据表明赵某某持有枪支的行为具有侵害公共安全的危险，这就从基础上动摇了其行为的本质。"拿'刀具'加以对比我们可能更容易理解：'刀具'本身有家庭使用的功能，但其也有一定的攻击性能，但如果持刀人仅仅以'切菜'为目的，则我们认为没有社会危险性，但如果持刀人以'杀人'为目的，则具有社会危险性"。〔1〕因此，赵某某虽然具有持有枪支的行为，但并不能仅此认定其具有非法持有枪支的犯罪故意和侵害公共安全的主观犯意。

2.非法持有枪支罪的证明责任：主观故意能否直接推定

有观点认为，非法持有枪支罪主观故意的证明责任应由辩方承担。根据持有枪支的客观事实可以直接推定行为人的主观故意，由此将主观方面的证明责任转移给被告人。控方在证明被告人非法持有枪支的事实后，由于持有行为与持有犯意之间具有高度的关联性，基于罪过推定，实际上就一并证明了被告人具有非法持有枪支的主观罪过。"根据持有的事实，需要被告人承担客观证明责任的

---

〔1〕 张恒：《"羁押必要性审查"的实例分析——鄢某某非法持有枪支案》，载《法制与社会》2013年第10期（中）。

范围包括‘明知’和‘不法’两个问题，即被告人需要同时说明他对持有物品的存在、性质的不知，以及对持有物品的合法，如果他没有把这两个问题同时说清楚，那么可以根据被告人持有特定物品的事实，认定他知道他所持有的特定物品的存在、性质，以及他没有任何合法的理由持有特定物品”。[1]

笔者认为，不能基于行为人客观上具有持有枪支的事实，直接推定其非法持有的犯罪故意。非法持有枪支的主观犯罪故意属于犯罪构成要件，仍然需要控方承担证明责任，控诉人应当举证证明被告人“明知”是枪支而继续持有的主观心理，被告人并不负有证明其主观罪过的证明责任，但可以针对控方的证明进行抗辩。被告人可以提出其并不具有主观上“明知”的抗辩，内容包括不知道其持有枪支的事实以及不知道其所持有的涉案枪形物属于“枪支”范畴的事实。基于我国《刑事诉讼法》证明标准的规定，[2]被告人的抗辩只要能引起法庭对控方证明的合理怀疑即可。例如，如果被告人举出证据证明其住宅内的枪支是他人在其不知情的情况下放置的，就足以引发对指控的合理怀疑，控方就需要对此疑点做进一步的说明以排除该怀疑。

被告人不承担主观罪过的证明责任的原因主要在于我国法律

---

〔1〕 张斌：《再论被告人承担客观证明责任——以我国刑法规定的持有型犯罪为例》，载《四川大学学报（哲学社会科学版）》2009年第3期。

〔2〕 根据我国《刑事诉讼法》，控方的证明应该达到事实清楚，证据确实、充分，排除一切合理怀疑的证明标准。

并没有明文规定非法持有枪支罪实行举证责任倒置。[1]持有型犯罪的立法本就是刑法强化其法益保护机能的一种特殊设置，已经降低了指控的证明难度，即将证明内容从证明行为人所持有枪支的来源、去向或关联犯罪的犯罪事实转变成了仅证明其具有持有枪支的现实状态。因此，不能为了追究犯罪破坏《刑事诉讼法》证明责任的分配原则，加重被告人的证明负担。对于那些认为要求控诉方承担证明行为人具有非法持有枪支的犯意可能会放纵犯罪的顾虑实则大可不必，从前文所述近年来非法持有枪支罪案件数量的急剧上升来看，控方承担证明责任并没有产生放纵犯罪的现实，反而有犯罪圈扩大、控制过于严厉之虞。

（二）非法持有枪支罪的法律适用

1.认定非法持有枪支罪的法律依据

目前，我国认定非法持有枪支罪的法律依据主要包括：（1）刑法。《刑法》第128条是认定被告人是否构成非法持有枪支罪的基本依据，该条规定了非法持有枪支罪的罪名、罪状以及法定刑。（2）有关涉枪犯罪的司法解释。涉枪犯罪的司法解释也是该罪认定中的重要依据。例如，《关于审理非法制造、买卖、运输枪支、弹药、爆炸物等刑事案件具体应用法律若干问题的解释》就明确规定了非法持有枪支罪“情节严重”的认定标准，即以行为人所持有枪支的

---

〔1〕 根据我国《刑法》第282条、第395条规定，只有非法持有国家绝密、机密文件、资料、物品罪和巨额财产来源不明罪实行举证责任倒置原则，要求被告人举证“说明来源与用途”，即承担证明自己所持有物品具有合法来源的举证责任。

数量为标准进行判断。[1]赵某某案、王某某案的判决中均适用了该解释。[2](3)单行法律。如《枪支管理法》,该法是审判机构认定非法持有枪支罪的必要法律依据,在性质上属于行政法,对枪支的定义、管理制度及管理权限作出了明确的规定。(4)部门规范性文件。部门规范性文件是法院在枪支认定标准问题上适用的主要法律依据。[3]公安部是我国枪支的主管部门,依法有权制定与枪支管理有关的规定,其所制定的部门规范性文件在全国范围内有效。

2.法律依据中存在的问题及解决思路

(1)《刑法》以及司法解释对“持有”与“私藏”的区分容易引起误解。《刑法》第128条的罪名是“非法持有、私藏枪支、弹药罪”,从词语的本义上来说,“私藏”仍然属于“持有”的一种形态,也是对物品的保有和掌握,只不过强调行为的秘密状态。也就是说,“持有”与“私藏”其实是包含与被包含的关系,《刑法》完全没有必要在该罪名中将持有与私藏并列,特别单列出“私藏”行为。究其原因,“立法机关为了保持刑法的连续性,也为了避免有人误认为旧《刑法》第163条所规定的私藏枪支、弹药行为不再是犯罪,所以,在

---

〔1〕 该解释由最高人民法院2001年出台,并于2009年修订。其第5条第2款第2项规定:具有下列情形之一的,属于《刑法》第128条第1款规定的“情节严重”:非法持有、私藏以火药为动力发射枪弹的非军用枪支二支以上或者以压缩气体等为动力的其他非军用枪支五支以上的。

〔2〕 2010年,广州玩具市场小贩王某某因贩卖仿真枪被起诉。被收缴的20支玩具枪中,18支被鉴定为非制式枪支,2支被认定为仿真枪。一审法院以非法买卖、运输枪支罪判处王某某有期徒刑10年,二审维持原判,后再审改判王某某有期徒刑4年。该案历时6年,又经历了复核、重审一审、准予撤诉、发回重审等过程,于2016年以广州市越秀区检察院作出不起诉决定而尘埃落定,王某某也获得人身自由损害及精神损害抚慰金43万余元。

〔3〕 赵某某案中涉及的部门规范性文件有《公安机关涉案枪支弹药性能鉴定工作规定》《枪支致伤力的法庭科学鉴定判据》《枪支性能的检验方法》等。

增加了‘非法持有’一语的同时，仍然保留了‘私藏’概念”。[1]与此同时，相关司法解释也强调“非法持有”与“非法私藏”是两个独立的罪名，对其含义进行了特别的解释，认为两者的区别在于犯罪主体不同：凡依法具有持枪资格主体的私藏行为属于“非法私藏”；不具有持枪资格主体的私藏行为则属于“非法持有”。然而，这种超出其字面含义并赋予其专门含义的解释容易引起对我国《刑法》中其他持有型犯罪的误解。因为，如果将持有与私藏理解为两种相互独立的行为，容易使人误以为私藏毒品、假币、国家绝密、机密文件等并不构成犯罪。但实际上，这些罪名中的持有本就包含了私藏的意思。[2]因此，为了避免误解，《刑法》有必要统一相关罪名的表述，不再单列“私藏”行为，以“持有”涵盖之即可。

（2）《枪支管理法》及部门规范性文件中的枪支鉴定标准有待修订。前文已经阐述我国现行枪支鉴定标准较低引发的犯罪圈扩大、案件数量攀升、案件判决结果得不到民众认同等问题。同时，法院判决弃《枪支管理法》中的枪支认定标准而不用，选择适用效力等级低的公安部制定的部门规范性文件作为裁判依据是否妥当也是一些质疑关注的焦点。[3]由于涉枪案件中枪支的鉴定结果与行为人是否被追究刑事责任具有直接的关系，涉及权益重大，法院裁

---

〔1〕 张明楷：《刑法分则的解释原理》（下），中国人民大学出版社2011年版，第759页。

〔2〕 例如，1994年《关于执行〈全国人民代表大会常务委员会关于禁毒的决定〉的若干问题的解释》中对非法持有毒品罪的“持有”解释为“占有、携有、藏有或其他方式持有毒品的行为”。

〔3〕 例如，赵某某案的辩护人认为：公安部制定的《枪支致伤力的法庭科学鉴定判据》所依据的试验及理由不科学、不合理，该“判据”确定的枪支认定标准不合法，且属内部文件，不能作为裁判的法律依据。

判适用法律效力更高的《枪支管理法》更为妥当。法院之所以不适用《枪支管理法》，是因为其与部门规范性文件中的枪支认定标准相比而言，缺乏明确性和可操作性。因此，《枪支管理法》在未来修订中，应当重点完善现行的枪支认定标准，制定更科学、更可行的认定标准。而现行公安部制定的枪支鉴定标准也需要进一步改进，在广泛听取社会各界意见、借鉴其他国家经验的基础上，权衡保障社会安全、惩罚犯罪与保障人权之间的关系，设置出更具科学性与合理性、更能为普通民众所认同的标准。

(3)《刑法》与《治安管理处罚法》的衔接及选择适用。《治安管理处罚法》规定了非法携带枪支、弹药的行为，该法使用了"非法携带"，[1]但究其含义，"携带"与"持有"仍然是种属概念，"携带"还是"持有"的一种表现样态，只不过《刑法》上还要求行为人具有持有枪支进入公共场所的行为。例如，《刑法》中的"非法买卖、运输、携带、持有毒品原植物种子、幼苗罪"中并列使用了"携带"与"持有"。[2]这里的问题还在于《刑法》在立法用语上的不统一和不严谨，其对"持有""私藏""携带"等概念的混用，容易造成司法解释和法律适用中的歧义和误解。因此，为避免认识上的误区，在《刑

---

〔1〕《治安管理处罚法》第32条规定：非法携带枪支、弹药或者弩、匕首等国家规定的管制器具的，处五日以下拘留，可以并处五百元以下罚款；情节较轻的，处警告或者二百元以下罚款。非法携带枪支、弹药或者弩、匕首等国家规定的管制器具进入公共场所或者公共交通工具的，处五日以上十日以下拘留，可以并处五百元以下罚款。其中"非法携带枪支、弹药"的行为与《刑法》第128条"非法持有枪支、弹药"的行为完全一样。而"非法携带枪支、弹药等进入公共场所或者公共交通工具"的行为则与《刑法》第130条"非法携带枪支、弹药、管制刀具、危险物品危及公共安全"的行为相同。

〔2〕这种"携带"与"持有"的并列式规定，容易让人误以为它们是不同的两个概念，进而产生非法携带枪支、假币、毒品是无罪行为的误解。

法》中明确“持有”内涵和范围，使其涵盖“私藏、携带”等重复用语实有必要。

从《治安管理处罚法》与《刑法》调整范围的差异来看，前者属于行政法，规制的是情节较轻的行为；后者则规制情节较重或情节严重的犯罪行为。因此，两者的不同点和衔接点主要在于情节的轻重程度。而根据现行司法解释，非法持有枪支等罪的情节判断标准主要是枪支、弹药的数量。〔1〕从这个角度来看，《治安管理处罚法》仅调整非法携带以压缩气体等为动力的其他非军用枪支1 支的行为，而《刑法》所规制的行为起点过低、调整范围则过大，这在一定程度上挤压了《治安管理处罚法》的适用空间。因此，大量非法持有枪支案件无法适用《治安管理处罚法》。从程序方面来看，在刑事立案之前，枪支尚未鉴定，执法人员要判别枪支的具体数量，进而作出适用行政程序或者适用刑事程序处罚的决定存在一定的困难。如果已经按照刑事案件立案，但事后经鉴定，数量达不到刑法要求的标准，在程序上又如何转而适用治安处罚也缺乏详细的规定。此外，实践中还存在一些案件因情节轻微或危害不大，检察机关不起诉的情况。〔2〕

---

〔1〕 根据司法解释的规定，《刑法》非法持有枪支罪追责的起点：非法持有军用枪支1支；以火药为动力发射枪弹的非军用枪支1支或以压缩气体等为动力的其他非军用枪支2支。第130条规定的非法携带枪支、弹药、管制刀具、危险物品危及公共安全罪追责的起点则是只要具有携带枪支进入公共场所就属于“情节严重”。参见《关于审理非法制造、买卖、运输枪支、弹药、爆炸物等刑事案件具体应用法律若干问题的解释》第5、6条。

〔2〕 以某县检察院为例，2009年非法持有枪支案不起诉数量为0，2010年不起诉人数则上升到23人。参见李林、张一薇：《司法考核制度下非法持有枪支罪司法认定实证研究》，载《中国刑事法杂志》2012年第6期。

刑法的谦抑性及刑事司法资源的有限性，均要求刑法的调整范围不宜过大，只能以最具社会危害性的行为为打击对象。“应宽严相济政策与构建和谐社会的要求，合理划定犯罪圈，应当树立犯罪化与非犯罪化并轨运行的理念，一方面要严密法网，另一方面，对微罪行为予以宽容”。[1]因此，两法之间在调整范围以及相关的程序性问题上如何进一步衔接有必要深入探讨，笔者认为总的思路是适当地扩大《治安管理处罚法》在非法持有枪支行为上的调整范围，发挥其分流功能，将一部分社会危害性较小、行为人主观恶性较小的非法持有枪支案件适用《治安管理处罚法》进行行政处罚，既能够使案件得到快速处理，节约刑事司法资源；也有利于缩小刑法的干预领域、控制犯罪圈的急剧扩张。

（三）非法持有枪支罪的刑罚裁量

笔者在中国裁判文书网上随机选取了50个人民法院审理的非法持有枪支案为研究样本，这50个案例来自20个不同的省份，具有较为广泛的代表性，为了增强研究的准确性，选取的裁判文书均是2016年人民法院的第二审裁判文书。

1.样本案例中刑罚裁量的特点

（1）大多数被告人所持有的枪支数为1支，量刑以低于3年的有期徒刑为主。

样本案例中涉及的枪支数量最少为1支，有30个案件中的被告

〔1〕 郭理蓉：《宽严相济视野下的犯罪化与非犯罪化——从最高人民检察院〈不起诉标准〉谈起》，载《河北法学》2008年第4期。

人非法持有1支枪，被告人所获刑期最低的为6个月，最长的是1年6个月。有13个案件中的被告人非法持有2支枪，被告人所获刑期最低的是管制6个月，最长的是3年9个月。5个案件中的被告人非法持有3支枪，被告人所获刑期最低的是6个月（缓刑1年），最长的是3年2个月。持有4支、5支枪的案件各1个，被告人分别被判处2年（缓刑2年6个月）和2年的有期徒刑。就样本案件中适用的刑罚种类来看，有43个案件适用了有期徒刑（不含有期徒刑宣告缓刑），而适用拘役和管制的各仅1例，有期徒刑是该罪刑罚中适用最普遍的刑种。其中，仅5个案件适用了缓刑，说明司法实践中对缓刑的适用较为慎重。在判处有期徒刑的裁判当中，则以判处3年以下的有期徒刑为绝大多数，只有9个案件的量刑为3年以上（其中包含5个判处3年有期徒刑）有期徒刑。具体情况如表9-1所示。

表9-1　非法持有的枪支数量与案件数及刑期幅度

枪支数	案件数	刑期
1	30	6个月～1年6个月
2	13	管制6个月～3年9个月
3	5	6个月（缓刑1年）～3年2个月
4	1	2年（缓刑2年6个月）
5	1	2年

这表明，实践中的非法持有枪支案件多是情节不严重、案件性质轻微、刑罚处罚基本适用轻刑的犯罪行为。

（2）同案不同判问题仍然存在。

为了更直观地了解涉案枪支数量相同案件中被告人被判处刑

期的差异，笔者将样本案件中涉案枪支数1支和2支的案件中被告人的刑罚对比如图9-2所示。

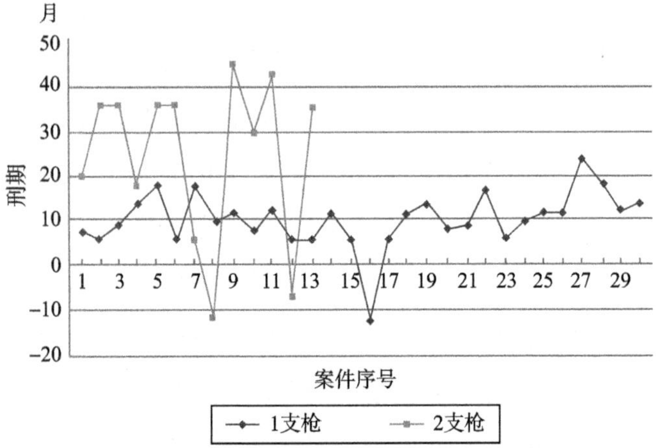

图9-2　涉案枪支数量相同案件中被告人刑期的差异

在涉案枪支同为1支的情况下，被告人刑期之间的差距较小，在一个幅度较小的范围内波动。[1]与其他被告人差异较大的案件主要是因为被告人被判处了缓刑。而当涉案枪支数上升为2支的情况下，被告人刑期之间的差距则逐渐增加，最低刑期与最高刑期之间的差距较为明显。这就说明，即使是在非法持有枪支罪这种定罪特别注重客观事实、不同案件之间差异性相对较小的情况下，同案不同判问题仍然客观存在。

---

〔1〕 本图以笔者所选样本案例为依据，刑期计算单位为月。由于缓刑是不实际执行刑期，故对判处缓刑的刑期采用宣告刑—缓刑的计算方法，例如，判处6个月缓刑1年的计算为6-12=-6。对判处管制的也同样采用了负数表示。

（3）二审裁判对一审裁判的变更率较低。

样本案例显示，行为人非法持有枪支的客观事实对于定罪具有决定性的作用。由于客观事实方面的司法认定主要采用客观性较强的证据材料，如鉴定意见、物证、书证等实物证据加以证明，受主观因素影响的程度较小，因此错判发生的概率较低。由此，在二审中，除非有新的证据或事实证明一审裁判存在明显的错误，一审案件的裁判结果很难被动摇。样本案例中，有76%的案件在二审中维持了原判，只有12%的案件被二审法院改判或者发回重审。如图9-3所示。

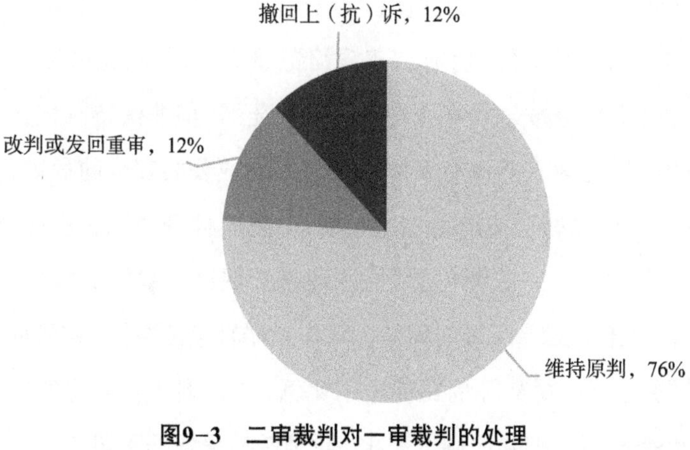

图9-3　二审裁判对一审裁判的处理

这表明司法实践中非法持有枪支罪定罪量刑的准确率较高，但是，准确率过高也让人担忧实践中是否有"客观定罪"之嫌。从样本案例的裁判文书来看，绝大多数案件的判决书并没有对被告人主观方面的犯罪故意进行充分的阐述。法官关注的重点主要集中在非法持有枪支的事实、数量、枪支是否符合鉴定标准等客观事实方面，对于辩方主张被告人没有犯罪故意、不知道所持有的涉案枪形物符合枪支标准等抗辩理由，缺乏充分、必要地回应和说明。

2.刑罚裁量的完善思路

笔者在选取样本案例时发现，很多非法持有枪支案（不包括行为人涉及关联犯罪或其他犯罪的复杂案件）属于性质、情节以及处刑轻微的案件，其犯罪主体多以农民、无业人员和文化程度不高的群体为主（经统计，样本案例中有56%的被告人为无业人员和农民），其对于法律有关枪支认定标准的理解和认识能力均有限，持有枪支的用途也多为打猎或娱乐，适用《刑法》进行处罚促使了该罪犯罪圈的扩张。而如果能适用《治安管理处罚法》分流这类事实清楚、案情简单的案件，将有利于限缩犯罪圈，提高诉讼效率。就量刑来说，大部分被告人都被判处了有期徒刑，但非法持有枪支罪仅是危险犯，行为人并没有实际的侵害社会或公共安全的危害行为，科处刑罚仅以有期徒刑为主过于单一，没有体现罪刑相适应原则。因此，有必要进一步细化刑罚适用标准，促进涉案枪支数量相同、案情差异不大案件的量刑均衡。对于犯罪轻微的案件，在量刑中加大管制、拘役、罚金等刑罚的适用比例，符合刑法轻刑化的发展趋势，也是刑罚个别化原则的要求，同时能够缓解刑事司法资源紧张的难题。此外，适当提高缓刑的适用比例、进一步明确缓刑的适用标准、健全司法机构与社区及社区矫正部门的双向沟通机制等也非常必要。

结 语

本书是在“立体刑法学”的研究视野下和研究框架下，对刑法与刑事诉讼法关系的新思考。从定罪与量刑中探讨刑法与刑事诉讼法的相互作用和交叉适用关系，开拓了刑法学和刑事诉讼法学研究的思维和视野，有利于促进学科间的互动和交流，是增进学科交叉研究和探讨的一次尝试和努力。

我国学者已经从各种研究视角对刑法与刑事诉讼法的关系进行了较为深入的研究，包括实体法与程序法的研究视角、刑事一体化的研究视角、刑法与刑事诉讼法衔接与协调的研究视角、刑法与刑事诉讼法交互作用的研究视角等，这些多角度的探索和研究促进了我国刑法与刑事诉讼法关系研究的长足发展。为进一步深入探讨刑法与刑事诉讼法的关系，本书选择从刑事审判阶段的定罪与量刑这一视阈切入。这是因为，刑事审判阶段是刑法与刑事诉讼法的交叉适用体现最集中、最直观、最生动的阶段；是诉讼主体之间进行公开、平等地互动与交锋最充分、最活跃的阶段；也是最能够体现刑法与刑事诉讼法的静态法律规范在动态实践中相互作用、交叉适用样态的阶段。“审判程序习惯上被视为是整个诉讼程序中的高潮”。[1]刑事审判程序是对被告人的犯罪与刑事责任做出最终的、最具有法律确定效力裁判的阶段(有些审前程序也具有确定被告人罪责问题的效力如辩诉交易),刑事裁判是定罪与量刑最终结论的具体展现,是交叉适用刑法与刑事诉讼法的产物,一份公平、公正的刑事裁判是准确、合理地适用刑法与刑事诉讼法的最好体现。因此,本书期望从这一角度的探讨,能够为刑事案件的准确定罪与公正量刑寻找有效的路径。

从结构体系上来看,本书主要分为四个部分展开论述。

第一部分是绪论、第一章和第二章。这部分主要是对刑法与刑事诉讼法关系基础理论方面的探讨。

绪论主要介绍本书的研究背景与意义、研究思路和方法、理论定位以及全书的基本框架。

第一章探讨刑法与刑事诉讼法的含义及其关系。刑法与刑事诉讼法是区别之中有联系,联系之中有区别的法律制度体系。刑法与刑事诉讼法因同属刑事法学的范畴而产生了交集。刑法学研究的进步,仅靠刑法学自身的发展还不足够,还需要关注并研究与之相关的其他部门法,尤其是与刑法学有着极为密切关联的刑事诉讼法。为了揭开刑法与刑事诉讼法之间错综复杂关系的面纱,首先从两者之间的相同点与不同点切入,指出刑法与刑事诉讼法的共同之处体现为在性质上同为公法;在内容上同属刑事法;在本质上因犯罪而连接,具有共同的根本目的以及均以秩序、正义、自由和效率

[1] [德]克劳思·罗科信:《刑事诉讼法》,吴丽琪译,法律出版社2003年版,第390页。

为共同追求的价值目标。刑法与刑事诉讼法的不同之处则体现在两者的调整对象在本质上具有差别，是实体法与程序法的区别；是内容与形式的区别；是静态、抽象性法律规范与动态、具体性法律规范的区别。就刑法与刑事诉讼法的关系而言，刑事诉讼法对于刑法具有非常重要的作用，这主要体现在：刑事诉讼法具有保障刑法的实施、补充刑法的内容及机能、调节刑法作用的范围和程度。我国刑法与刑事诉讼法存在的主要问题是两种学科之间缺乏沟通和交流、在立法上缺乏统一规划和有效衔接以及刑法在刑事诉讼程序中的理解与适用存在不统一等问题。解决现存问题的思路是以“立体刑法学”为指引，加强学术研究的交流与联系、注重刑事立法的整体性、加强立法的统一规划和衔接以及提高刑法在司法中的理解与统一适用。

第二章研究刑法与刑事诉讼法的相互作用及其交叉适用。刑法与刑事诉讼法之间存在类似“凸透镜”的效应关系。各种刑事案件中的犯罪行为经过刑事诉讼程序的最终目的也正是适用刑法、接受刑法的评价。各种刑事案件进入刑事诉讼程序后经由侦查、起诉、审判及执行程序后被逐渐过滤，无论被告人的行为是否最终进入审判程序被定罪和量刑，它们都必将经历一个共同点就是适用刑法，由职权机关以刑法为法律依据去衡量、评价被指控、追诉或审判的行为。刑法与刑事诉讼法之间相互作用的主要原因是两者同为刑事法律制度系统内的组成部分、具有对立统一的辩证关系以及两者的适用过程具有同一性。具体来说，刑法与刑事诉讼法相互作用的方式表现在两个方面，一方面是指两者之间以合作的方式进行互补性、配合性的相互作用；另一方面是指两者之间以竞争方式进行紧张性、相斥性的相互作用，两者相互竞争的原因主要是受制于刑事司法资源的有限性以及各部门法所具有的独立性。刑法与刑事诉讼法在定罪量刑中的交叉适用主要探讨交叉适用的功能、意义及结果。交叉适用的功能主要表现在具有行为规范功能、审判规范功能以及生成具体法的功能；交叉适用的意义则在于推动定罪量刑逐步走向终端、为定罪量刑公正的实现提供了实体与程序的双重保障以及促进刑事政策的实现，而两者交叉适用的结果是形成刑事裁判。

第二部分是第三章、第四章和第五章。这部分从定罪事实认定与法律适用两方面着手，探讨定罪中刑法与刑事诉讼法的关系及交叉适用情况。通过对司法实践中刑事裁判文书的文本进行分析，详尽探讨了对定罪中刑法与刑事诉讼法的适用。

第三章是定罪事实的认定及其证明。定罪的事实依据包括定罪事实和定罪情节。定罪事实的认定首先需要明确定罪中的证明对象，即与被告人定罪有关的需要运用证据加以证明的是待证事实。证明对象包括实体法事实和程序法事实，在刑事审判程序中主要体现为起诉书所控诉的案件事实及辩方所主张的辩护事实。定罪中的事实认定是一种溯源性的复杂过程，要遵循证据裁判原则，定罪证据受证据能力和证明力两个因素的限制。认定事实除采用证据之外，还可以用推定、司法认知等方法，案件事实在经过认定后，将出现三种情况，即犯罪事实存在、犯罪事实明显不存在和事实存疑，事实认定的不同结果决定了审判机构最终定罪结论的不同。定罪证明中就证明对象、证明方法、证明标准和证明责任问题进行探讨。

第四章是定罪中刑法与刑事诉讼法的交叉适用。定罪的法律依据是审判机构定罪时的法律标准，是审判机构在定罪中的判断行为性质的标准。定罪依据的法律渊源包括刑事实体法、刑事诉讼法和刑事司法解释。定罪标准是立法者事先在刑法中所确立的有关犯罪成立的要件。定罪标准源于刑法，运用于审判阶段，具有法定性、整体性和特定性的特点。犯罪论体系作为重要的定罪标准，对于定罪具有极为重要的作用。在分析大陆法系和英美法系犯罪论体系的基础上，本书探讨了我国司法定罪中刑法与刑事诉讼法的交叉适用。在适用刑法方面，定罪标准即犯罪构成体系在适用中存在的问题主要是犯罪构成并不是定罪的唯一标准；犯罪构成要件法定化，不能对超法规的正当行为进行司法评价以及犯罪构成要件入罪化、缺乏出罪要件。解决我国犯罪构成体系的适用问题要在刑法方面完善犯罪构成体系，使犯罪构成成为判断刑事违法性的唯一标准。在《刑事诉讼法》的适用中，需要完善相关证据规则，主要是从证据的证据能力、证明标准的严格遵守以及定罪程序方面，解决有些案件在定罪中遇到的困难。

第五章是司法定罪的实然展开。定罪结论是案件事实与法律规范的耦合，是司法者交叉适用刑法与刑事诉讼法的结果。定罪结论主要包括入罪与出罪。入罪是判定被告人有罪的情况；出罪则包含犯罪不成立意义上的出罪、非犯罪化意义上的出罪和“疑罪从无”原则下的出罪。为了探究司法定罪的实际运行机制，本章以

100份诈骗案和100份挪用公款案的判决书文本为研究依据，对定罪事实的认定和定罪标准的适用进行分析。在定罪事实认定的分析中，从定罪证明和定罪事实的认定说理两方面研究了定罪中存在的问题；在定罪标准的适用中，着重探讨了定罪法律标准适用的步骤，认为定罪的第一步是适用犯罪构成的主体要件，其后再遵循客观要件、主观要件、排除要件和罪数认定的顺序。

第三部分由第六章、第七章和第八章构成。这部分从量刑事实认定及法律适用两方面入手，探讨量刑中刑法与刑事诉讼法的关系及交叉适用。结合对刑事司法实践中刑事裁判文书的文本分析，对量刑中刑法与刑事诉讼法的交叉适用关系进行了较为详细的探讨。

第六章是量刑事实的认定及其证明。对于量刑事实的认定首先从明确量刑事实的概念、范围和种类入手。量刑事实由属于犯罪事实的量刑事实和犯罪事实以外的量刑事实两个部分构成。其中，属于犯罪事实的量刑事实包括兼具定罪与量刑功能的事实和影响法定刑升格或降格的事实；而犯罪事实以外的量刑事实主要反映犯罪人的人身危险性情况，具体内容则与不同的刑罚观念紧密相关。量刑事实根据不同的标准可以划分为反映犯罪行为社会危害性的事实与反映犯罪人的人身危险性事实；法定量刑事实与酌定量刑事实；罪重事实与罪轻事实。对量刑事实的认定需要遵循禁止重复评价和间接处罚的禁止的基本原则。量刑证明主要依靠证据，对于量刑证明的证明对象、证明方法、证明标准及证明责任等问题进行了分析。证明方法在一定程度上是量刑证明活动展开的基础，不同的证明方法影响证明活动的证据种类、证据调查及认定程序以及举证责任的分配和证明标准的要求。

第七章是量刑中刑法与刑事诉讼法的交叉适用。量刑的法律依据主要探讨量刑依据的法律渊源及其内容，包括量刑的实体法和程序法的依据及内容。量刑的实体法依据规定了刑罚裁量的制度、量刑情节、量刑要素以及量刑的适用规则和方法；量刑的程序法依据明确刑罚裁量的权限、量刑证明的规则、程序等，也为刑罚的裁量活动提供法律依据。法官在量刑中均享有一定的自由裁量权，量刑裁量权具有弥补法律规范僵化、滞后的功能，但存在被滥用的可能和风险。为防止量刑自由裁量权的滥用，必须对其加以制约。量刑中刑法与刑事诉讼法的交叉适用分别从实体法规范和程序法规范的适用展开。实体法的适用以达到规范量刑权适用、压缩自由裁量权的目的，主要以细化刑事实体法中的量刑规则和量刑标准、规范量刑过程和量刑步骤为内容。程序法规范的适用以实现限制和约束量刑裁量权的目的，主要以增强量刑程序的公正、透明和参与性，包括量刑程序与定罪程序的分离模式、合议制审判、量刑说理以及量刑救济机制等程序性制度。

第八章是刑罚裁量的实然展开。量刑结论是量刑实体性规范与量刑程序性规范交叉适用的结果，量刑结论以实现公正与均衡为目标，也应当具备合法性与合理性。本章以200份生效的刑事裁判文书为研究样本，对我国量刑规范化改革后的量刑实践活动从量刑事实的析取与认定、量刑法律标准的适用这两个角度展开探讨。就量刑事实的证明来说，样本案例体现出我国量刑证明的主要特点：量刑证据不限于法定证据的种类；证明责任遵循“谁主张，谁举证”

的分配原则；量刑事实的认定方法具有多样性；量刑是否有争议影响量刑活动的繁简和效率以及量刑事实的性质决定量刑事实存疑的处理方式。据此，提出拓宽量刑证据的种类和范围、明晰量刑的证明责任及证明标准、提高量刑程序的可参与性等完善量思路。就量刑法律标准的适用而言，通过对样本案例中量刑标准适用的分析，认为其特点主要体现为量刑要素多元化，酌定量刑要素的内涵更丰富；法定要素运用地较为充分；被告人犯罪后态度和表现、被告人品行的量刑要素显著影响量刑结果；兼备的量刑情节中的酌定量刑要素适用尚不充分；量刑辩护对量刑结果影响较大；适用简易程序和速裁程序的案件显著增多。其中存在的问题主要是一些法定量刑要素的认定与适用存在争议和差异；存在量刑不均衡的情况以及部分案件量刑标准的适用存在瑕疵。最后，提出以实现刑罚个别化为原则结合立法目的和程序的需求进行综合评判；繁简分流以实现量刑均衡；增强量刑程序的公开、透明和说理等完善量刑标准适用的思路。

第四部分为第九章。该章是对刑法各罪与刑事诉讼关系的探讨，以司法实践中的典型刑事案例为切入点，尝试用一种新的路径和方法来研究刑法与刑事诉讼法的关系。本章以实践中备受关注的热点案件赵某某非法持有枪支案为例，通过对一些非法持有枪支罪相关刑事裁判的分析，探讨了非法持有枪支罪在刑事诉讼中的证明责任、法律适用及刑罚裁量问题。第九章与前三部分不同的是，前三部分自成体系，是从整体和宏观角度对刑法与刑事诉讼法关系的探讨，属于普遍性和一般性的研究。第九章则采用微观的视角，从刑法中一个具体的罪名入手，通过对具体案件在刑事诉讼中的运行方式和推进的研究，探讨刑法与刑事诉讼法的相互作用关系与交叉适用。

本书从一个既定的研究视角（定罪与量刑中刑法与刑事诉讼法的关系研究）切入，以刑事裁判这一定罪结论与量刑结论的载体为研究样本，主要从定罪事实与量刑事实（刑事裁判的事实依据）的认定、刑法与刑事诉讼法的法律适用（刑事裁判的法律依据）两个方面，逐步探讨刑法与刑事诉讼法的相互作用和交叉适用情况。应该指出的是，该研究视角在为本书提供研究思路和内容的同时，也具有一定的局限性。刑法与刑事诉讼法在刑事司法和审判阶段的交叉适用关系，只是刑法与刑事诉讼法关系中的一部分，在定罪与量刑视阈之外，两法的关系研究仍然存在非常广阔的、有待深入挖掘的领域。从静态上来说，刑法与刑事诉讼法从基础理论到具体制度、从基本原则到具体阶段、从国内到国外的相关理论和法律规定等方方面面都是可供研究的素材。从动态角度来说，刑法所赖以实现的刑事诉讼程序，从侦查到起诉、从审判到执行，每一个阶段都存在刑法与刑事诉讼法的相互影响和相互作用关系。因而，本书实难展现刑法与刑事诉讼法错综复杂关系之万一。

本书秉持“立体刑法学”的思维方式和研究方法，从实体法与程序法有机结合的角度研究刑法与刑事诉讼法的关系，在一定程度上丰富了两法关系的研究思路，有利于增进刑法研究和刑事诉讼法研究的互动，是两法关系研究的新尝试。同时，本书秉持面向司法的研究态度，选取了大量人民法院的刑事裁判文书作为研究样本，对其中的事实认定及法律适用情况进行仔细分析和小心求证，力求客观地展现司法实践中的实际问题和具体情况，以增强本研究的实践性和实用性。本书是对刑法与刑事诉讼法一般性关系的研究，主要探寻具有普遍性的规律和现象。此外，笔者认为，刑法与刑事诉讼法的关系还包括特殊性关系的研究，也就是对刑法中的各罪与刑事诉讼法关系的研究。刑法各罪与刑事诉讼法关系的研究是从微观角度对刑法与刑事诉讼法关系的探讨，是一个具有较强开放性和延展性的研究领域，也具有非常重要的理论与现实意义。对此，笔者在本书的最后部分以非法持有枪支罪为例，探讨了刑法中非法持有枪支罪与刑事诉讼关系的关系，希望以后能有机会更多地探讨刑法各罪与刑事诉讼法的关系。

囿于时间、能力及知识储备不足等原因，本书在出版之际难免还有疏漏，不足之处，恳请批评指正。

参考文献

一、中文著作

1.[英]沃克编辑:《牛津法律大词典》,北京社会与科技发展研究所译,光明日报出版社1988年版。

2.《当代汉语词典》编委会编:《当代汉语词典》,中华书局2009年版。

3.《韦氏法律词典》,中国法制出版社2014年版。

4.薛波主编:《元照英美法词典》,北京大学出版社2014年版。

5.王勇:《定罪导论》,中国人民大学出版社1990年版。

6.陈光中主编:《刑事诉讼法学(新编)》,中国政法大学出版社1996年版。

7.苗生明:《定罪机制导论》,中国方正出版社2000年版。

8.宋英辉主编:《刑事诉讼原理》,法律出版社2003年版。

9.储槐植:《刑事一体化论要》,北京大学出版社2007年版。

10.陈泽宪主编:《犯罪定义与刑事法治》,中国社会科学出版社2008年版。

11.白建军:《公正底线——刑事司法公正性实证研究》,北京大学出版社2008年版。

12. 林钰雄:《严格证明与刑事证据》,法律出版社2008年版。

13. 林钰雄:《刑法与刑诉之交错适用》,中国人民大学出版社2009年版。

14. 韩忠谟:《刑法原理》,北京大学出版社2009年版。

15. 曲新久:《刑法学》,中国政法大学出版社2009年版。

16. 夏勇:《定罪与犯罪构成》,中国人民公安大学出版社2009年版。

17. 刘仁文:《刑法的结构与视野》,北京大学出版社2010年版。

18. 易延友:《中国刑诉与中国社会》,北京大学出版社2010年版。

19. 高铭暄、马克昌主编:《刑法学》,北京大学出版社2011年版。

20. 杜辉:《刑事法视野中的出罪研究》,中国政法大学出版社2012年版。

21. 刘仁文主编:《刑法学的新发展》,中国社会科学出版社2013年版。

22. 熊秋红主编:《刑事诉讼法学的新发展》,中国社会科学出版社2013年版。

23. 何家弘、刘品新:《证据法学》(第5版),法律出版社2013年版。

24. 唐稷尧:《从文本中的刑法到司法中的刑法:定罪视野下犯罪成立要件确定机制研究》,法律出版社2014年版。

25. 屈学武:《刑法总论》,中国社会科学出版社2015年版。

26. 孙道萃:《罪责刑关系论》,法律出版社2015年版。

27.李昌盛:《刑事审判:理论与实证》,中国民主法制出版社2015年版。

28.胡昌明:《社会结构对法官裁判的影响——以1060个刑事判决为样本》,社会科学文献出版社2015年版。

29.刘仁文主编:《死刑改革与国家治理》,中国社会科学出版社2016年版。

30.张明楷:《刑法学》(第5版),法律出版社2016年版。

31.汪贻飞:《量刑程序研究》,北京大学出版社2016年版。

32.张智辉主编:《审前程序问题研究》,中国检察出版社2016年版。

33.陈兴良:《刑法的启蒙》(第3版),北京大学出版社2018年版。

34.苏力:《是非与曲直:个案中的法理》,北京大学出版社2019年版。

35.罗翔:《刑法学讲义》,云南人民出版社2020年版。

36.张明楷:《张明楷刑法学讲义》,新星出版社2021年版

37.李立众编:《刑法一本通:中华人民共和国刑法总成》(第15版),法律出版社2021年版。

二、外文译著

1.[德]黑格尔:《小逻辑》,贺麟译,商务印书馆1980年版。

2.[日]小野清一郎:《犯罪构成要件理论》,王泰译,中国人民

公安大学出版社1991年版。

3.[日]谷口安平:《程序的正义与诉讼》,王亚新、刘荣军译,中国政法大学出版社1996年版。

4.[德]拉德布鲁赫:《法学导论》,米健、朱林译,中国大百科全书出版社1997年版。

5.[英]J.C.史密斯、B.霍根:《英国刑法》,马清升等译,法律出版社2000年版。

6.[日]田口守一:《刑事诉讼法》,刘迪等译,法律出版社2000年版。

7.[德]克劳思·罗科信:《刑事诉讼法》,吴丽琪译,法律出版社2003年版。

8.[美]罗斯科·庞德:《法理学》(第4卷),王保民、王玉译,法律出版社2007年版。

9.[法]贝尔纳·布洛克:《法国刑事诉讼法》,罗结珍译,中国政法大学出版社2009年版。

10.[德]汉斯·海因里希·耶塞克、托马斯·魏根特:《德国刑法教科书》,徐久生译,中国法制出版社2009年版。

11.[日]松尾浩也:《日本刑事诉讼法》,张凌译,中国人民大学出版社2010年版。

12.[日]佐伯仁志、道垣内弘人:《刑法与民法的对话》,于改之、张小宁译,北京大学出版社2012年版。

13.[印]阿马蒂亚·森:《正义的理念》,王磊、李航译,中国人民大学出版社2012年版。

14.［美］斯蒂芬诺斯·毕贝斯:《刑事司法机器》,姜敏译,北京大学出版社2015年版。

15.［日］平野龙一:《刑法的基础》,黎宏译,中国政法大学出版社2016年版。

16.［日］前田雅英:《刑法总论讲义》(第6版),曾文科译,北京大学出版社2017年版。

三、中文期刊论文

1. 储槐植:《建立刑事一体化思想》,载《中外法学》1989年第1期。

2. 张明楷:《刑法在法律体系中的地位——兼论刑法的补充性与法律体系的概念》,载《法学研究》1994年第6期。

3. 李文健:《转型时期的刑诉法学及其价值论》,载《法学研究》1997年第4期。

4. 陈兴中、王万华:《论诉讼法与实体法的关系——兼论诉讼法的价值》,载《诉讼法论丛》第1卷,法律出版社1998年版。

5. 汪建成:《刑法和刑事诉讼法关系新解》,载《诉讼法论丛》第3卷,法律出版社1999年版。

6. 汪建成、余诤:《对刑法和刑事诉讼法关系的再认识——从刑事一体化角度观察》,载《法学》2000年第7期。

7. 陈兴良:《定罪之研究》,载《河南省政法管理干部学院学报》2000年第1期。

8. 唐大森、杨开江:《略论程序法与实体法的执法观念定位——兼论执行实体法与程序法的关系》,载《政法论坛》2001年第5期。

9. 江涛:《程序法与实体法关系的思辨——就“程序法乃实体法之母”论断的质疑》,载《政法论丛》2004年第3期。

10. 陈卫东:《刑事诉讼法学的系统论趋向》,载《法商研究》2005年第1期。

11. 邱兴隆:《有利被告论探究——以实体刑法为视角》,载《中国法学》2004年第6期。

12. 林钰雄、杨云骅、赖浩敏:《严格证明的映射:自由证明法则及其运用》,载《国家检察官学院学报》2007年第5期。

13. 熊秋红:《程序法上的犯罪定义及相关问题》,载《法学研究》2008年第3期。

14. 康怀宇:《比较法视野中的定罪事实与量刑事实之证明——严格证明与自由证明的具体运用》,载《四川大学学报(哲学社会科学版)》2009年第2期。

15. 李婵媛、卞建林:《刑事诉讼法与刑事实体法关系初探——混沌、分立、割裂、联系、协调》,载《贵州大学学报(社会科学版)》2010年第5期。

16. 闵春雷:《论量刑证明》,载《吉林大学社会科学学报》2011年第1期。

17. 杜宇:《犯罪构成与刑事诉讼之证明——犯罪构成程序机能的初步拓展》,载《环球法律评论》2012年第1期。

18. 陈瑞华:《刑事司法裁判的三种形态》,载《中外法学》2012

年第6期。

19. 车剑锋:《刑法与刑事诉讼法在司法审判过程中理念上的统一——从犯罪构成本体论的角度入手》,载《黄河科技大学学报》2013年第2期。

20. 塔娜:《论存疑时有利于被告原则》,载《内蒙古财经大学学报》2015年第1期。

21. 刘远:《刑法学如何面向司法:问题与逻辑》,载《法治研究》2015年第3期。

22. 焦艳鹏:《实体法与程序法双重约束下的污染环境罪司法证明——以2013年第15号司法解释的司法实践为切入》,载《政治与法律》2015年第7期。

23. 冯骁聪:《涉黑案件量刑合法性、合理性实证研究——以西部某市15起典型案件为样本》,载《政法学刊》2016年第5期。

24. 陈伟:《监察法与刑法的衔接协调与规范运行》,载《中外法学》2019年第2期。

25. 杨继文:《法定刑调整后追诉时效的刑法与刑诉交错适用》,载《浙江社会科学》2019年第5期。

26. 黄京平:《幅度刑量刑建议的相对合理性——〈刑事诉讼法〉第201条的刑法意涵》,载《法学杂志》2020年第6期。

27. 鲁冰清:《论上诉期内生态修复行为作为量刑情节的正当性及其实现》,载《济南大学学报(社会科学版)》2022年第5期。

28. 李立丰、齐弋博:《数字算法时代的量刑公正及其构建》,载《学术探索》2022年第4期。

四、中文学位论文

1. 罗国良:《论证据与定罪》,中国政法大学2001年博士学位论文。

2. 王桂萍:《定罪总论》,中国政法大学2003年博士学位论文。

3. 桂亚胜:《故意犯罪的主观构造及其展开》,华东政法学院2006年博士学位论文。

4. 塔娜:《刑法与刑事诉讼法交互作用研究》,中国政法大学2011年博士学位论文。

5. 牛峰:《民刑法关联问题研究》,吉林大学2011年博士学位论文。

6. 秦永峰:《犯罪论体系的比较与建构》,武汉大学2012年博士学位论文。

7. 周建达:《以刑定罪:一种隐性的刑事司法裁判知识》,西南政法大学2013年博士学位论文。

8. 洪星:《定罪基础理论和实践问题研究——以定罪中的非确定性类型为中心》,武汉大学2014年博士学位论文。

9. 李晓丽:《程序法视野下的认罪制度研究》,中国社会科学院研究生院2017年博士学位论文。

10. 吴广哲:《刑事审判中的案外因素研究》,西南政法大学2019年博士学位论文。

11. 胡冬阳:《犯罪定量因素配置研究》,西南政法大学2019年博士学位论文。

12. 张婷:《醉酒型危险驾驶罪定罪量刑问题研究——基于4525份判决书的分析》,广西大学2021年硕士学位论文。

13. 田相夏:《刑法评价中的被害人因素研究》,西南政法大学2021年博士学位论文。

五、外文资料

1. Herbert Packer, *Two Models of the Criminal Process*, Pa. L. Rev1.13U(1964).

2. Joanna Shpland, *Between Conviction and Sentence*, Routledge & Kegan Paul(1981).

3. Black Charles L., *Capital Punishment: The Inevitability of Caprice and Mistake*, Second edition, N. Y. W. W. Norton(1982).

4. Gallup, Alex & Newport Frank, *Death Penalty Support Remains Strong*, the Gallup Poll Monthly, 309(1991).

5. William J. Brennan Jr., *Neither Victims nor Executioners*, 8 Notre Dame Journal of Law, Ethics & Public Policy. 1(1994).

6. Kate Stith & Ose A. Cabranes, *Judging under the Federal Sentencing Guidelines*, NW.U.L. Rev 91(1997).

7. William J. Stuntz, *The Uneasy Relationship Between Criminal Procedure and Criminal Justice*, Yale L.J.1, 107(1997-1998).

8. 渡邉網吉『刑法と刑事訴訟法の相互關係』法学研究41巻1号（1999年）。

9. ヴァルター・ペロン，trans.by加藤克佳『刑法と刑事訴訟法との関係についての考察』The Journal of the Faculty of Law.No.2（2000年）。

10. Myrna Faye Dawson, *the Role of Victim-Defendant Relationship in Criminal Justice Decision-Making*（Ph.D.diss., The University of Toronto, Canada, 2001）.

11. Sue Rex & Michael Tonry, *Reform and Punishment: The Future of Sentencing*, Willan Publishing（2002）.

12. 川端博『刑法と刑事訴訟法との関係（2）』現代刑事法第11期（2002年）。

13. ウルリッヒ・ズィーバー，trans.by西田典之=鎮目征樹『実体刑法と刑事訴訟法の衝突——刑法体系の基本問題』現代刑事法第2期（2002年）。

14. クラウス・ゲッペルト，trans.by設楽裕文『实体刑法と刑事訴訟法の相互作用』日本法学第12期（2004年）。

15. Sang Dong Yi, *Globalization and the Future of Korean Criminal Law*, Korea University law review.1（2007）.

16. Lydia Brashear Tiede, *the Politics of Criminal Law Reform: A Comparative Analysis of Lower Court Decision-making*（Ph.D.diss., The University of California, America , 2008）.

17. Chen Yehudai, *Puzzles in Criminal Law and Procedure*（Ph.

D.diss., The Columbia University, America , 2009).

18. Malcolm Thorburn, *the Constitution of Criminal Law: Justifications, Powers, and Authority* (Ph.D.diss., The Columbia University, America , 2010).